江 芳　吴孔宝　杜启明◎编著

XIAOBEN
JIAOXUE YANXIU
WENTI YU ZHIDAO

校本教学研修问题与指导

北京师范大学出版集团
BEIJING NORMAL UNIVERSITY PUBLISHING GROUP
安徽大学出版社

图书在版编目(CIP)数据

校本教学研修问题与指导/江芳,吴孔宝,杜启明编著.—合肥:安徽大学出版社,2016.9
教师教育系列教材
ISBN 978-7-5664-1145-7

Ⅰ.①校… Ⅱ.①江… ②吴… ③杜… Ⅲ.①中小学－教学研究－师资培训－教材 Ⅳ.①G632.0

中国版本图书馆 CIP 数据核字(2016)第 144008 号

校本教学研修问题与指导   江 芳 吴孔宝 杜启明 编著

出版发行:	北京师范大学出版集团 安 徽 大 学 出 版 社 (安徽省合肥市肥西路 3 号 邮编 230039) www.bnupg.com.cn www.ahupress.com.cn
印　　刷:	安徽省人民印刷有限公司
经　　销:	全国新华书店
开　　本:	170mm×240mm
印　　张:	15.5
字　　数:	238 千字
版　　次:	2016 年 9 月第 1 版
印　　次:	2016 年 9 月第 1 次印刷
定　　价:	18.00 元

ISBN 978-7-5664-1145-7

策划编辑:姜　萍　　　　　　　　装帧设计:许润泽
责任编辑:朱丽琴　王　勇　　　　美术编辑:李　军
责任印制:陈　如

版权所有　侵权必究
反盗版、侵权举报电话:0551—65106311
外埠邮购电话:0551—65107716
本书如有印装质量问题,请与印制管理部联系调换。
印制管理部电话:0551—65106311

编委会

总 主 编 李继秀

编委会委员(以姓氏笔画为序)

刘 军　江 芳　吕 明
孙 露　吴孔宝　李 红
杜启明　李 萍　苏维冀
杨增宏　武宏钧　周 琴
周 鹏　胡玉娟　栾庆芳
徐存勇　董 涛　蒋道华

随着全球化和信息化的不断拓展、教育理念的更新,传统的教师发展观越来越不适应教师职业发展的现状。近年来,关注教师实践性知识、真实课堂教学问题、开展行动研究、构建教师研究共同体等成为教师专业发展的主要方向。在这一过程中,教师不再单纯地实践和执行教学知识和理论,而是追求基于自己的教学情境、教学体验和团体合作来不断推进教师的共同发展。其中,最为典型的是20世纪末在日本基础教育界兴起的"课例研究"和本世纪初在香港基础教育教师专业发展中推广的"学习研究",这两种研究都是基于一线教师真实课堂教学环境开展的一种行动研究,本质上具有一定的前后继承关系。课堂学习和课例研究也逐渐成为很多国家和地区有效促进教师专业发展常用的方式。近年来,随着我国基础教育教师专业发展培训机制不断深入的推广,越来越需要在理念和方式上进行变革,改变长期以来的高投入、低产出,理论与实践脱节严重的现象,因此,引入一些当前较为先进的理念和方法,并加以借鉴,是一个比较切实可行的方法,也可以帮助解决目前教师专业发展培训模式可能带来的一系列问题。

适应这一教师教育的需求,"教师教育系列教材·有效教学研究丛书"面世了。丛书是合肥师范学院、合肥学院学科教学论教研室、教师教育学院部分教师以及来自基础教育一线的教研员或优秀教师通力合作、认真研究的成果。此套丛书的问世或许能够更好地服务于在我国即将开始的"全面启动实施卓越教师培养计划"(2014年8月,教育部颁布了《关于实施卓越教师培养计划的意见》〔2014〕5号),更好地服务于职前职后基础教育教师的培养培训。

"教师教育系列教材·有效教学研究丛书"由8本既相对独立又相互关联的分册组成。它们是:周琴主编的《教师职业道德》、吕明主编的《教育法律法规》、江芳等主编的《校本教学研修问题与指导》、杨增宏等主编的《小学语文课堂学习与课例研究》、栾庆芳主编的《小学数学课堂学习与课例研究》、蒋道华主编的《小学英语课堂学习与课例研究》、朱家礼主编的《小学科学课堂学习与课例研究》、胡玉娟主编的《中小学信息技术课堂学习与课例研究》。有的分册实行双主编制,一部分来自高等院校长期从事学科教学论研究和教育理论研究的教师,另一部分来自基础教育一线的教研员或优秀教师。丛书的立足点是基于教师专业标准、教师教育课程标准、符合基础教育课程改革特质,旨在实现理论与实践的结合、高师院校与基础教育学校的结合。使在职的一线教师既能规范熟练地掌握教育教学技能,又能保持理论的兴趣,穿行于理论与实践之中,形成难能可贵的教师思维,获得持续的专业成长力。

《教师职业道德》共分为四个专题:道德与教师职业道德、教师职业道德原则、教师职业道德规范、教师职业道德修养和教师职业行为。本书在深刻领会习近平总书记系列重要讲话精神的基础上,围绕《中小学教师职业道德规范(2008年修订)》《教育部关于建立健全中小学师德建设长效机制的意见》《教育部关于印发中小学教师违反职业道德行为处理办法的通知》等,对教师职业道德的内涵、特征和功能、教师职业道德的原则、教师职业道德的规范,教师职业修养的意义、原则、方法以及教师课堂行为、师生交往行为的意义和规范要求进行了深入解读。

《教育法律法规》共分为七个专题:教育法原理、《中华人民共和国教育法》解读、《国家中长期教育改革和发展规划纲要(2010—2020年)》解读、《中华人民共和国教师法》解读、《中华人民共和国义务教育法》解读、《未成年人保护法》解读和《预防未成年人犯罪法》解读。本书重点对教育法的基本原理以及教师职业生活中的相关法律法规进行了深入解读,有利于中小学幼儿园教师贯彻依法治国的理念,加强和改进思想政治工作、推进社会主义核心价值观教育,切实增强他们依法治教、依法执教的意识与能力。

《校本教学研修问题与指导》共分五个部分,第一部分简要概述校本教学研修的意义、内涵、流程、缺失和应对策略。第二至第五部分分别聚焦教学设计研修、教学行为研修、学习指导研修、教学反思研修等问题,在全面介绍、归纳和分析的基础上,逐一提出研修的策略。本书重点在于提升一线教师校本教学研修的实战能力,所以在谋篇布局上,突破了传统的框架与结构定式,每一部分按照"问题概述——问题诊断——方法指导——实战案例"的架构展开,意在围绕校本教学研修实践中的问题,找出症结,在理论点拨的基础上找出解决方法,并借助典型案例,加强理论与实践的结合,铸造一线教师校本教学研究的意识与能力。

《小学语文课堂学习与课例研究》《小学数学课堂学习与课例研究》《小学英语课堂学习与课例研究》《小学科学课堂学习与课例研究》《中小学信息技术课堂学习与课例研究》每本书20万字左右,分两部分。第一部分是理论分析。阐释课堂学习与课例研究的基本特征、内涵以及二者的关系等,为学科课堂学习与课例研究铺垫学理基础。第二部分是经典课堂学习与课例研究展示及透析。各学科教学课例在内容上兼顾不同题材的教学案例,如:语文教学是以阅读教学为主,兼顾拼音教学、识字写字教学、写作教学、口语交际教学等。课例透析力图以简约的形式对该教学设计的内容、格式、特色等进行梳理,为读者学习、模仿指明路径。

本系列丛书是安徽省高校省级人文社科重点研究基地重点招标项目"基于教师教育课程标准的实践性课程资源库建设研究"(SK2014A087)、安徽省振兴计划重大教改项目"师范院校与中小学'无缝对接'教师教育模式建构与实践"(2014ZDJY099)的研究成果之一。

本系列丛书适合我国基础教育改革对教师培养、培训的要求,适应中小学教师专业标准下的高等师范院校教师教育课程改革的需要。

本系列丛书在写作过程中参考、引用了国内外有关研究成果和文献资料,在此对这些著作权人和作者表示敬意和感谢。

由于我们水平的限制,本书的不足和问题一定存在,敬请各位同仁和读者提出宝贵意见和建议。

2016 年 5 月

前 言

20世纪90年代以来,随着知识经济的崛起、人们工作价值取向的转变,在终身教育、可持续发展等理念的渗透下,学习型组织理论应运而生,随之风靡全球。21世纪初以来,随着互联网的发展,人们的交往方式、生活模式都在发生转变,在自主学习上,E－Learning给学习者提供了一种可以随时随地学习的全新方式,逐渐颠覆了教与学的关系,甚至开始改变传统教育的本质。在教育领域,随着终身教育理念的更新、知识输入方式的改变,学校的角色在改变,教师的角色也在改变,学校不仅是教育的基地,也成了知识生成的基地,教师不仅是知识的阐释者,也成了教育教学问题的诊断者和新知识的生成者。"让教育者成为研究者",不仅是一句口号,也是一种要求、一种使命。

《校本教学研修与指导》旨在建构一种新型的教学研究机制,以教师专业化发展为趋向,为适应教学过程中所面临的诸多新问题,改善教学实践,提高教育教学质量,改进学校管理水平,增强学校教育教学实践效益,提高教师自身素质,促使其走上专业发展的道路。本书共分五个部分,第一部分简要概述校本教学研修的意义、内涵、流程、缺失和应对策略。第二至第五部分分别聚焦教学设计研修、教学行为研修、学习指导研修、教学反思研修等问题，在全面介绍、归纳和分析的基础上，逐一提出研修的策略。本书重点在于提升一线教师校本教学研修的实战能力，所以在谋篇布局上，突破了传统的框架与结构定式，每一部分按照"问题概述——问题诊断——方法指导——实战案例"的架构展开，意在围绕校本教学研修实践中的问题，找出症结，在理论点拨的基础上找出解决方法，并借助典型案例，加强理论与实践的结合，提高一线教师校本教学研究的能力。

本书由合肥学院江芳教授主编。编写人员有：合肥学院吴孔宝（第一、四部分）、合肥学院江芳（第二部分）、合肥学院杜启明（第三、五部分），全书由江芳负责统稿。本书在编撰中参考、借鉴、引用了有关文献和资料，有的已在文中注明，有的限于篇幅等原因，未能一一注明，在此谨向原作者和出版者表示衷心的感谢。对于未标明出处的地方也请原作者和出版者给予谅解。校本教学研修属于新事物、新问题，该领域的研究远没达到足以揭示"规律"的程度，加之编者水平所限，所以本书难免存在各种问题、缺失甚至错误，热忱欢迎同行专家、一线教师和广大读者不吝指正。您今天的宝贵意见将是本书明天修改的重要依据，我们期待着您的赐教。

编 者
2016 年 4 月

目 录

第1部分　校本教学研修概述　1

1　校本教学研修的意义　3
- 1-1　校本教学研修是当代教育发展的必然结果　4
- 1-2　校本教学研修是教育体制改革的直接结果　4
- 1-3　校本教学研修是教师专业发展的重要途径　4

2　校本教学研修的内涵　5
- 2-1　校本教学研修的概念　5
- 2-2　校本教学研修的特征　7
- 2-3　校本教学研修的要素　9
- 2-4　校本教学研修的角色　11

3　校本教学研修的流程　15
- 3-1　寻找校本教学研修主题　15
- 3-2　整合校本教学研修资源　15
- 3-3　形成校本教学研修方案　16
- 3-4　实施校本教学研修活动　16

4 校本教学研修的缺失 ·· 17
- 4-1 教师主体的缺失 ·· 17
- 4-2 客观因素的阻碍 ·· 17
- 4-3 形式主义严重 ·· 18
- 4-4 研修的适应性弱 ·· 19
- 4-5 研修缺乏引领者 ·· 20
- 4-6 制度保障的缺乏 ·· 20

5 校本教学研修的策略 ·· 21
- 5-1 加强制度建设 ·· 21
- 5-2 加强实践探索 ·· 23
- 5-3 发挥引领作用 ·· 26
- 5-4 创新教学手段 ·· 30

案例展示 ·· 31

第2部分 教学设计研修问题与指导 ·············· 37

1 教学设计概述 ·· 37
- 1-1 教学设计的内涵 ·· 38
- 1-2 教学设计的特点 ·· 41
- 1-3 教学设计的意义 ·· 44

2 教学设计研修的问题 ·· 45
- 2-1 目标设计把握不准 ·· 45
- 2-2 内容设计存在缺失 ·· 46
- 2-3 方法设计不够新颖 ·· 47
- 2-4 整体优化意识缺乏 ·· 48
- 2-5 教学设计与教案混淆 ·· 49

3 教学设计研修的指导 ·· 51
- 3-1 教学设计的依据 ·· 51
- 3-2 教学设计的模式 ·· 53
- 3-3 教学设计的过程 ·· 60
- 3-4 教学设计的评价 ·· 90

案例展示 ·· 94

第3部分　教学行为研修问题与指导　　97

1　教学行为概述 ·· 98
1-1　教学行为的内涵 ·· 98
1-2　教学行为的分类 ·· 102
1-3　教学行为的分析 ·· 105

2　教学行为研修的问题 ·· 111
2-1　教学问题行为关注不够 ······································· 111
2-2　教师教学观念存在偏差 ······································· 117
2-3　教师能力素质尚有欠缺 ······································· 119
2-4　教师评价制度有失偏颇 ······································· 120

3　教学行为研修的指导 ·· 123
3-1　转变教学观念,更新教学思想 ······························· 123
3-2　注重终身学习,努力完善自我 ······························· 128
3-3　改进教师培训,提高教师自我更新能力 ··················· 131
3-4　重构评价制度,引领教师发展 ······························· 135
　　案例展示 ·· 141

第4部分　学习指导研修问题与指导　　145

1　学习指导概述 ·· 146
1-1　学习指导的概念 ·· 146
1-2　学习指导的构成 ·· 150
1-3　学习指导的意义 ·· 152

2　学习指导研修的问题 ·· 155
2-1　对学习指导认识不清 ·· 155
2-2　学习指导能力欠缺 ··· 157

3　学习指导研修的指导 ·· 160
3-1　遵循学习指导的原则 ·· 161
3-2　明确学习指导的内容 ·· 166

3-3 把握学习指导的方式 …………………………………… 168
3-4 了解学习指导的模式 …………………………………… 169
3-5 创设学习指导的条件 …………………………………… 175
3-6 掌握学习指导的策略 …………………………………… 176
案例展示 ………………………………………………………… 192

第5部分 教学反思研修问题与指导   197

1 教学反思概述 ………………………………………………… 198
1-1 教学反思的内涵 ………………………………………… 198
1-2 教学反思的内容 ………………………………………… 200
1-3 教学反思的类型 ………………………………………… 202
1-4 教学反思的意义 ………………………………………… 204

2 教学反思研修的问题 ………………………………………… 206
2-1 反思能力存在不足 ……………………………………… 206
2-2 反思缺乏互动交流 ……………………………………… 208
2-3 反思缺乏主动 …………………………………………… 209
2-4 反思缺乏系统认识 ……………………………………… 210
2-5 反思存在群体差异 ……………………………………… 210

3 教学反思研修的指导 ………………………………………… 211
3-1 宏观:学校教学反思环境的建构 ……………………… 211
3-2 微观:教师个体反思策略的构建 ……………………… 217
案例展示 ………………………………………………………… 227

参考文献   229

第 1 部分

校本教学研修概述

新一轮基础教育课程改革对课程目标和教学任务提出了新的规定和要求。我国特有的教学研修制度如何在新的历史起点满足课程改革对教师教育的需要，也就成为教学研究改革的新趋势。改革提出的新要求集中反映在教研领域，即：将教研活动更多地集中在如何通过教学研修活动促进教师的专业化发展和全面发展，把教学研修活动与教学活动进行有机结合，充分发挥教师在教学研修活动中的主体作用。

教师作为一线教育者，直接参与教学环节，对于如何更好地开展教学过程，解决教学过程中出现的问题，教师最为了解。所以，新的教学研修模式要求教学研修重心必须转移到教师教学过程中去，只有这样才能更好地解决教师在教学过程中面对的各种现实问题。

传统的教学研修模式是由本区教研员指导本区全部教师开展教学研修活动。教研员通过对各个学校的调查，应用最新教育改革的方针政策指导教师的教学活动，这种教学研修方式对教师的专业化发展起到了一定的促进作用。但传统教研模式阻碍了教师在教学过程中的自主发展，这与新课程改革提出的教师自主发展和专业化发展本质上是不一致的。

正是因为课程改革对传统教学研修模式提出了新的挑战，不同专家、学者对如何改变现有教学研修模式提出了新观点和新见解。其中备受关注的莫过于校本教学研修这一创新型教学研修模式。校本教学研修活动是教师群体为解决教学实际问题,利用集体智慧跨越个体障碍的一种合作成长的有效途径。

校本教学研修从提出到实施已经有一段时间。这段时间里校本教学研修取得了长足的发展。其作为一种创新型的教学研究模式逐渐被相当多的学校与教师接受,不同地区与学校都在积极探索适合本地区、与学校实际相适应的教学研究模式。但是,我们也应该看到,其发展还处于起步阶段,如何平衡以成绩为核心的评价体系与课程改革对教师发展的需要之间的矛盾,也是当前我们不得不面对的问题。

1 校本教学研修的意义

校本教学研修的思潮最早可以追溯到 20 世纪六七十年代的欧美西方国家,它是伴随着"教师即研究者"运动兴起的。在这个过程中,人们开始逐渐发现,教育活动不仅仅是依据教育主管部门制定的相关规定与课程标准实施,而是由教师直接参与其中的教学过程与研究过程有机组成的,在这个过程中教师的作用是不容忽视的。"校本研究"的积极倡导者斯滕豪斯说过:"如果没有得到教师这一方面对研究成果的检验,那么就很难看到如何能够改进教学,或者如何能够满足课程规划。如果教学要得到重大改进,就必须形成一种可以使教师接受的,并有助于教学的研究传统。"从这段话中我们不难发现,教学研修活动在当时已经开始关注教师的专业发展,只有教师参与的教研活动才能提升教研的效果,才能真正促进教学的改进。教学研修活动的变革应该始终围绕教师发展这个中心。

这种观点经过演化,就成为我们现在讨论的校本教学研修的雏形。在我国,教学研修模式长期沿用的是由教研机构中的教研员,根据国家统一制定的大纲(课程标准)和全国使用的同一套教材(或多套教材)以及教师的教学情况自主安排的教学研究活动。教师培训的方式也相对单一,缺乏灵活性,主要由富有经验的老教师讲授,培训对象聆听即可。1999 年 6 月,《中共中央、国务院关于深化教育改革全面推进素质教育的决定》指出,实施素质教育是提高国民素质的根本宗旨。在这个背景下,新一轮的课程改革如火如荼地展开,学校课程多样化的呼声日益强烈。新的课程改革要求我们对学生、教师、课程有更高程度的认识与理解,要求我们必须以新的理论和实践改造传统教育观念。传统的教学研修模式已经远远不能满足改革的需要,必须予以变革。

 ## 1-1　校本教学研修是当代教育发展的必然结果

校本教学研修是新时期教研制度改革的必然结果。随着素质教育观念的普及,各级教育主管部门对教学研修这一环节尤为重视,学校纷纷安排专人负责教育科研活动,学校的教育科研风气初步形成。

 ## 1-2　校本教学研修是教育体制改革的直接结果

教育体制改革就是改革那些和素质教育发展相背离的传统体制,在制度上为课程改革提供保证,改变传统上国家统一制定课程标准,统一编写教科书的体制。这些变革都对传统的教学研修模式提出了新的要求和挑战。1999年召开的全国第三次教育工作会议,明确将课程划分为国家课程、地方课程和学校课程三类。教育管理体制改革的不断深化,使学校拥有了更大自主权,为应对这些课程的设置需要,校本教学研修逐渐成为各个学校教学研究活动的重要环节。

 ## 1-3　校本教学研修是教师专业发展的重要途径

新课程需要高素质、专业化的教师队伍,要求教师在实践教学环节通过不断的自我完善,促进自身的专业发展,更好地满足新课程对教师提出的更高要求。校本教学研修就是教师为了改进自己的教学,在教学实践中发现"问题",并在自己的教学过程中以"追究"或汲取同伴的经验解决问题,其目的不在于让教师去验证某个教学理论,而是让其去改进与解决自己教学实际中的问题,提升教学的有效性和针对性。它强调的是在真实的教学情景中改进实践。改进教学实践的过程,就是行动研究的过程。教学与研究是"共生互补"的,即在教学中研究,在研究中教学,形成教研相长的良性循环。这是一个连续不断的过程,也是保证教师可持续发展的重要途径。

2 校本教学研修的内涵

2-1 校本教学研修的概念

"校本"(school-based)最早由菲吕马克等人在1973年7月于英国召开的教育研究革新中心国际讨论会上正式提出,并成为会议讨论的中心议题。之后在英美等发达国家中开始受到广泛重视。校本教学研修就是为了改进学校的教育教学方式和方法,提高学校的教育教学质量,从学校的实际出发,依托学校自身的资源优势和特色进行的教学研究。它是指以学校为基地,以校内教学实践中的实际问题为研究内容,以学校管理者和教师为研究主体,以促进师生共同发展为研究目的的教学行动研究活动。校本教学研修是一种理论指导下的应用性研究,既注重切实解决实际问题,又注重归纳并探索规律。这种创新型的教学研修方式目前已被国外教育管理机构所接受,成为普遍使用的一种教学研修形式。

校本教学研修(简称校本教研),是一种新型的教学研究制度,它以教师专业化发展为趋向,以教师教学实践过程为载体,以教师的全面发展为最终目的。换言之,校本教学研修就是教师为了改进自己的教学,在教学实践中发现"问题",并在自己的教学过程中以"追究"或汲取同伴的经验解决问题;其目的不在于让教师去验证某个教学理论,而是让教师去改进与解决自己教学实际中的问题,提升教学的有效性和针对性。它强调的是在真实的教学情景中改进教学实践,提高教育教学质量,以学生的发展为最高的利益标准,以提高学校教师自身素质促使其走专业发展的道路为重要内容。

2-1-1　校本教学研修是一种教研制度

校本教学研修涉及三个重要概念:"为了学校""基于学校"和"在学校中"。因此,认识论意义上的校本教学研修就是指将单个的学校作为研究的主体,以解决教学实际问题为目标而营造起来的一种教学研究制度。

2-1-2　校本教学研修是一种研究方式

从方法论的角度来看,校本教学研修是一种研究方式,它的实质是行动研究,强调的是研究主体的观念、价值、目的,相信教学本身就是一种研究;借助于观察、反思、行动三要素以及它们之间不断的循环来实现教师自身行为的改善。

2-1-3　校本教学研修是教师成长过程

从实践论的角度看,校本教学研修是教师改善自身行为的反思性实践和专业成长的过程。研究和实践合一,在实践中开展研究,把自己的实践行为看作一个研究的过程,实质是教师反思性的实践;同时教师反思性的实践也促进了教师的专业成长。

2-1-4　校本教学研修是教师职业特征

从本体论角度来看,"校本教研"是教师职业生活的基本方式和特征。教师作为教学过程中的主体,其存在的意义不仅仅是知识的传授者,更重要的是知识的建构者和创造者,是教育理想的实现者。校本教学研修给了教师这种机会,使教师在研究状态中,不断克服工作带来的生命倦怠,体会出"此在"的乐趣和"当下"的价值。

随着校本教学研修的深化,一种融学习、工作、研究和培训为一体的学校生活和教师行为方式正在兴起。它是通过学校这个平台,根据教师的不同专业需求实施的教师教学研修模式,是群体为了解决某一实践问题而聚在一起共同研究,利用集体智慧超越自我的一种研修方式。

2-2　校本教学研修的特征

校本教学研修作为在校本理论指导下的应用性研究,着重解决教师在教学过程中存在的现实问题。校本教学研修制度,是对校本教学研修活动的制度化规范。校本教学研修的基本特征表现为:

2-2-1　校本性

"为了学校,基于学校,在学校中",意味着校本教学研修是以改进学校实践、解决学校自身所面临的问题为目标;学校自身问题,要由学校中的人来解决;要从学校的实际出发,安排学校管理、教学、师资培训等一系列工作。特别需要强调的是,校本教学研修的目标是为了学校自身的发展,主体是学校校长、行政人员和各学科教师。

(1)为了学校

以校为本的教学研修,无论作为一种活动,还是作为一种机制,其直接目的都是为了改善学校的教学活动,提高教学效率,促进教师和学生的共同发展。其核心是教师的专业发展和学生身心的健康发展,这是体现学校办学水平的主要内容,是学校可持续发展的灵魂。

(2)基于学校

学校是教学行为研究的基地,其含义为:①校长是校本研究的第一责任人,校本教研是学校教学管理的重要抓手;②教师是校本教研的主体,参与教学研究是所有教师的权利和责任,学校就是研究中心,课堂就是研究室,教师就是研究员。

(3)在学校中

从研究的对象来看,是指教师自身,校本教学研修所从事的研究活动主要是指教师本人与自身教学行为的"对话"。从研究的内容来看,所研究的是自身教学中所发生的实际问题、具体问题。从研究的功能来看,校本教学研修是学校发展的自我觉醒、自我开发、自我提升。校本教学研修植根于学校的教学活动,贯穿于学校教学活动的过程,并为所有的教师所体验、所认同,其研究的成果将逐步沉淀为学校的传统和文化。

2-2-2 科研性

校本教学研修在本质上是一种科研活动,它不是主观性的设想,也不是随意性的研究。它要求以科研的态度、科研的方法对学校发展进行科学规划,构建科研总课题及各种子课题,并科学地组织实施。所以,校本教学研修的核心工作就是找准学校的定位,选好课题和切入点,拟定出近、中、远期规划,并持之以恒地开展科研活动。

2-2-3 人本性

校本教学研修是建立在人本、生本基础上的,追求的是学校的发展和广大学生、教师发展的和谐统一。离开了人本、生本的校本教学研修是一种畸形、一种变质,背离了校本教学研修的真义。因此,校本教学研修必须把学生和教师的可持续发展放在首位,而不能以忽略甚至牺牲师生的发展为代价谋求学校的片面发展或效益。

2-2-4 牵引性

教学工作是学校的核心工作,学校的一切主客观因素都必须有利于教学工作的顺利进行。因此,以教学研究为主的校本教学研修必然涉及教学的内外部环境等因素的研究,带动学校其他方面的发展。

2-2-5 依托性

与一般科研不同的是,在校本教学研修中,学校是课题的主持人,专家是顾问或指导者。但这并不等于学校可以完全不需要或排斥专家或科研部门的指导。相反,学校还必须充分地借助外界的力量(包括各级教研人员、高校专家)来规范学校科研工作,提升学校科研层次和办学效益。校本教学研修要求以学校为主体,倡导"教师即研究者",但并不意味着学校要实行"关门主义",拒绝外援。教研室在教育教学理论的掌握上、教科研操作的基本规范上、学科教学的把握上拥有优势,而学校一线教师在教学经验上具有优势。教研员与一线教师合作,不但能形成互补,而且是学校开展校本教学研修的一个极其重要的保证。尤其是在校本教学研修作为一个概念、一种理念、一项试验刚被提出和实施的时候,教研室的作用是不可或缺的。

2-3　校本教学研修的要素

教师个人、教师群体、专业研究人员是校本教研的三个核心要素,它们构成了校本教学研修的三位一体的关系。三者在行动研究中互相作用,缺一不可,具体表现为以下三种行为。

2-3-1　自我反思

反思是教师以自己的职业活动为思考对象,对自己在职业活动中的行为以及由此产生的结果进行审视和分析的过程。反思的本质是一种理解与实践之间的对话,是这两者之间的相互沟通的桥梁,又是理想自我与现实自我的心灵上的沟通。

反思不是一般意义上的回顾(或回头看),而是反省、探究教学活动中各个方面的问题,具有研究的性质。反思是校本教学研修最普遍和最基本的活动形式,自我反思被认为是教师专业发展的核心因素,校本教学研修也只有转化为教师的自我反思行为,校本研究才有基础,才得以真正地落实。

教师的自我反思按教学的过程可分为教学前、教学中、教学后三个阶段。教学前的反思是凭借以往的教学经验,对新的教学活动进行批判性的分析,并作出调整性的预测,这种反思具有前瞻性;教学中的反思,是指对发生在教学过程中的问题及时发现、自动反思、迅速调控,这种反思表现为教学中的一种机智,具有敏感性;教学后的反思,是在某一教学活动告一段落(如上完一节课,或上完一个单元的课等等)后,在一定的理念指导下,去发现和研究过程中的问题,或者对有效的经验进行理性的总结和提升,这种反思具有批判性。

教师的自我反思在内容上包括教学观念、教学行为、教学效果三个方面。通过反思,教师不断地更新教学观念、改善教学行为、提升教学水平,进而对教学现象和问题形成独立的、有创造性的见解,从而提升教学活动的自主性、目的性,克服被动性、盲目性。

总之,反思总是指向教师自我,教师既是研究的对象,又是研究的主体,教师反思的过程,是将"学会教"与"学会学"统一起来,努力提升教学行为的科学性。

2-3-2 同伴互助

校本教学研修强调自我反思的同时,也强调开放自己,主动地与教学伙伴进行合作性的切磋和讨价还价式的探讨,可共同分享经验,也可共同探究问题。同伴互助在活动形式上有组织型和自发型两种类型。组织型是指学校管理者有目的、有计划组织的研讨活动;自发型是指教师本人主动与教学伙伴(或学校管理者或同仁或专家)进行研讨,这种研讨不受时间、地点和形式的限制,可随时发生,也可随时结束。

同伴互助的活动方法有:①对话。可交换信息、可共享经验、可深度会谈、可探讨、可辩论、可质疑、可答疑。②协作。寻找伙伴,共同承担某个实际问题的研究。有共同的研究目的,也有各自的研究责任,群策群力,完成既定的研究任务。③帮助。指具有丰富的教学经验和教学成绩的骨干教师(学科带头人),指导新任教师或教学能力亟待提升的教师,使其尽快适应环境和角色的基本要求。

同伴互助建立在教师自我反思的基础之上,是校本研究最本质的活动形式。校本研究如果只停留在自我反思的层面上,就变成了"师生研究",而非真正意义上的校本研究。只有通过同伴互助这种群体性的研究方式,才能改革教学研究中"单打独战"的局面,教师群体的共同发展才有所依托。

2-3-3 专业引领

专业引领主要是指各层次教研人员、科研人员和相关的专家、学者对校本教学研修的介入。校本教学研修虽然是以学校教师为主体,但它不完全局限于校内的力量,因为校本教学研修是在一定理论指导下的实践性研究,缺少先进理念的引领,就可能因于经验总结水平上的反复,甚至导致形式化、平庸化。

专业引领是强化理论对实践的指导,是理论与实践的沟通。引领的主要方式:一是靠教师自觉学习并吸收先进的教学理论,并运用于反思和互动的教学研究活动之中；二是靠专家、学者的指导，通过他们，提炼聚集教学中的实际问题，分析问题的归类，设计改进的策略，验证教学研究的成果。

专业引领就形式而言，主要有学术专题报告、政治学习辅导讲座、教学专业咨询、教学现场指导等等。每一种形式都有其特定的作用，其中以教学现场指导为最有效的形式。专业人员介入校本教研，要做到"到位不越位""导是为了不导"，要立足于提高教师独立的教学能力与研究能力，要大力倡导"平等式的对话""讨价还价式"的学术研讨。

 ## 2-4 校本教学研修的角色

美国心理学家乔治·米德创立了角色理论，交将"角色"一词首先引入社会心理学。角色理论认为，角色是指个人占有特别地位所表现出来的行为模式，即特定群体为了获得某种特定的社会地位所表现出来的特定行为特征。而校本教学研修的角色也就是在开展校本教学研修的实践过程中，特定群体为了达到某种特定效果所采取的实践性活动。通过对角色理论与校本教学研修这一具体实践活动的分析，结合我国中小学的具体实践情况，我们把校本教学研修的角色具体划分为教师、校长、专家三类。

2-4-1 校本教学研修中的教师角色

20世纪90年代末期，随着素质教育观点的提出，学校在校本课程的开发上拥有了一定自主权，课程改革催生了对教师专业发展的认识与理解。理论界与教育管理层也开始关注教师的专业发展以及教研方式的改革。教师作为校本教研的主体，其行为方式也发生了根本性变化，由原来的被动接受转变为主动探究。通过研究发现，校本教学研修中的教师的行为方式大致可分为以下几个方面：

(1) 自身成长

自身成长就是教师逐渐拥有通过具体的教学实践过程，归纳与提炼出来的适应自身的并且有益于学生学习的教学方法与手段，通过这一过程，教师达到了提高自身素质与促进教学效果提升的双重效果，这是开展校本课程开发与进行校本教研活动的前提。自身成长是教师以自己的职业要求为前提，对自己在职业活动中的行为以及由此产生的结果进行充分的思考，这个过程是自身成长与发展中一个漫长而又必须面对的过程。而以教学为中心研究校本教研中教师的自身成长，可以把教师的专业分为职前、职中、职后三个阶段。职前的自身学习是在高等学校所学习的相关专业知识以及对这些知识的归纳与总结，为从事教育职业做必要准备；职中的自身成长，就是教师在走上实际工作岗位以后，通过把以前学习到的内容与课堂教学的具体实践相结合，并且通过各种形式的培训与学习，挖掘与提炼改进自身教学水平的方式与方法；职后的自身发展，是教师在从业后，通过学习、工作的过程中形成的认识，并运用这些认识与实践指导自身的生活，即通过具体实践改进自身的生活水平的这个过程，也就是教师全面发展的过程。

(2) 群体互动

群体互动是教师在所处学校的这个大群体中与自身所处学科这个小群体中通过本学科教师和其他学科教师的交流与沟通，通过自主参与合作与信息的分享，提高自身的教学水平以及提供经验以便促进教师整体素质及教学水平提高的一种行为模式。群体互动也是对自身成长的一个重要的补充，通过与不同学科教师之间的接触，吸收其他学科教师在教学上的有益方法来提高自身的教学水平。群体互动根据互动的形式和内容又可以分为对等互动和指导互动两种类型。

对等互动指教师与本学科或其他学科教师之间通过平等的交流、沟通，分享信息、成果的过程。因为教师之间既有共同的工作目的，又有合作的需要。对等互动强调信息共享的公平性，首先要发挥教师之间的合作意向和不同教师的特点，把能够互补的教师进行结合，只有充分发挥每个教师的特长，使每个教师都能把自己好的教学经验与大家分享，使教师在互动中成长，在成长中发展自身，在合作中促进学校整体教学水平的提高。教研组活动是教师之间相互合作、共同反思最主要的教学实践，已成为学校促进教学的有效内部组织形式，也是建立统一的教学研究管理系统的重要措施。同时，跨学科教师之间的团队工作在校本研究中也备受关注。集体备课、集体听课和集体评价是其活动的表现方式之一。其长处在于,教师有了互相切磋教学问题的伙伴,教师之间可以分享备课资料和课堂教学技巧,可以共同分析教学情况,共同磋商教学改进策略,以加强教师对自我教学的关注和改进,同时也可以学习同伴的教学经验。

指导互动是由教学经验丰富、教学成绩突出的优秀教师或者教师团队,指导年轻教师,发挥传、帮、带的作用,使这部分群体能够尽快适应角色和环境的要求。学校各类骨干教师要在同伴互助中通过"老带青""老带新""结对子"等教师之间日常的互相合作形式发挥积极作用,防止和克服教师各自为政和孤立无助的现象,实现共同提高的目的。研究课、公开课展示也是学校内部或学校之间教师同伴互助的常见形式,是教师和专家之间的听课和交流。它使教师有互相交流与学习的机会,有助于教师深入研究教学和学生,提高教育质量。在这个过程中要重视教学反思过程。

教师的专业发展是凭借实践性知识加以保障的。实践性知识就是教师在教学实践中结合理论知识形成的、能够促进教师职业技能的发展、全面提高教师的从业素质、促进教师专业发展的个体实践智慧,是教师日常使用和个体建构的对教育教学的主体认识。实践性知识是教师培训的智能基础。培训的目的是使教师习得实践性知识,并在习得的过程中不断改造经验,是教师个体在职业生涯中对实践知识的意义建构及思维加工过程,它涉及实践知识的内容和性质、教师学习的主体色彩、教育实践的客观条件等等。有效的校本教研在不断地催生、发展教师的实践性知识:教师的一篇好的读书笔记、教学反思日记、典型课例、教育叙事等等,一旦形成了校本知识生产、储存与分享的机制,学校和教师的发展也就有了实际的支撑。

2-4-2 校本教学研修中的校长角色

校长作为校本教学研修在学校实施过程中的负责人,其发挥的作用是不可忽视的。一个学校如何实行和开展适合本学校的校本教学研修活动,以及校本教学研修活动在学校需要层面上要达到的目标,这与学校的长远目标是密不可分的,而其中起决定作用的就是校长。校长作为学校的法定负责人,对学校的发展、教学计划的制定、与校本教学研修有直接关系的校本课程的开发以及教师之间进行校本教学研修活动来说都应是直接的指导者。所以，校长应该以学校的长远发展为目标，积极倡导开展校本教学研修活动，有步骤有计划地通过培训、研讨等方式提高教师的教学水平和学校的整体教学水平，给予教师自主发展的足够空间，为教师教学、科研提供必要的保障，为促进教师之间的横向与纵向沟通、互动，为教师的全面发展提供平台，通过以校为本的教学研修制度，努力把学校建设成为学习型的组织。

2-4-3　校本教学研修中的专家角色

同伴互助是基础，专业引领更是非常必要。根据乔依斯与许瓦斯的等组实验发现，教师在参加课程培训的同时，再参与校内同事间的互助指导，四分之三的人能在课堂上有效应用所学的内容，否则只有极少数悟性较高的人能有较好的表现。其他研究也发现，同事间互助指导能让教师在一个平台上交流，既避开上下属评鉴考绩的干扰，同时又促进教师专业发展。然而，根据顾怜沉老师的研究以及长期以来上海中小学的经验显示，单有同层级教师的横向交流互动，而缺少纵向的专家引领，尤其是在当今课程发展纷繁复杂的情况下，先进的理念如若没有以课程内容为载体的具体指引与对话，没有课程专家与骨干教师等高层次人员的帮助与引领，同事互助常常是原地踏步，成效不明显。

在校本教学研修中，专家就是指长期进行教育理论与实践研究的人员，他们往往被称作教研员群体。当然还有一些专家指的是高校或研究院所专门从事理论研究的人员。这些人员虽然没有长期奋斗在教学的第一线，对教学实际情况不如教师了解得详细，但作为教育专家，他们对理论的研究与教师比还是有很大的优势。

同时，由于教师的任务是从事教学活动，这也就决定了教师这一群体的研究只能围绕具体教学而展开，对更深层次的理论却难以把握。所以，只有把教师与专家群体进行紧密结合，发挥各自的特长，才能最终达到促进教师专业发展与提高学校整体教学效果的目标。

3 校本教学研修的流程

校本教学研修活动的进行需要精心策划和准备,才有可能达到预期的效果。在校本实践中,有些活动是由学校策划的,有些是由教研组策划的,有些是由教师个人策划的,当然也有一些是由教研人员策划的。策划也就是一种预测或预设,其目的是让参与者有充分准备后,再全力地投入研修活动中。校本教学研修活动的策划无论是由谁发起,都应根据需求分析确定群体认可的研修主题,寻求与主题相关人员的参与,特别要争取专家的专业引领,最后形成研修活动方案并组织实施。

 ### 3-1 寻找校本教学研修主题

合适的主题是保证校本教研朝正确方向发展的关键。拥有一个合适的主题,可以使教师对校本教学研修工作有统一的认识,避免不同教师对校本教研产生误解。一个教学研修活动的策划开始于分析学校、学生、教师、教与学中的问题,在分析的基础上确定一个大家都愿意参与的研修主题,这样有助于提高教学研修活动的有效性。在学校策划的校本教学研修活动中,其主题主要是围绕解决影响学校发展或学生全面发展的突出问题,如"校园文化建设的策略研究""学生综合实践能力培养的途径研究"等。

教师对这类问题的研究往往不太重视,但是由教研组或教研员策划的校本教学研修活动,教师们就比较乐意参加。其原因主要是这些研究课题贴近教师的教学实际,因此他们愿意以此为主题共同研修。

 ### 3-2 整合校本教学研修资源

校本教学研修活动主题确定之后,一个非常重要的工作就是寻找与该主题相关的资源,争取全方位的支持。首先是整合人力资源,这包括本校教师、片区教师、教研员、高校教师、社区相关人员等,整合这些资源是校本教研所必需的。在这些人中又以骨干教师与专家为重要资源,要充分发挥他们的引领作用。其次是整合物的资源。要充分利用好校内、校外和社会其他资源,如公共图书馆、科学馆、少年宫、旅游景点、政府网站等,协调各类型资源配置,实现各种因素与资源功能的最大化,以达到教师自身水平提高与学校整体教学水平提高的效果。可以采取传统的专题讲座、研讨交流,还有校际交流平台建设等手段,充分运用各种手段和方法提高教师素质。

 ## 3-3 形成校本教学研修方案

在确定主题、整合资源的基础上,通过研讨,形成有效研修方案是校本教学研修能够取得良好效果的重要保证。方案要以新课程提出的要求为依据,以促进学生的全面、健康发展为根本目的,以分析新课程改革过程中出现的新问题、新情况为基础,以教师发展为目标,并把教师作为中心来予以考量。方案应包括如下内容:主题的来源与研究目的、研究的手段与方式、研究的过程与预期效果、研究中应注意的问题等。制定的计划要充分考虑各个方面的因素,避免不切合本校实际情况的计划,而且制定出的计划要真正切实可行,只有这样才能保证校本教学研修工作取得成效。

 ## 3-4 实施校本教学研修活动

校本教学研修活动的开展首先要明确责任人,其次就是分工协作,然后就是按计划执行,最后就是总结反思,在此基础上明确下一个研究主题。校本教学研修活动是群体为了解决某一实践问题而聚在一起共同研究,利用集体智慧超越自我的一种研修方式。既然是集体活动就应该有分工合作的问题,教学研修活动中的主持人应该起到串连大家的思维、维持研修次序、保证研修进程的作用,不能以判官自居。其他人也应该根据研究主题从不同的角度保证其不偏离航向,利用自己的经验、智慧,并通过思维的碰撞,生成新的解决问题的策略。在总结本次活动的基础上,通过集体和个人的反思,发现那些尚未解决或者新生成的问题,明确下次教学研修的主题。

4 校本教学研修的缺失

当下,校本教学研修活动的开展受到诸多客观因素的影响,效果不尽如人意。

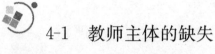

4-1 教师主体的缺失

校本教学研修是以教师为中心的教学研究模式,可以说教师在校本教学研修中处于中心位置。可是许多教师习惯于模仿他人,只求教研员告诉他们一招一式的做法,偏离了自己在校本教学研修中的主体位置。

追究其主体缺失的原因,可以发现传统的教学研修模式在一些地区仍起主导作用。教师由于教学任务过重,其教学研修基本上是依赖于教研员或其他专业研究人员,也就是说,从教学研修方式的选择到教学研修的过程都没有充分体现教师的主体地位。一些教师认识也不到位,总认为教学研修是教研员的事,是个别骨干教师的事,自己不会做也无须做,只要教好课就行了。在这种认识误区下,他们的思想与行为变得懒惰,不再反思自己的教学行为与结果,在校本教研中一味地等、靠、要,完全放弃了自己的主体位置。

4-2 客观因素的阻碍

校本教学研修的开展应该在各种配套条件满足的情况下,才能取得成效。但事实上,在开展校本教研的过程中,还有很多客观因素成为活动开展的阻力。比如学校的办学理念、教育行政部门的评价角度、社会的期望值等。

应试教育是阻碍校本教学研修开展的主要因素。它的影响在短期内难以得到根本改善,教师的中心仍然以升学考试为目标,这就导致教师把主要的时间和精力都投入教学当中,而且现阶段对教师的评价形式也以升学率为标准,教师的思想、工作负担都很重,他们显然没有精力去进行校本教学研修。还有的学校并没有从实际情况出发,片面追求形式化的校本教研活动,针对性、实效性不强,要求教师在本身教学任务就很重的情况下,开展与本年级本学科本阶段关系不大的校本教学研修活动,取得的效果当然很不理想,这也导致教师对校本教学研修有所抵触,往往应付了事,严重影响了校本教学研修开展的效果。

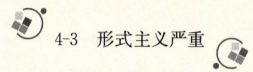

4-3 形式主义严重

校本教学研修本应当以解决本校教育教学中的实际问题为出发点和归宿,其研究过程应当以教师为中心。但是在一些学校的校本教研活动中,却存在着严重的形式主义现象,表现为只提倡不落实、只布置不调研、只图热闹不求实效、只讲数据不讲质量、只看形式不看内容等等诸如此类现象。

追究其成因,责任还是在管理层。一些地方在开展校本教学研修时,往往是制定相应的校本教学研修计划,根据这些计划给教研组布置教研任务,教研组长再给教师布置教研任务。这些任务往往被量化为一学期听多少节课、写几节优质教案、制作几个优秀课件、写几篇教研文章、做几项课题研究等等。这种依靠行政指令而开展的"校本教学研修",严重地偏离了校本教研的轨道,同时也违背了开展校本教学研修的初衷。由于研究主体的偏离,致使一些教师为应付上级或学校布置的教学研修任务而做一些表面文章,个别教师甚至弄虚作假,这也严重地影响了校本教学研修的成效。

有些学校领导打着"以活动促教研"的旗号,每学期都安排若干次活动,不管活动是否有实效。适当地开展一些活动是必要的,但问题在于活动不能无度,更不能浮泛。校本教学研修活动的开展,要从学校和教师的实际出发,以教师之间的相互交流、取长补短为旨归。那些走走过场、装点门面的"教学研修"活动(以活动代研究)不开展也罢。

有些学校不注重校本的指导与引领,而是把重心放在过多的检查评比上。开学初布置了校本教学研修任务,就只等学期末的评比检查,至于研究过程则不甚关心。为了应付评比检查,教师们临时写论文、制课件、编教案;

为了完成检查评比任务,检查人员形式化地查看论文有无、课件多少、教案几节……检查一结束,活动也就随之结束了。这样的检查评比,除了让某些教师获得了对自己评优暂时发挥作用的有效证件外,对校本教研的开展、教师的专业化成长不仅毫无意义,反而会起到阻碍作用。

4-4 研修的适应性弱

进行校本教学研修活动的目的是改组或重构在职教师的教育理念,提高其实施新课程的能力。如何根据教师的需要,来确定研修的主题,选择研修的内容,一个很重要的工作就是了解教师已有的知识、能力与需要完成的任务之间的差距,根据这些差距,制定合适的学习规划。为此,校本教学研修的内容应该以教学实践和教师的实际需求为立足点,扩展教师的视野,解决教师在教学工作中的困惑与需要。然而,目前许多学校的校本教学研修活动却与教师的期望存在一定的差距,呈现出内容零散、随意、空洞等问题。其原因主要是在校本教学研修内容的确立上存在着严重的"一刀切"现象,缺乏对差异性的重视,造成研修效果不尽人意。如一些中小学在开展校本研修时,没有考虑到老中青教师在校本研修内容需求上的较大差异,多用同一内容去满足不同教龄教师的需要,造成校本教学研修缺乏针对性,效果不佳。

不同教龄的教师对校本教学研修内容的需要存在着明显的差异。教龄在10年以下的青年教师,渴望在先进教育理念、教育教学基本技能、专业新知识、现代信息技术、教育科研知识和方法等方面获得提高。但是,现有的校本教学研修内容未能充分满足青年教师的需求,尤其在先进教育理念、教育科研知识和方法方面给予青年教师的帮助很有限。教龄在10~25年的教师,处于中年阶段,更新知识结构的愿望十分强烈,并且因为在信息技术方面与青年教师相比普遍缺乏,从而产生了比较迫切的要求。另外,许多中年教师晋升职称的愿望很强烈,需要一定的研究成果作为条件,因此,他们希望在教育研究方法、技术等方面得到有效的帮助。教龄在25年以上的老教师,则希望尽快更新自己的教育观念,以便跟上时代的步伐。另外,他们对信息技术的需求也表现得比较积极,这既反映出老教师与时俱进的愿望,也提示在对老教师开展的校本研修内容中,应加大先进教育理念和现代信息知识与信息技术的分量。

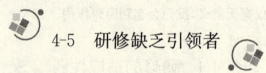

4-5　研修缺乏引领者

校本教学研修的引领者指的是课程专家和中小学骨干教师。新课改实验证明,有成效的校本教学研修一般不是完全由中小学独立支撑的,而需要一个由三方要素共同构成的支撑系统。三者分别是教师个人、教师集体、课程专家。教师个人要发挥主体性;教师集体要提供互助,彼此成为"批判性"同事;骨干教师和课程专家要行使专业上的引领职责。校本研修离不开专业力量的引领,而目前制约校本教学研修深入、有效进行的主要因素之一,就是校本教学研修缺乏有力的引领者。

课程专家熟悉课程理论,通晓课改政策,是校本研修的引领者。但是,众多中小学都要开展校本研修,仅靠目前稀缺的课程专家资源来引领显然不现实。就骨干教师来看,目前中小学骨干教师虽然熟悉本校情况,但是能够承担起校本研修引领者角色的骨干教师并不多。在调查中发现,一些担当引领者角色的教师素质欠佳,难以起到引领作用。

例如,一些学校的骨干教师自身的教育观念并不先进,在进行校本研修活动时,新思想、新视角的介入较少,出现了故步自封的状况,使校本教学研修的效果大打折扣。正是由于多数中小学缺乏优秀的引领者,因而,校本教学研修只得停留在表面,难以满足新课程教学的实际需要。

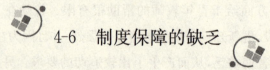

4-6　制度保障的缺乏

在校本教学研修的组织管理中,缺乏必要的制度保证,也是目前校本教学研修中的主要问题。原因主要有以下几点:其一,部分学校校长对校本教学研修的意义和作用缺乏应有的了解,认为教师的职后培训是上级教育行政部门和教师培训机构的任务,没有认识到校长是校本培训、校本教学研修的第一责任人,应该对校本研修起到组织、管理、监督的作用。调研中发现,不少校长对校本教学研修存在不正确的看法,特别是在校本教学研修的运行方式、研修内容的把握方面不够准确,在创新校本研修机制方面动力不足,缺乏对校本研修具体实践的反思总结、经验提炼和推广交流。加之中小学繁忙的教育教学管理工作,更使一些校长把校本教学研修视为额外的负担,而不愿自觉地承担起对校本教学研修的组织管理工作。其二,一些开展校本教学研修的中小学,在组织实施校本教学研修时,管理观念落后,单纯的业务管理和技术性管理活动多,而建立知识共享行为的有效激励机制不够,因此出现随意性较大、安排不当、挤占研修时间、缺乏考核和奖惩机制等现象,造成校本研修效果不佳,流于形式。由于在校本教学研修活动中,缺少深入的探讨、反思,导致一些教师在参加校本研修后感到收获不大,也降低了参与的积极性。其三,许多中小学受办学条件限制,图书、资料匮乏,未能给教师创造良好的学习和教研条件,对于校本教学研修的开展产生了一定的制约作用。其四,教育行政部门对校本教学研修缺少有效的监督、管理和指导,导致校本教学研修"形式化"的问题未能得到重视和解决。

5 校本教学研修的策略

 5-1 加强制度建设

制度是行为的保障,良好的制度是校本教学研修有序、有效开展的保证。但是制度的价值取向应该是什么,在这个问题上仁者见仁智者见智。制度是注重管理人,还是事?是注重管理结果,还是过程?是为了激发,还是为了惩罚?这是每一位管理者应该思考的问题。在王洁的《知识管理视野下的校本教研制度》一文中谈到,要积极倡导建立在知识管理视野下的校本教研制度。文中还指出了知识管理的范畴,给我们展示了一种理想状态,即关注隐性知识向显性知识的转化,旨在建立有利于知识交流与分享的组织文化等等。知识管理向我们展示了一种崭新的管理模式和思维方式,作为一种理念、一种文化,知识管理对校本教学研修制度建设无疑具有重要的启示。

5-1-1　制度革命:知识管理

校本教学研修的有效开展需要制度保障。什么样的制度才是有效的呢?纵观中小学的各项规章制度,一般是以这样的语气叙述的:不准……;要……;如果……罚(扣)等等。完全是站在教师的对立面来管理教师,教师何来工作积极性与热情?知识管理视角下的制度,其出发点不是"管人",而是"做事",它是通过对个人知识、群体知识的管理,让知识在群体中流动、分享,使其中最有价值的东西发挥作用,从根本上来说是为了提高每个成员的基本素质。目前流行的项目管理就是其运作的典范,人财物随事运转,它激活了项目中每个成员的智慧,激发了每个成员的潜能,开启了每个成员的创造力,营造出知识共享的学术氛围,增强了团队协作、知识共享的精神和持续学习的意识,加快了个人及组织的知识更新,为共同完成项目奠定了坚实的基础。

5-1-2　制度创新:知识分享

校本教学研修制度需要有效的激励机制。知识管理视野下的制度,更多地关注建立知识共享行为的有效激励机制。在教师网络研修的实践中,教师在同一平台上,分享交流各自的教学经验,许多思想的火花在网上碰撞而出。点击率、上传资料的多少及价值就成了评价的原始资料。我们上网就能看到:"今日…之星"紧跟着的就是点击率、下载次数、发表评论数、被评论数、提供资源情况等等,教师在知识共享中得到满足,在键盘敲打中获得成功的喜悦。这种校本教学研修制度改变了原先任务布置多、深入研讨少的状况,它让教师之间彼此分享各自的经验。北京西城区教师研修网的运作就是一个很好的佐证,其区域内的所有教师按学科协作组进行交流与分享。

5-1-3　制度升华:以人为本

一个人的力量是单薄的,一个人的智慧是有限的。如果整合各种人力资源来做校本教学研修,一切将会变得非常容易。知识管理视野下的制度,应根据组织发展的目标制定相应的人力资源规划与战略,并保证规划与战略的落实。这种规划与制度要有利于调动每位教师的积极性与创造性,要有利于提高学校教师团队的竞争力。

知识管理视野下的校本教学研修制度更多地关注如何激发教师的职业热情,为他们的教学和发展提供服务支持。关注教师的需要,为教师的专业发展搭建平台,给教师提供学习进修机会,提供交流合作与研究平台,解决教师教育教学中的棘手问题等。既重视群体智慧,同时也鼓励教师个体的个性发挥,彰显其创新的一面。只有教师有了创新精神和创新能力,才能培养出具有创新精神的学生。

 5-2　加强实践探索

校本教学研修一定要以问题为出发点,以实践活动为载体,以教师群体参与为基础,以交流反思为途径,以专家引领为保障才能有效开展。传统的以讲授为主的培训很难使教师把听来的理论和技能运用到日常教学上。专业人员所具有的知识很多是缄默(不能解释)的、个性化的,而且镶嵌于情境活动之中(需要"做中学")才能学会。实际上,现实呼唤创新教师教研培训模式,于是在实践中产生了许多行之有效的校本教学研修模式。

5-2-1　多种研修模式的尝试

在校本教学研修实践中,一种以"问题—诊断—解决"为主导的教学研修模式已成为一种提高校本教学研修实效性的有效方式。教师个体或群体在教学实践基础上发现问题并提出问题,通过自我诊断或同伴互助诊断,最后达到自我解决或在专家引领下解决,这种方式在各中小学使用普遍。

另外一种就是案例讨论式教研,它是一种教师直接参与、共同对案例或疑难问题进行讨论的教研方法。案例讨论能促进从理论到实践的转移。教学案例是课堂中的真实故事,是教师在实际教学中的经历,是足以引发教师思考和讨论的事件,是蕴含教育理论的典型事例。顾泠沅教授讲过:案例是教学理论的故乡,是教学问题解决的源泉,是教师专业成长的阶梯。它是沟通教师实践智慧的媒介,是教学理论与实践对话交流的有效载体。在案例研究中主要要做三个层次的工作:一是教师在不断的反思中发现自身和别人身上的典型问题。二是在典型问题确定后善于观察、分析,找出规律,总结提升。三是交流、分享,在交流中再次得到提高。课例研究也是校本教研的有效方法,它以一节课为对象进行研究,对优化课堂教学意义重大。学校还可以建立课例研磨室,开展"研课""磨课"活动。一是形成研磨链:教师备课或集体备课—上课或观察亲历实践—反思评价—二次备课—再亲历—再反思评价—提升,形成课例,如不成熟还需循环。二是一课多讲:针对一节课,全组教师从不同角度准备—上课互相观察—反思交流体会—综合提升—形成课例。在课例的研究中加深了教师对理论的理解,教师的研究智慧得到提升。

但是"同样的教案不能复制出同样的教学效果",教师的校本教研仅用案例讨论的形式,成效远远不够。因此又催生出课堂改进与理论学习融为一体的教师教学研修制度。人们把目光聚焦在课堂教学的改进上,课堂教学的改进除了专家引领、同伴互助以外,最主要的还得通过教师自我反思才能达到目的。

5-2-2 多维度反思课堂教学

课堂教学的反思主要从课前、课中、课后三个维度进行。

课前反思分为四个方面:一是对内容选择的反思。即教师要对内容的选择进行价值判断,思考为什么要选择这样的内容。二是对目标制定的反思。思考该节课要达到什么样的目标?达到的目标对所教学生是否得当、具体、明确?要达到这个目标,应该采用什么方法、途径,选择哪些手段,利用哪些资源?三是对学生经验的反思。即要以学生的"最近发展区"为依据,对学生的现有水平、知识、经验、背景进行分析,反思学生已有的和缺少的。四是对环节设计的反思。教学环节的设计犹如打仗的"排兵布阵"、写文章的"布局谋篇",课堂教学环节的设计是否科学合理?这样的设计能否最大限度地达到教学目标?是否适合学生的学习需要?对自己是否具有挑战性?

课中反思是指教师通过观察、倾听、了解学生的兴趣点、疑难点、热点,在与学生的互动中发现富有创新思维的闪光点,生成新问题,从而调整教学方案和策略。这是一种难度较大的瞬间反思,是对教师教学机智的考验,也是教学过程的精华所在。它分为三个方面:一是对动态生成活动的反思。教学中的反思要集中在对活动动态生成的事件上,教师要及时判断,这个生成事件对学生的发展是否有价值,对这节课顺利实施是否有帮助,有些生成活动不适合及时处理,可以滞后处理,那么要去反思滞后处理应该如何去做。二是对互动质量的反思。教学过程是师生互动的双边活动,只有互动得气氛好、质量高,才能创造富有生机和活力的教学效果。教师反思的焦点是:活动是否在热烈有序中进行?师生间、生生间的讨论交流、互动质量如何?教师是师生互动的发起者、组织者和引导者,如果学生交流互动不起来应该如何调整教育策略?是调整改变问题的角度还是用增加材料来激发师生互动?三是对问题设置的反思。问题设置得好有助于提升师生互动的质量,问题设置得不好,则会造成问题的中断、停滞或冷场。所以,教师对问题的设置以及学生对问题的回应情况是反思调整的关键点。当学生答非所问,不知所云时,教师要即时调整自己所问的内容、角度和策略。

课后反思也称"实施效果反思",是教师对自己在教学过程中的行为以及因此产生的结果进行审视、分析再思考、再认识的过程。课后反思应侧重于如下四个方面:一是对教师作用的反思。教师是学生学习的指导者、合作者、引领者,是师生互动、平等交往的维持者。因此反思时应侧重:在教学目标达成过程中,教师的作用是怎样发挥的?在学生生成问题的时候,教师的作用是什么?在学生讨论、交流、展示的时候,教师如何起引领、归纳、提升的作用?教师观察到的、捕捉到的有价值的东西是如何纳入教学过程中的?二是对预设和效果的反思。每个环节都有预设的目标,但有时学生的行为表现并没有按预设意图来进行,那么,这时教师就要反思教学是否达到了预期的目的?如果目标成功,是什么原因造成的?哪些环节、哪些问题突破预设,取得了意想不到的收获?如果没有达到预期的目标,是什么原因造成的?问题出在哪里?三是对调整过的地方进行反思。教师在教学中往往会根据学生的表现,灵活调整策略和方案,这时要反思的是:为什么在那个时间改变了原来的教学计划？当时是怎样调整的？调整后的效果如何？怎样调整会更好？当然这种调整不是每个环节都需要，教师要灵活掌握，它的适应原则是：调整后的效果要比原来预设的效果更佳。四是对问题回应的反思。即对学生所提问题的回应策略进行反思。教学活动中师生互动频率的增强，教师与学生之间思维火花的交流碰撞会生成许多新的问题，这时教师要反思的是：学生在教学过程中分别生成了什么问题？发现了什么现象？教师当时是如何应对的？教师的应对是成功的还是不成功的？成功不成功背后的理论根据是什么？

5-2-3 小组课题研究的尝试

发现和创新是研究的重要途径。其活动方式主要以课题研究为主，研究成果的主要呈现样式是课题研究报告。校本教学研修的对象是教师在课程实施中所面临的各种具体问题，以这些问题的解决推动新课程的有效实施，所以在校本教学研修中及时发掘有研究价值的问题非常必要。可以视问题的"多、少、长、短"适时开展各种不同形式的研究，倡导开展小组小课题系列化深度研究。在校本教学研修计划中，学校每学年或每学期都应该确定几个要研究的小课题，这些小课题材料的研究要有利于学校特色的发展，有利于解决课改实践中的关键性问题，有利于解决教师在课改中的困惑和矛盾。学校在小课题深度研究中一般应做以下几方面的工作：一是确定主题后做好论证，制定好研究计划。二是视课题大小做好责任分解，落实到人。三是在具有可操作性的课题下进行研究实施，必要时进行理论学习和方法学习。四是汇总交流，反思交流各自的研究成果，在反思中生成新的问题，进入下一轮的研究。

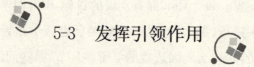

5-3 发挥引领作用

课程改革的深入发展带来了教研方面的变革，也给校本教学研修的发展带来了机遇与挑战。如何适应课程改革的需要，对自身进行重新定位，是每个教研员必须思考的问题。

5-3-1　教研员应成为课程改革的研究者

教研员应是课程改革中的研究者。《基础教育课程改革纲要（试行）》明确规定了要保障和促进课程适应不同地区、学校、学生的要求，实行国家、地方和学校三级课程管理。这就说明了教研员在课程改革中不能只是国家课程的研究者和执行者，而应该成为各级课程的研究者和执行者。教研员应该与相关专家、教师合作，共同研究开发校本课程，充分挖掘具有本地区特色的课程资源，引导各个学校开展适合本地区、本学科、本学校的课程资源的开发。在对新课程的研究过程中，教研员应该针对新观点、新问题，重点研究校本课程的开发与利用，同时还应该提供教师需要的教育理论，组织教师集中学习，把新课程的理念带给每一位身边的教师。当然教研员要实现研究内容的转型，也需要对自身的知识结构进行调整。一方面要学习和新课程开展相配套的理论知识，领会新课程的内涵；另一方面要针对课程改革中出现的新问题进行研究。只有这样的研究过程才能使教研员的研究者身份发挥最大的作用。

5-3-2　教研员应成为课程改革的带头人

教研员应是课程改革的践行者。教研员承载着当地教学研究与课程改革的重任。教育部下发的《关于改进和加强教学研究工作的指导意见》中提出了当前教学研修工作的三项任务：一是大力加强和改善教学研修工作的方式，特别是那些与课程改革不符合的各项规章制度，构筑起以学校为中心的教研体系，形成公开、公平、公正的教研体制。二是研究教师作为校本教学研修的主体在新课程各块工作中所发挥的作用，如课程结构、课程内容、课程实施、课程评价和课程管理等方面的作用。三是对新课程理念下教学研修工作出现的问题要及时发现并进行深入研究。要做到这些工作，教研员需要在如下方面进行改进：

首先，应该在思想上树立正确的课程观，把课改观念贯穿到自己的教育认识中。教育思想是课程改革的关键，缺乏这个关键的要素，课程改革只能流于形式。对教研改革的把握如果偏离了课程改革的方向，也必然成为阻碍课程改革发展的因素,并最终反作用于课程改革的发展。所以教研员要认真学习、贯彻党的教育方针、政策,学习国家制定的关于课程改革的各项规章制度,将国家对课程改革的要求与所在地区教研工作的实际情况相结合,成为联系国家课程改革和本地区教学实践的桥梁。

其次,要形成在教研工作中自我反思的良好习惯。在知识经济时代,知识更新的速度要快于学习的速度,这就要求教研员更应树立在学习中反思、在反思中不断进步的观念,只有通过自我的学习才能不断促进自我成长,促进可持续发展,同时通过对学习过程的总结与思考又可以促进学习内容的深化。教研员学习最为基本的内容就是学习教育学、心理学和课程教学的基本理论,通过对这些理论的学习为自身发展奠定理论基础,从而更好地指导教育实践。

教研员在学习过程中,对周围环境发生的变化和对自身的教育实践和调研中发现的教学问题进行反思,养成对自身教育工作保持较高的敏感度和探索的习惯。教研员要勤总结,善于将自身或基层教师的实践经验加以提升,发现教育现象本身所蕴含的规律,借以总结、推广,使实践经验上升到理论的高度,并进一步引导教育实践。

5-3-3 教研员应成为教师发展的指导者

过去教师的本职工作就是对课程的执行,并没有认识到除了实际教学以外,教师对自身的满足感也是促进其教学的一个重要条件。所以在新的课程改革中提出了教师的专业化发展这个问题。教师应获得自身自主的发展,并体验创造性的教学生活所带来的幸福感和快乐感,也只有这样教师才能真正对自身的工作产生兴趣,从而对所教课程投入更大的精力与热情,最终使学生在课堂教学中获得更为全面的发展。由于教师长期在教学工作第一线,没有时间和精力对其自身专业化发展进行研究与开发,这就要求教研员应该成为教师专业化发展的指导者,其指导者的作用主要体现在以下几个方面。

首先,教研员应该了解教师专业化发展的实际情况。教研员通过与周围教师进行深入交流,听取教师对其自身专业化发展的一些认识和看法。通过沟通可以达成共识,避免指导工作流于形式。另外我们也应该看到教师来自于教学第一线,他们对教学的内容和形式以及自身所缺乏的知识都有深刻的认识,但由于精力所限,他们往往没有办法去解决实际问题。

其次,教研员要搭建起教师专业化建设所需的平台。根据目前的实际情况,要特别注重不同学校教师之间、同一学校教师之间开展研究性学习,从而使不同的教师群体能够在同一个平台上相互交流自身在专业化发展方面的经验与困惑。教研员主要可采取以下几种形式:一是专题研讨,就是围绕教师专业化建设中的某一个专题进行交流与互动。如:开展主题教学方案的设计与实施的交流研讨,通过教师们的交流,分享主题活动开展的经验,并进一步激发教师组织主题活动的热情。二是信息交流,就是教师通过外出培训学习所获得的有价值的信息,通过整理进行交流,使大家共同分享信息。三是座谈会,可针对目前课程改革中的问题进行讨论,大家可畅所欲言提出目前改革中急需解决的问题,并讨论解决问题的方法。成果交流围绕新课程中的教材内容,或教师根据学生实际创造性地组织教育活动。通过听课、即时讨论和评课,架起教师观念和行为转变的桥梁,激发教师对教学问题的深层思考,反思自己的教学观念和行为。

最后,教研员要通过组织定期与不定期的培训为校本教研发展注入动力。教研员不仅要研究课程,研究学生的发展,还要研究教师的发展规律,了解他们的需要。教研员对教师的培训可以针对不同年龄段的教师采取不同的方式。对于刚刚走上工作岗位的教师而言,教研员要关注新教师如何进行职业素质的培养,对其培训的方式主要以集中形式的岗位培训为基础,在这个方面富勒和鲍恩提出了教师关注阶段论。这一理论引导我们要针对教师不同时期发展的需求进行适宜的帮助。要抓住教师发展的"关键期"对新教师入职阶段的教学进行关注,否则,将会失去教师发展的良好时机。从我国教师教育的实践来看,往往有着"自然成熟"的倾向,对于新任教师来说更是如此。新教师这种自发、不自觉的成长过程,可能需要几年、十几年甚至更长的时间才能完成,因此,我们要关注新教师的培养。培训内容不仅涉及新的教育知识、技术,而且要增加对教师形成自我专业发展意识和自我专业发展能力的培训,让教师成为自己专业发展的主人,使他们在一开始的日常教学岗位中就不断自觉地发掘专业发展机会与能力,获得自我成长。

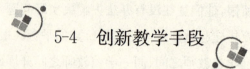

5-4 创新教学手段

教师是新课程改革中实施教学的主体,教师的职能不仅仅局限于教学实践活动,更要创造新的教学手段,只有这样教师才能有针对性地应用新的教学手段促进自身和学生的发展。

5-4-1 构建互动型组织

教学的过程就是教师与学生双主体在课堂上以及课外的互动过程。在传统的教学中,教师把既定的教学内容通过课程这个载体传授给学生。学生也就成为了教师灌输学习内容的容器。学生只要背诵、记忆教师的讲述内容就可以完成学习任务,而考核的标准也只是通过考试的形式体现学生对所学内容的记忆能力。新课程的实施完全改变了这种教学模式,现在针对新课程所出版的各个学科的教材,不仅体现知识的传授,更注重对学生能力的培养。而新课程的核心是引领学生主动探究、自主学习,在体验和感悟中获取知识和能力。新课程明确规定了学生的主体地位,教师往往不能立刻转变自身的角色,因此教研员要指导教师在形成自身的互动学习组织过程的同时,把学生组成不同的互动团队,建构学习型组织,生成新的教学元素。学习型组织就是充分发挥每个教师的能动性和个性,围绕学习目标开展合作、共享学习成果、进行有效学习的组织形式。在新课程中,教师要善于组建这样的学习型组织,根据每个学生的兴趣特长把学生分成一系列学习小组并围绕具体的学习内容明确分工,充分发挥学生的聪明才智,通过学习小组成员的共同努力达到学习目标,使每个学生都体验到成功的快乐。

5-4-2 丰富课程教学手段

新课程规定了课程教学手段的多样化。在新的环境下,面对课程资源的多样化,教师在课堂教学过程中往往会感觉到困惑,特别在经济相对落后、交通不方便地区,教学设备和教学资源严重不足,加上学校资金紧张,提供给教师外出学习和交流的机会较少,严重影响了教师对新课程的实践。教师们普遍感觉新教材、新内容自身难以开展,学生难以接受。主要原因是因为教学资源的内容不够丰富,新教材让教师可陈述的内容不多,教材内容的纲领性较强,要解读和拓展课程内容,组织好各类教学活动,必须集合大量的课程资源,因此,教研员应指导教师开发出信息化课堂的新教学元素。同时,教研员要充分发挥技术优势,尽可能为教师提供更多的课件、课例、论文及相关著作等教学资源,扩展一线教师的信息来源,只有这样才能使教学的内容更加丰富,使教师的教学效率和学生的学习效率有所提高。

5-4-3 开发体验式教学方式

课程改革之前的课堂教学必须根据传统的教学大纲和整齐划一的教材进行教学,教师的教与学生的学都必须遵循统一的标准。这就束缚了教师的教学创新,限制了学生思维和探究的空间。新课程实行以来,在教学方法和教学手段上进行了必要的创新,各学科课程标准和实验教材是以学生为中心,因此,优秀教师要通过多方途径帮助教师在教学过程中开发学生体验式探究的教学新元素,创造学生主动参与的教学情境,把教材中的理论性知识转变到现实生活中去,只有这样才能促使学生主动探究和发现知识,培养其对问题主动思考的质疑态度和批判精神。教师应给学生提供必要的设计、调查、收集、发现和创造等训练,使学生掌握探究的规律方法与途径,培养学生的探究能力和创新意识,让学生在体验式主动探究过程中提高思维品质并生成知识。

案例展示

数学校本教学研修活动案例
(重庆市江北区唐家沱小学)

一、活动过程

作为新课程倡导的三大学习方式之一,小组合作学习在形式上具有有别于传统教学的一个最明显特征。它有力地挑战了教师"一言堂"的专制,同时也首次在课堂上给予学生自主、合作的机会,目的是培养学生团体的合作和竞争意识,发展交往与审美的能力,强调合作动机和个人责任。

(一)问题来源

1.学科特征:小学数学作为义务教育一门重要的基础性学科,除了应传授给学生一些初步的数学知识以外,还担负着发展学生思维能力、培养创新意识、实践能力和提高学习兴趣,养成良好学习习惯的历史重任。我们不难发现现在的学生合作意识较差,团队精神缺乏。而当今的时代是科技竞争的时代,而竞争的成败往往取决于人们的合作。

一个人的能力是有限的,如果不善于和他人合作,将不同的知识加以交流、综合、提高和运用,就不能适应时代的发展要求。合作是一种比知识更重要的能力,能够体现个人品质与风采,是素质教育的重要内容。

2.课堂现状:在现在的课堂,我们都可以看到小组讨论式的合作学习。这说明,教师已经在有意识地把这种形式引入课堂。但是,仔细观察,就可以发现,多数讨论仅仅停留在形式上。往往是教师一宣布小组讨论,四人小组里,每个人都在张嘴,谁也听不清谁在说什么。几分钟后,教师一喊"停",学生立即安静下来,进行交流。这样的小组合作学习有效吗?这是困扰教师的一个难题。

(二)理论学习

当前,我们进行的研究性学习,就需要更为灵活、开放同时也更为有效的教学组织形式,需要在更大的时空范围内将个人学习、班级集体学习以及小组合作学习合理地穿插结合,而"小组合作学习"必将成为最基本的教学组织形式。

在传统教育中,学习被看作个人的事情,而现代教育观点提倡合作学习。因为学生之间的学习能力、意识、习惯、品质、情感、水平等存在着差异,通过合作起到相互补充、相互帮助、共同进步的作用。教育家夸美纽斯有一句名言:"教别人也就在教自己。"教别人的过程,也是最好的学习过程。通常所言"教一遍等于学三遍"。前苏联的合作教育学主要强调的是师生合作,所涉及的主要是师生之间的互动合作;美国的合作学习出发点基本上是学生中心主义,所涉及的主要是生生之间的互动合作。

通过学习,我们觉得有必要研究小组合作学习方法。小组合作学习既不是教师中心主义的,也不是学生中心主义的,而是兼顾两者的优点,并力图求其均衡,努力探索一种较为有效的学习方法。

(三)课例研究

课堂是师生活动的主阵地。于是,我们把目光集中到以前的课堂教学案例。通过研讨,我们发现:目前,在课堂教学中普遍运用的合作学习,缺少让学生独立思考的过程,容易造成合作时"人云亦云"现象;没有给学生充裕的时间,容易造成合作时"虎头蛇尾"现象;内容没有大的探讨价值,容易造成"摆样子、走过场"现象。

为使我们的课堂中"小组合作学习"更有效,我们的研究主要集中在:教师通过创设情境,指导、帮助、激励学生发挥各自的主动性,在小组合作环境中确立学习目标,选择适当的学习方法,寻找教学的最佳结合点。教师构建良好的合作环境,给予学生充裕的合作时间,随机应变,并充分发挥课堂管理、调控功能。旨在提高学生课堂学习的参与率,促进班级整体学习水平的提高。同时增强班级凝聚力,发展学生的交往能力、合作能力。

(四)课堂实践

以课例的研讨为立足点,我们决定用课堂教学实践来深入研究。我们请担任二、三年级新教材实验的教师执教。先集体备课、说课,然后进行听课与评课。主要研究小组合作学习的内容与方法:

1. 探究学习小组的组合方式,以增强小组合作学习的信心。
2. 研究学习小组的课前预习法与全班合作学习的关系。
3. 研究小组合作学习更好地参与教学过程的有效方式。
4. 研究小组合作学习对课外学习能力的作用。

(五)共同研讨

通过反思教学、集体评议等活动,我们初步形成一些共识:

1. 优化组合,增强合作信心

组建学习小组时,应先根据学生的知识基础、兴趣爱好、学习能力、心理素质进行综合评定,然后结合学生意愿,搭配成若干异质学习小组,通常4～6人一组为妥,由1人任小组长。小组长一般是学习成绩较好,乐于助人,且有一定的合作创新意识,口头表达、组织能力较强的学生。

各组间无明显差异,力求均衡,便于公平竞争。组建后,要求每个小组中的成员相互友爱、坦诚相见、民主平等,并适时组织一些小组游戏,使学生在游戏中体会到成功的喜悦和互相关爱的真挚情感,既学会了合作又增强了自信心。

2. 让合作小组参与课前预习

预习质量的高低,直接影响到课堂效果,而预习是否主动也影响预习的质量。但是一些同学缺乏预习的目的性和自觉性,无视预习,到课堂上疑点重重,感到吃力。

这几周来我们让合作小组积极参与课前预习,收到了较好的教学效果,同时调动了学生预习的积极性。先布置学生预习,并试做几道题,发现疑难问题在小组里讨论解决。

有时鉴于小学生思考时易出现随意性,预习前,根据教材特点设计一些思考题,学生独立思考后,再拿到小组里交流解决,比一比,哪组同学学得好,谁是小组中表现最棒的人。

学生为了表现自己,认真地进行预习。这样在教学中,教师教得轻松,学生学得愉快,大大提高了课堂教学质量。

3. 让合作小组主动参与教学过程

心境的好坏直接影响到学习效果。因此,教师要根据教材特点,利用电教手段,营造一种宽松、愉快的合作学习氛围,让学生在这种气氛中充分发挥自己的智慧,激发他们合作学习的兴趣。

新课教学时要鼓励学生在独立思考的基础上,共同探讨,展开讨论,小组成员各抒己见,教师适时点拨指导,实现信息在群体间的多向交流,让学生尝试到合作创新的乐趣。

合作教学中,有时教师要针对教学目标、教学内容及教材的重难点,结合班级学生实际,设计既能激起学生参与学习的动机效应,又能充分发挥小组合作学习的认知功能的思考题、讨论题,提高同伴间合作的效率。

4. 让合作小组积极参与课外学习

在指导课外小组合作学习时,可以围绕数学课本知识的内容开展一些社会调查,引导学生运用所学知识进行实践操作和创造性活动。

经常鼓励学生适量阅读一些课外书籍,可以小组共同阅读探索,也可以独立阅读后,碰到疑难问题,再拿到小组里合作解决,以拓宽学生的知识面,从而进一步培养学生的合作精神和创新意识。

二、活动反思

1. 活动要有主题

随着数学课程改革的深入开展,教育理念的更新、教学方式方法的改变、学生学习方式的改善、课程资源的开发和利用等等,对教师都提出了更高的要求,教师的教学能力、理论素养以及自我反思能力等专业化水平都亟待提高。教师在教学活动中也遇到了很多的困惑和问题,比如,如何在小学数学课堂教学中有效开展小组合作学习?这些日常教学中出现的问题不断地困扰着老师们,以往通过观摩课研讨为主要形式的教研活动已经不能满足新课程发展的需要以及广大教师发展的需求。

因此,在进行教研活动时,一定要有主题设计。也就是说,活动一定要有目的性。要通过活动切实解决数学教学中的问题,比如这次的"如何在小学数学教学中进行有效的小组合作学习"。每次活动的主题不要求大、求全,要有针对性,要具体。这便于最后交流时,每位教师都能够从不同领域、不同内容、不同问题中得到更加全面的收获,实现教师之间的合作交流、成果共享,提高教研活动的质量和效率。

2.活动有机结合

教学设计是预设的、有弹性的,而课堂教学是生成的、鲜活的,在精心准备的预设基础上还会不断地生成新的、不确定的因素。因此,要解决课堂教学的实际问题,必须将说课与上课结合起来,将上课与课后反思再设计结合起来,同时要发挥教师群体的作用,建立教师学习研究共同体,通过伙伴互助,不断完善教学设计,对反思再设计的教学方案进行再实践,实现"实践—反思—再实践—再反思—再实践"的研究过程,这也体现了教师团体智慧大于教师个体智慧之和,这样的研究更有实效性、针对性。

3.活动形式多样

我们发现,通过说课可以提高教师的理论水平,促进教师由"经验型"向"研究型""专家型"教师转变。团队协作推动了教师之间的经验交流,将教师备课的个体行为变成了群体教研行为,提高了学校教研活动的质量。说课与上课、课后的评价反思再设计相结合,有利于完善教学,提高教师的专业化水平。

案例评析

校本教学研修活动实质上是一个发现问题、共同解决问题的过程。

第 2 部分

教学设计研修问题与指导

　　教学是一门科学,也是一门艺术,还是一种技术。教学设计是教学科学、教学艺术和教学技术的综合。传统的教学设计大多从教学内容出发,依靠教师的实践经验和个人直觉来选择教学方法、安排教学过程,考虑较多的是教师"如何教";现代教学设计不仅要考虑有关的教学内容和方法,还要考虑教学背景、教学对象、教学策略、教学媒体、教学评价等因素,并用系统论的方法来加以统筹规划、组织,较多地考虑学生"如何学"以及教师和学生间的互动,因而可以使教学活动真正达到优化的效果。

1　教学设计概述

 ## 1-1　教学设计的内涵

　　教学是一项有明确目的的培养人的社会实践活动。为达到教学目标,教师必须依据一定的教学思想或理念,结合自己对教学过程的理解和认识,以各种方式方法对师生活动进行周密的思考和精心的设计。然而,许多教师将教学设计与教案的编写相等同。那么,什么是教学设计呢?

1-1-1　教学设计的概念

　　教学设计(Instructional Design,简称ID)作为一门实践性很强的应用性学科,是在20世纪60年代以来逐渐形成和发展起来的。教学设计又称"教学系统设计",是以学习理论、教学理论和传播理论等作为理论基础,运用系统的方法,分析教学中的问题,从而确定教学目标,建立解决问题的策略方案,试行解决方案,评价试行结果,并对方案进行修改的过程。通俗地说,教学设计就是对于学与教的资源及过程进行系统规划的一整套整体性操作程序。

按照系统的观念,教学活动中的诸要素构成了一个很复杂的系统,教学设计正是一个系统计划过程。它运用系统方法研究教学系统中诸要素(如教师、学生、教学内容、教学目标、教学策略、教学媒体、教学实施与教学评价等)之间的内在联系,并建立一套具体的操作程序来协调、配置这些要素,使各要素有机结合并完成教学系统的功能。

教学设计中的"教学"不仅仅反映了教师教的活动,同时也包含了学生学的活动,强调教学是由教师的教和学生的学共同组成的活动。只有当教师教的活动能够真实地反映学生的学习需要时,这种教学活动才是真正意义的教学活动。因此,教学设计包括两个方面:一是关于"教"的设计,另一是关于"学"的设计。前者是对教师而言,即教师对教的资源及教的过程的设计;后者是针对学生而言,即关于学生在学习知识时可用的资源及学习过程的设计。

1-1-2 教学设计的层次

教学设计是一个问题解决的过程,根据教学中问题范围、大小的不同,教学设计也相应地具有不同的层次,即教学设计的基本原理与方法可用于设计不同层次的教学系统。目前,教学设计一般可归纳为三个层次:

(1)以"产品"为中心的层次

教学设计的最初发展是从以"产品"为中心的层次开始的。它把教学中需要的媒体、材料、教具等当作"产品"来进行设计。教学产品的类型、内容和教学功能常常由教师、学科专家共同确定。简单的教学产品可由教师自己设计制作,比较复杂的教学产品需吸收媒体专家和媒体技术人员参加。该层次的设计具有四个前提特征:一是已经确定需要教学产品去完成特定的教学目标;二是已经确定某些产品需要开发而不是选择或修改现存材料;三是开发的教学产品必须被大量的教育管理者使用,而且希望产品对具有一定特征的学习者产生"复制"的效果;四是非常重视试验和修改。

(2) 以"课堂"为中心的层次

该层次的设计多指课堂教学过程设计,体现的是教育、教学思想与方法的运用。它是根据课程标准的要求,针对一个班级的学生,在一定的教学设施和教学资源的条件下进行的。其设计工作的重点是选择、改编和采用已有的材料并选择合适的教学策略来组织教学活动,而不是开发新的教学材料(产品)。这一层次的教学设计也被赋予了时代特征,专题式学习、研究性学习等多种学习形式出现,丰富了课堂教学,也成为教学设计关注的对象。如果教师掌握教学设计的有关知识与技能,整个课堂层次的教学设计完全可由教师自己来完成。当然,在必要时,也可由教学系统设计人员辅助进行。

(3) 以"系统"为中心的层次

按照系统观点,上面两个层次中的课堂教学和教学产品都可看作是教学系统,但这里所指的系统特指比较庞大,综合的、复杂的教学系统。例如,一所学校或一门新专业的课程设置、某行业职业教育中的职工培训方案等。这一层次的设计通常包括系统目标的确定,实现目标方案的建立、试行和评价、修改等,涉及内容较广,设计难度较大。而且系统设计一旦完成就要投入范围较大的场合去使用和推广。由于涉及的方面很多,因此这一层次的设计需要由教学系统设计人员、学科专家、教师、行政管理人员,甚至包括有关学生的设计小组来共同完成。该层次的特征是:一是作为一个大而复杂的系统,涉及教学计划、教学材料、教师培训计划、学习包、管理计划以及教学设备等多方面的因素;二是教学系统开发后有广泛的使用价值;三是需要包括多个群体人员组成的设计小组才能完成工作等。

以上三个层次是在教学设计发展过程中逐渐形成的。教学过程是整个教学设计中的关键,课堂教学过程设计在教学设计的三个层次中处于中心地位。当然,也可以把教学设计分为宏观和微观两个层次,规模大的项目如课程开发、培训方案的制定等属于宏观层次的教学系统设计;而对一门具体课程、一个单元、一堂课甚至一个媒体材料的设计则属于微观层次的教学系统设计。产品、课堂、系统三个层次都有相应的教学系统设计模式,在具体设计实践中,可以按照自己所面临教学问题的层次,选用相应的设计模式。

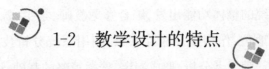

1-2 教学设计的特点

教学设计是根据教学对象和教学目标,确定合适的教学起点与终点,将教学诸要素有序、优化地安排,形成教学方案的过程。它是一门运用系统方法科学解决教学问题的学问,它以教学效果最优化为目的,以解决教学问题为宗旨。具体而言,教学设计具有以下特征:

1-2-1 科学性

教学设计以关于教与学的学科理论为基础,以系统方法、传播学、媒体论以及设计观为指导,以创设效果好、效率高和富有吸引力的教学活动为目的,探索解决教学问题的有效方案,寻求最佳的教学效果,并以此最终促进学习者的学习和个性的全面发展。因此,它是一种科学的而非经验的直觉冲动,是系统的而非偶然的随意活动,是教育实践工作者通过审慎思考、缜密研究,有目的、有计划地进行综合的科学设计和规划的过程。

1-2-2 指导性

教学设计包括一个学期、一门课程、一个单元或一堂课等多个层次的教学设计,但无论哪一个层次的教学设计,都是为教师组织和指导教学活动精心设计的施教蓝图,是一种规划、一种教学系统实施的方案。一个教师关于下一步教学活动的一切设想,包括将要达到的目标、所要完成的任务、拟采取的教学举措等都反映在教学设计之中。因此,教学设计对于教学活动的进行具有很强的指导性。

1-2-3 系统性

教学设计首先是把教育、教学本身作为整体系统来考察,并运用系统方法来设计、开发、运行和管理,即把教学系统作为一个整体来进行设计、实施和评价,使之成为具有最优功能的系统。因此,将系统方法作为教学设计的核心方法,已成为教学设计发展过程中研究者与实践者的共识。无论是宏观教学设计,还是微观系统设计,均强调系统方法的运用。系统性决定了教学设计需从教学系统的整体功能出发,综合考虑教师、学生、教材、媒体等各个要素在教学中的地位、作用以及相互联系,利用系统分析技术(学习需要分析、学习内容分析、学习者分析)形成制定、选择策略的基础;运用策略优化技术(教学策略的制定、教学媒体的选择)以及评价调控技术(试验、形成性评价、修改和总结性评价)以形成解决与人有关的复杂教学问题的最优方案,并在方案实施中取得最好的效果。

1-2-4 灵活性

教学设计的目的在于帮助个体有效地学习,从理论上讲教学设计应符合每一个学生的需要,适合每一个学生的学习特点。教学设计具有一定的模式,这些模式往往用流程图来表现,需要按照既定的环节流程来进行。然而,按照系统论的观点,这些要素之间的关系是非线性的,是相互影响、相互补充的。例如教师根据教学目标和学习者的特征来选择适当的教学策略和结果评价方法,同样,教学策略的实施效果评价反过来又促使教师调整教学目标和策略。在实践中要综合考虑各个环节,有时甚至要根据需要调整分析与设计的环节,要在参考模式的基础上创造性地运用模式。因此,教学设计没有固定刻板的程序可循,而具有高度的灵活性,它提供给设计者极其广阔的创造空间,要求设计者结合自己的教学特长和经验、班级学生的发展状况等进行灵活安排,创造性地开展工作。

1-2-5 操作性

教学设计既有一定的理论色彩,又明确指向教学实践,是一种创造学习经验和学习环境、提高学习者获得特定知识技能的效率和兴趣的技术工程。教学设计中每一个环节的工作都十分具体,每一步设计都具有很强的可操作性。在教学设计方案中,各类教学目标被分解成具体的、操作性强的目标,教学设计者对教学内容的选择、教学方法的运用、教学时间的分配、教学环境的调适、教学评价手段的实施等都作了具体明确的规定和安排，成为教师组织教学的可行依据。

1-2-6　预演性

教学设计的过程实质上就是教师对实际教学活动的每一个环节、每一个步骤，在自己的头脑中进行预演的过程。这一过程带有较强的预演性和生动的情景性。它可以通过设计者在头脑中一遍又一遍地彩排教学活动，对教学过程的每一个细节周密考虑、仔细策划；同时对上一轮的计划方案作修正和补充，甚至抛弃原有方案，提出新的设想。通过这样综合考虑，反复权衡，不断修改，为教学活动的顺利进行提供可靠保证。

1-2-7　创造性

教学设计是一项具有创造性、学科性、决策性的研究活动，教学设计的过程实际上是教师根据不同教学目标和不同学生的实际，创造性地思考、设计教学实施方案的过程。在这过程中，由于教师个人的教学经验、教学风格的差异，以及教育教学智慧的有别，每个教师设计的教学方案都会不同程度地带有个人的风格与色彩，因而它为教师个人创造才能的发挥提供了广阔空间。由此可见，教学设计既要遵循教学设计的规律，又具有创造性的特征。

1-2-8　反馈性

教学设计的实施过程是一个不断反馈的过程。教学过程的顺利进行有赖于系统目标设计的完整、正确和切合实际，而这取决于结构系统的优化和系统过程的有序。只有对教学过程进行有效控制，才能使系统有序，保证其组织性，及时纠正学习中出现的偏差，采取补救的措施，直至达到预期的教学目标。

教学过程系统的控制主要通过教师与学生之间的信息联系，并以反馈为基本方式来实现。制订教学设计方案通常要用前反馈。前反馈又称"前置反馈"，它发生在教学设计方案的实施之前，是教学设计者根据前一个教学过程的反馈信息，对教学的背景、学生现有的知识能力水平、学生学习新知识的心理准备等因素进行分析，从而制定教学设计的目标和策略的一种活动。在教学设计方案的实施过程中,对教学进行控制时通常使用即时反馈和延时反馈。即时反馈是在学生学习新的内容而产生某种行为变化后,立即给予反馈。延时反馈则是在学生作出学习反应后,延迟一段时间才给予反馈,或者反应和反馈都比较滞后。

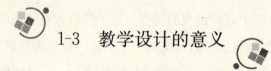

1-3 教学设计的意义

教学设计对于提高课堂教学质量,实现教学效果最优化,发展课堂教学的理论和实践有重要意义。

1-3-1 教学设计有利于促进教师的专业发展

教师的专业能力一般来说包括教学设计能力、表达能力、教育教学组织管理能力、教育教学交往能力、教育教学机智、教育教学研究能力以及创新能力等,它是教师综合素质最突出的外在表现,也是评价教师专业性的核心因素。而教学设计能力又是教师专业能力中最基础也是最为关键的能力。一个教师在教学设计过程中,需要对学生的特点、教学内容、教学方法、教学手段、教学语言等进行充分的研究,并在此基础上对教学目的、教学内容、教学程序、教学方法等进行整体的构思。从这个意义上说,教学设计是建立在教学研究基础之上的,是教师自我学习和创造的过程。在如此不断地学习、研究和创造过程中,教师自身的专业能力和业务素质得到不断的提高,从不成熟走向成熟,直至成为教育教学专家。

1-3-2 教学设计有利于提高教学质量和效益

系统设计的教学既能优化教学过程,又能提高教学的效率、效果,增强教学的吸引力,提高教学的质量。首先,教学主体在进行教学设计时,自觉运用现代教学理论,从教学规律出发,客观分析教学内容及学生的实际特点。同时,教学设计以教学问题和教学中学生的需要为基点,确定切实可行的教学目标,制订达成教学目标的程序和策略。这种以系统论思想为指导,遵循教学规律的教学工作,科学性将得到大大提高。其次,教学设计使教师对教学的程序与策略成竹在胸,这使他们在教学过程中能够灵活地运用所设计的程序与策略,也使他们在教学中注入情感因素,能更多地从教学审美的角度考虑问题,因而使教学更加形象、生动,富有艺术性,教学的吸引力大大增强。再次,通过教学设计,使教学不再是固定在同一时空中教给学习者同一内容的过程,而是作为教学促进者和引导者的教师,为学习者创设符合学习任务的学习环境的过程。

1-3-3　教学设计有利于体现学生的主体地位

中共中央、国务院颁布的《中国教育改革和发展纲要》指出:我们的"教育思想、教学内容和教学方法程度不同地脱离实际"。这个"实际"是指脱离了面向全体学生、面向所有学科及每个学生都应主动得到发展的实际。

进行教学设计,有利于体现学生的主体地位,即一切教育教学活动应如何以学生为出发点和归宿点,教师的教法如何更好地解决学生的学习方法;有利于减轻学生过重的课业负担,使学生乐学、会学、主动地学;有利于使学生在知识、能力(尤其是思维能力和实际运用知识的能力)、个性(包括个性品质和思想道德素质)等各方面全面和谐地发展;有利于在一般学科的教学中渗透思想品德教育与美育教育,使学生在获得科学文化知识、训练基本技能的同时,也受到良好的德育和美育教育,从而全面提高学生的思想文化素质。

2　教学设计研修的问题

 ## 2-1　目标设计把握不准

2-1-1　目标设计偏重教

由于理解上的片面,或者是传统模式的影响,部分教师在教学设计过程中,对教学目标的制定往往建立在以教为内容的基础上。如:"通过分析,使学生懂得……""听录音、看图片,让学生……"等。这类目标的设计,主要是从教师如何教着手的,它显然背离了教学目标的设计应以学生为主体这一中心。教学目标对教师来说是教授目标,对学生来说则是学习目标,表现为教师教学活动所引起的学生终结行为的变化,或者说它着眼于教而落脚于学。因此,教师在制定教学目标时,应明确通过本次的教学使学生会做什么,而并非是教师怎样去教及教什么。

2-1-2 目标等同于要求

教学目标指的是教学想要达到的境地或标准,具有明确的目的性;而教学要求则是教学过程中所提出的具体愿望或条件,希望得到实现。很显然,教学要求与教学目标并非一回事。在教学要求上,教师可就"如何教"设计自己的方案,以实现教学目标,行为主体是教师;而教学目标是"应表述通过学习后学生的行为发生什么变化",往往要求的是学生通过学习达到的结果,行为主体是学生。教师在教学目标的制定上,应明确教学目标与教学要求的联系与区别,不能"喧宾夺主"。

2-1-3 缺乏前期分析

教学设计前期分析包括学习需要分析、教学内容分析、学习者分析等。教学设计只有找准起点、定准方向才能保证教学策略设计和教学评价工作有的放矢。然而,现实中许多教师对学生的思维能力发展认识不到位,对学生知识经验和情感态度也了解很少,同时缺乏对学生的差异性分析,这样教学目标的确定就难以准确,影响教学策略的选择。

 ## 2-2 内容设计存在缺失

2-2-1 较少考虑学生经验

早期教学设计理论认为,教学内容就是教师要教的、学习者要学习的知识和技能的总和,不包括对知识和技能加工操作方面的描述,因此,对于教学内容的设计主要侧重于建构这种知识和技能的阶段。如此,教学内容的设计不但不全面,而且也不符合教学设计的实际情况。国外教学的内容多向社会生活各方面拓展,教材选文以学生的实际生活、经验为主,报纸、杂志等都可以作为重要的教学资料,甚至路标、图表、时间表、新闻栏目等也被选入教材中来。我们暂且不论这种学习内容的选择和组织是否符合中国本土化的教学设计理念,但至少在思路上给我们以启迪。在学习知识的同时,了解生活、认识生活、学会生活应该成为教学内容选择与组织的基本准则。

2-2-2 问题设计较为固定

在课堂教学中,我们会经常看到这样的现象:教师提出了问题,学生或者茫然失措,或者应答如流;教师提出问题以后,如果学生回答的内容在教师教学设计之外,教师就不断地引导、纠正学生的思维,让他回到自己的设计上来,达到自己的教学目标;当课堂上学生提出一些教师始料未及的问题时,我们大多以"今后会讲"等语言来搪塞过去。诸如此类的现象还很多,造成这些问题的原因就是我们在教学设计中的问题太"固定",没有以学生为主体,没有在教学中去发现学生存在的真正问题并加以解决。要做一个优秀的教师,必须博览群书,至少与该堂内容相关的问题必须掌握,不至于总回答不了学生的问题。也只有在这基础上才能设计更多与此相关的问题,但注意弹性把握,太难学生会茫然,太简单学生应答如流也没意义。学生回答问题时不要过多引导,要给足够的时间。不要老想牵着学生鼻子走,可放手让他们去驰骋。

 ## 2-3 方法设计不够新颖

2-3-1 教学方法过于单一

教学设计中我们的教学方法过于单一,离不开讲授、讲练结合、实验、学生讨论、小组竞赛等。教学中要激发学生的合作意识、探究意识、竞争意识。因此,可多种教学方法综合应用。如提出一个问题分小组讨论,再全班探究问题所在,使课堂轻松愉快。

2-3-2 忽略学生主体地位

在进行课堂教学设计时,教师总是坚持"自我为中心"的思想理念,为了达到课堂目标而忽略学生在教学工作中的主体地位。教师为了将自己的课堂教学变得顺利,常常调用一切可以控制的元素来实现这一目标,忽略学生的重要性。这种教学设计思维方式实际上将学生当成教学的工具,完全不顾及学生在学习中的主体性。

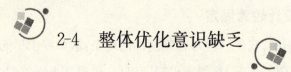

2-4 整体优化意识缺乏

缺乏整体优化意识,导致教学目标对教学策略和教学评价设计缺乏指导作用。教学设计最根本的特征是追求教学系统的整体优化。目前很多教师的教学设计缺乏整体优化意识,教师在备课的时候,只为备课而备课,忽视教学设计的整体性和学生的发展性。

2-4-1 脱离课程知识体系设计教学

在课程层面上,脱离整个课程知识体系设计教学。教师必须熟悉所教内容在整个学科课程知识体系中所处的位置和作用,这样才能了解学生已有的知识基础和未来的知识发展,教学设计也更有针对性。

2-4-2 缺乏教学目标体系整体意识

在课堂层面上,教师缺乏"确定目标到达成目标再到评估目标"的整体优化设计意识,分析、设计、评价和调整活动都应该紧紧地围绕教学目标展开。目前,很多教师并没有认识到教学目标对教学设计的重要性,教学目标也成了"摆设",很多教师往往凭自身经验和直觉去选择。在一些细枝末节上浪费了很多的精力和时间,如多媒体的使用往往喧宾夺主、作业的布置或测评的内容与目标不相符等。同时也无法评价自己的教学,导致整个教学都是处于"教到哪儿算哪儿"的盲目状态,教学有效性就大打折扣。

2-4-3 忽视教学过程的发展性评价

注重总结性评价,忽视了教学过程的评价。在教学评价方面,传统教学设计认为,教学评价的目的是为了获得反馈信息,以便了解、调整和控制教学运行状态。为此,就要按预先制定的目标或预期结果,应用评价工具和方法来实施教学评价,看学习的结果如何,是否达到预期的目标。对意料之外的教学结果和教与学过程中学生的努力与进步考虑甚少。基于这种评价的传统教学设计对教学的结果给予高度重视。

在评价方法上,当前的教学设计仍强调量化评价。这种评价方式为追求表征实证主义的"客观性",而将复杂的教育现象简化为单一的教学流程,对不易量化的、非预期的教学结果视而不见。此外,行为评价形式化、定量化的另一个弊端是容易导致以评价驱动教学的"倒流效应",把分数作为教学的指挥棒,而不是由目标导向教学,从而强化了师生双方对分数的追求,不利于学生人格的全面协调发展。

2-5　教学设计与教案混淆

教学设计与教案有联系也有区别,从内容上来区分,教案是老师备课结果的体现,从这个角度来讲,教案大致包括三个方面的内容:备学生部分,备教材部分,备教法部分。而教学设计则不同,首先它是把教学本身作为整体系统来观察与思考,并运用系统的方法进行设计、创新、运行、管理,即把教学系统作为一个整体来进行设计、实施和评价,使之成为具有最优功能的系统。

2-5-1　概念不同

教案是教育科学领域的一个基本概念,又称"课时计划",是以课时为单元制定的具体教学方案,是教学过程中的重要环节。教案的基本组成部分也就是课堂教学进程,包括教学纲要和教学活动安排、教学方法手段的具体应用和各种组成部分的时间分配等。

教学设计是以传播理论、学习理论和教学理论为基础,运用系统论的观点和方法,分析教学中的问题和需求,从而找出最佳解决方案的一种理论和方法。它是将学和教的原理转化成教学材料和教学活动方案的系统化过程,是一种教学问题求解,侧重于问题求解中方案的寻找和决策的过程;是为了促进学生学习和发展而设计的解决教与学问题的一套系统化程序。其最大的特点是具有很强的理论性、科学性、再现性和操作性。

2-5-2 层次不同

教学设计是把学习者作为它的研究对象,所以教学设计的范围大到一个学科、一门课程,小到一堂课、一个问题的解决。目前的教学组织是以课堂教学为主,所以课堂教学设计是教学设计中运用最多的一个层次。

教案就是教学的内容文本辅助。从研究范围上讲,教案只是教学设计的一个重要内容,因此教学设计与教案的层次关系是不完全对等的。

2-5-3 目的不同

教案是教材意图和教师教学思路的体现,它是以教师对教学内容的理解为依据的一种教学方案,往往强调教师的主导地位,却忽略了学生的主体地位。

教学设计是"一切从学生出发",以学生对知识的理解能力、掌握程度为依据,突出学生的主体地位,教师在设计中既要设计"教",更要设计"学",怎样使学生学得更好,达到更好的教学效果是教学设计最根本的指导思想。

2-5-4 内容不同

教案一般包括教学目的、教学方法、重难点分析、教学进程、教具的使用、教法的具体运用、时间分配等因素,体现了课堂教学的计划和安排。教学设计从理论上来讲,有教学目标分析、教材内容分析、学习重点阐明、学情分析、教学策略的制定、教学方法的运用及教学评价等元素,然而在实际的教学工作中,讨论比较多的是学习目标、教学策略和教学评价三个主要元素。在内容上有以下不同:

(1)目的与目标不同

教案中的教学目的大都来源于教学大纲,比较抽象,可操作性差,保证了课程的整体性、统一性,忽视了学生个性的发展;教学设计的目标可由教师依据课程标准和学生的实际水平来制定,更加体现了素质教育的要求,更加具体,更具有可操作性。

(2)分析重难点不同

教案中的重难点分析主要依据教学大纲,是教师上课讲解的主要内容,也是教案的重要组成部分;教学设计中的教学内容则结合学习者的实际情况进行分析,有一定的系统性和连续性。

(3)教学进程与课程教学过程设计不同

教案的教学过程是教师怎样讲好教材规定内容的过程,重视对学生进行封闭式的知识传授,强调教师的主导地位;教学设计则可以分为三个阶段:准备阶段、实施阶段和评价阶段。不同类型课程教学过程的设计流程是不一样的,但一定要体现学生既是教学活动的对象,又是教学活动的主体的理念。

(4)教学方法手段和教学用具不同

教案中的教具使用比较简单,多为模型、挂图、实物等公开发行的教具,缺乏针对性和创新性;教学设计非常重视教学方法和手段的运用和创新,注意使用时机,以期实现理想的教学效果。

(5)教学评价不同

教案在编写的过程中评价体现得不明显;教学设计依据教学目标对学生掌握知识、形成能力的状况作出及时而准确的评价,是教学设计中的重要环节。

总之,教案作为经验科学的产物还需要将其进一步理论化。教学设计虽然有了自己的理论体系,但还需要在教育实践中不断地充实和完善。

3 教学设计研修的指导

从学科性质上来看,教学设计基本上属于应用类学科,这就决定了教学设计必须在一定理论的指导下进行。

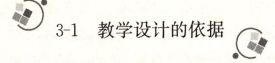

3-1 教学设计的依据

3-1-1 学习理论

学习理论是探究人类学习的本质及其形成机制的心理学理论,而教学设计是为学习而创设环境,是根据学习者的需要设计不同的教学计划,因而教学设计必须广泛了解学习及人类行为本身,探明学习的不同类型以及在这些不同类型下的学习过程和条件,以学习理论为其理论基础。

早期的行为主义学习理论通过确定学习行为目标和任务分析,使教学变得精确化,具有操作性。认知学习理论的兴起,使教学设计开始注意到了学习者学习的内部过程,开始注重教育情境中不同知识和技能领域的能力发展,关于知识和技能生成的策略研究结果也运用到教学设计中。建构主义理论则使教学设计者注意到了教学的整体性和变化性,注意到教学内容应该与特定教学情境相联系的学习者知识的获得和运用。可以说,学习理论是教学设计最重要的理论基础。

3-1-2 教学理论

教学理论是为解决教学问题而以教学一般规律为研究对象的科学。教学设计的产生是教学理论发展的需要,反过来教学理论的研究和发展为教学设计提供了丰富的科学依据。因此教学设计离不开教学理论。

教学与学习联系紧密但却是完全不同的两个研究对象。学习理论虽然为教学设计提供了许多有益的启示,但它本身并不研究教学,并不揭示教学的本质和规律。教学设计的进行,不但要有正确的学习观,还要对教学规律有清楚的认识。教学设计离不开教学理论的指导,同时也是教学理论发展的需要,教学设计理论的发展反过来会为教学理论的发展提供科学依据。从这一点来看,教学设计研究者应特别重视教学系统的实效研究。

3-1-3 传播理论

传播是特定的个体或群体运用一定的媒体或形式向受传者进行信息传递和交流的一种社会活动,包括传播者、信息、传播通道、接受者和传播效果五个基本要素。由于信息接受者拥有一定的选择机制,并在一定程度上反过来影响传播者,因此信息传播的过程是一种双向的互动过程。教学过程也是教师的教与学生的学组成的一种互动的教学活动,因此教学也是一种信息传播活动。

传播理论的研究内容范围很广,它探讨的是自然界一切信息传播活动的共同规律。教学过程是一个教育信息传播的过程,是特殊的传播过程,遵从传播的规律。传播理论揭示了教学过程中所涉及的各要素以及各要素之间的动态联系及教学过程的双向性,它对教学设计的贡献在于不但说明了教学过程中各要素之间的动态联系,而且指出教学过程的每一环节都对教学内容传播的通畅性和有效性(用学生对教学内容的理解和学习任务的完成情况来衡量)有重要影响。

3-1-4 系统理论

教学设计的方法论基础是系统理论。系统是由相互联系、相互制约的若干部分,按一定的规则组成的、具有一定功能的整体。系统理论认为教学可以分成教与学两个子系统,在每个子系统中又分别包含了诸多要素。教学系统是由教学诸要素(教师、学生、教学内容、教学媒体、教学方法和教学环境等)有机结合起来的具有某种教学功能的综合体。系统理论对教学设计的贡献在于强调教学的整体性,指出教学设计的重要内容就是教师要根据教学目标,对教学系统的各要素进行恰当的搭配组合以达到最优化的教学效果。

此外,教学的实际需要、学生的需要和特点、教师的教学经验等因素在教学设计时也必须予以考虑,它们是教学设计的现实依据。

3-2 教学设计的模式

模式通常是指可以使人模仿的系统化的、稳定的操作样式,它表现为某种规范的结构或者框架。教学设计的模式是经过长期的教学设计实践活动所形成的教学设计的系统化、稳定的操作样式,它用简约的方式,提炼和概括了教学设计实践活动的经验,解释和说明了教学设计的理念和有关理论。教学设计的模式既是教学设计理论的具体化,又是教学设计实践活动的升华,它同时具有理论和实践的特征:第一,教学设计模式可以为教学设计的实践提供直接的指导。第二,教学设计模式可以为教学设计的理论研究提供资料、素材。教学设计模式包含了关于教学设计的特定理论、指导思想,这些教学理论可以转化为教学设计理论,成为教学设计理论研究的来源。第三,教学设计模式可以为教学管理决策提供指南和依据。

3-2-1 教学设计的一般模式

教学设计的模式是一系列程序化的步骤,因此,教学设计的模式也往往表现为一个有序的过程。关于教学设计,目前有许多不同类型的理论模式。但是,可以从各种理论模式中抽取出一些基本组成部分,如:学习需要分析、学习内容分析、学习目标的确定、学习者分析、教学策略的制定、教学媒体的选择和利用以及教学设计成果评价。这七个基本组成部分可以构成教学设计过程的一般模式,如图 2-1 所示。从这七个基本组成部分中还可以进一步抽取出以下四个最基本的要素:分析教学对象、制定教学目标、选择教学策略、开展教学评价。各种完整的教学设计过程都是在这四个基本要素(学习者、目标、策略、评价)的相互联系和相互制约所形成的构架上建立的。

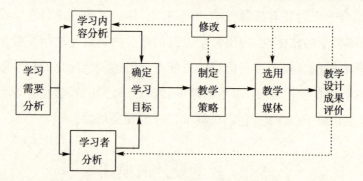

图 2-1 教学设计的一般模式

3-2-2 教学设计的典型模式

教学设计理论是 20 世纪 60 年代初期形成并逐步发展起来的,在这个过程中,各个流派的教学设计理论及其相应的教学设计模式不断出现。一般来说,可以从教学设计的理论基础,特别是学习理论的角度将教学设计划分成三大典型模式。即:"以教为中心"的教学设计、"以学为中心"的教学设计和"主导-主体结合"的教学设计。

(1)"以教为中心"的教学设计模式

"以教为中心"的教学设计,又称为"基于课堂教学"的教学设计。90 年代以前的教学设计基本上都是以教为主,其主要内容是研究如何帮助教师把

课备好、教好,而很少考虑如何促进学生自主学习。这种以教为主的教学设计通常包含下列步骤,如图 2-2 所示:

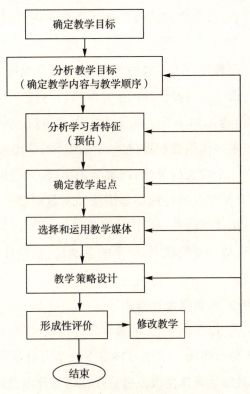

图 2-2 "以教为中心"的教学设计模式

①确定教学目标(我们期望学生通过学习应达到的结果);

②分析教学目标并根据分析结果确定教学内容(为达到教学目标所需掌握的知识单元),至于教学顺序(对各知识单元进行教学的顺序)可以通过教学目标的分析来确定,也可以通过其他方法确定;

③分析学习者的特征(是否具有学习当前内容所需的知识基础,以及具有哪些认知特点和个性特征等);

④根据教学内容和学习者特征的分析确定教学的起点(即确定在哪种难度等级和知识基础上对当前的学习者施教);

⑤根据教学目标、教学内容和教学对象的要求选择与设计教学媒体;

⑥根据教学内容和学习者特征的分析设计教学策略;

⑦对教学作形成性评价(以确定学生达到教学目标的程度),即根据搜集到的课堂教学信息,对教学内容或教学策略修改或调整,并对学生作出适当的反馈。

经过多年来众多教育技术专家的努力,传统教学设计已发展成具有较完整理论方法体系和很强的可操作性的独立学科,并且已有大量的专著及教材问世,但是其基本内容都离不开上述七个方面。传统教学设计有许多优点(例如,有利于教师主导作用的发挥,有利于系统科学知识的传授和教学目标的完成),但也存在一个较大的弊病:以教师为中心,只强调教师的"教"而忽视学生的"学",全部教学设计理论都是围绕如何教而展开,很少涉及如何促进学生自主地学。按这样的理论设计的课堂教学,学生参与教学活动的机会少,大部分时间处于被动接受状态,学生的主动性、积极性难以发挥,不利于创造型人才的成长。

(2)"以学为中心"的教学设计模式

基于建构主义的"以学为中心"的教学设计模式是何克抗教授在1998年提出的。他在深入分析建构主义学习环境下教学设计研究所出现的忽视教学目标分析、忽视教师主导作用以及过分强调学习环境设计而忽略自主学习设计等偏向后,提出"以学为中心"的教学设计模式,如图2-3所示:

①教学目标分析。对整门课程及各教学单元进行教学目标分析,以确定当前所学知识的"主题"(即与基本概念、基本原理、基本方法或基本过程有关的知识内容)。在"以教为中心"的教学设计中,进行教学目标分析的目的是要从课程标准所规定的总教学目标出发,逐步确定出各级子目标并画出它们之间的形成关系图,由此即可确定为达到规定的教学目标所需的教学内容。在"以学为中心"的教学设计中,进行教学目标分析的目的,是为了确定当前所学知识的"主题"。由于主题包含在教学目标所需的教学内容(即知识点)之中,通过教学目标分析得出总目标与子目标的形成关系图,即意味着已经列出为达到该教学目标所需的全部知识点,据此即可确定当前所学知识的"主题"。

②学习者特征分析。学习者特征分析关注学习者的智力因素和非智力因素,其中智力因素分析主要包括学习者的知识基础、认知能力和认知结构变量分析。

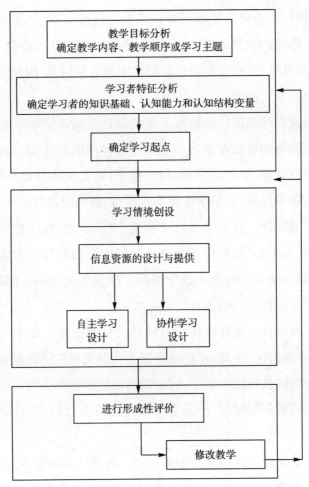

图 2-3 "以学为中心"的教学设计模式

③学习情境创设。创设与当前学习主题相关的、尽可能真实的情境。建构主义认为,学习总是与一定的社会文化背景即"情境"相联系的,在实际情境下或通过多媒体创设的接近实际的情境下进行学习,可以利用生动、直观的形象有效地激发联想,唤醒长期记忆中有关的知识、经验或表象,从而使学习者能利用自己原有认知结构中的有关知识与经验去同化当前学习到的新

知识,赋予新知识以某种意义;如果原有知识与经验不能同化新知识,则要引起顺应过程,即对原有认知结构进行改造与重组。总之,通过同化与顺应才能达到对新知识意义的建构。而同化与顺应离不开原有认知结构中的知识、经验与表象,情境创设则为提取长时记忆中的这些知识、经验与表象创造了有利条件。在传统的课堂讲授中,由于不能提供实际情境所具有的生动性、丰富性,不能激发联想,难以提取长时记忆中的有关内容,因而将使学习者对知识的意义建构发生困难。

④信息资源设计与提供。信息资源的设计是指确定学习本主题所需信息资源的种类和每种资源在学习本主题过程中所起的作用。对于应从何处获取有关的信息资源,如何去获取(用何种手段、方法去获取)以及如何有效地利用这些资源等问题,如果学生确实有困难,教师应及时给予帮助。

⑤自主学习设计。自主学习设计是整个"以学为中心"教学设计的核心内容。在"以学为中心"的建构主义学习环境中常用的教学方法有支架式教学法、抛锚式教学法和随机进入教学法等。根据所选择的不同教学方法,对学生的自主学习应作不同的设计。

⑥协作学习设计。设计协作学习环境的目的是为了在个人自主学习的基础上,通过小组讨论、协商,以进一步完善和深化对主题的意义建构。整个合作学习过程均由教师组织引导,讨论的问题皆由教师提出。协作学习环境的设计通常有两种不同情况:一是学习的主题事先已知;二是学习主题事先未知。

⑦学习效果评价设计。包括小组对个人的评价和学生本人的自我评价。评价内容主要围绕三个方面:一是自主学习能力;二是合作学习过程中做出的贡献;三是是否达到意义建构的要求。这一步应设计出使学生不感到任何压力、乐意去进行,又能客观地、确切地反映出每个学生学习效果的评价方法。

(3)"主导—主体"的教学设计模式

"主导—主体"教学设计从方法和步骤上来说,是以教为主和以学为主的教学设计方法和步骤的综合,如图2-4所示:

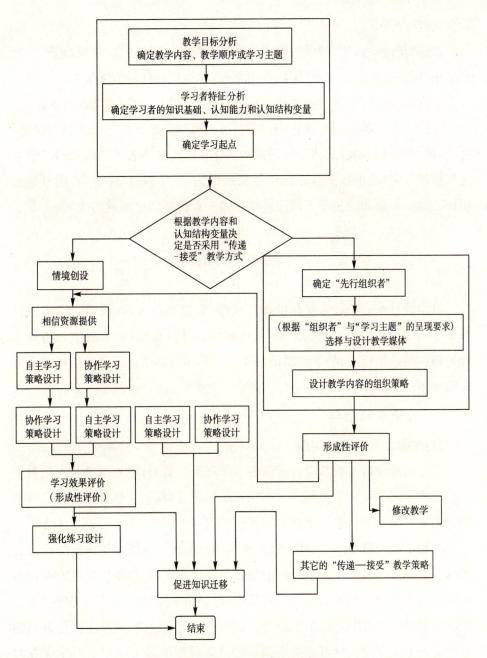

图 2-4 "主导—主体"的教学设计模式

"主导—主体"教学设计模式具有以下四个特点：

① 可根据教学内容和学生的认知结构情况灵活选择"发现式"或"传递—

接受"教学分支;

②在"传递—接受"教学过程中基本采用"先行组织者"教学策略,同时也可采用其他的"传递—接受"策略作为补充,已达到更佳的教学效果;

③在"发现式"教学过程中也可充分吸收"传递—接受"教学的长处;

④便于考虑情感因素的影响:在"情境创设"框或"选择与设计教学媒体"框中,可通过适当创设的情境或呈现的媒体来激发学习者的动机,而在"学习效果评价"环节或根据形成性评价结果所做的"教学修改"环节中,则可通过讲评、小结、鼓励和表扬等手段促进学习者三种内驱力的形成与发展。

 3-3 教学设计的过程

教学设计作为一种系统化的操作程序,它包括许多具体的步骤,主要有对教学活动中的主要要素的分析,具体教学设计目标的确定,教学策略的选择与媒体的选择设计,教学活动的实施及对教学整体活动的评价与对教学方案的修正。

3-3-1 分析学习需要

(1)学习需要分析的实质

学习需要分析是教学设计过程的一个环节。目前,越来越多的人把教学设计看作是问题解决的过程,因此,深入实际进行调研、了解、鉴别、确定教学问题的学习需要分析也越来越引起人们的重视。那么,学习需要是什么呢?

一般来说,"需要"一词被表述为事物的目前状态与所希望达到的状态之间的差距。学习需要在教学设计中是一个特定概念,是指学生学习方面目前的状况与所期望达到的状况之间的差距,也就是学生目前水平与期望学生达到的水平之间的差距。这个差距是多方面的,知识、技能、情感态度等方面的差距都需考虑在内。学习需要所揭示的这个差距揭示了学生学习中存在的问题,问题的存在也正说明了教师教学的必要性。

可以说进行学习需要分析的实质就是看该教学设计是否符合学生的需要,通俗地讲,学习需要分析就是要分析教学设计的必要性。进行学习需要分析,强调的是学习者的需要,而不是教师的需要,更不是指具体的教学方法与手段的需要。如果偏颇地理解学习需要的含义,就有可能导致盲目追求高新科技的倾向,甚至会偏离一定的教学目标,从而进一步忽视对已有的许多有效教学教法的继承与发展。

学习需要分析是教学设计的前端分析中的一个重要组成部分,是系统思想运用于教学设计实践的结果。在教学设计实践发展过程中,人们从最初只关注的"如何教",即教学策略的选择与运用、到后来关注"教什么",即教学目标、教学内容的确定与安排,现在又开始顾及到"为什么教",即学习需要的分析。学习需要分析可以使教学设计有的放矢。

学习需要分析是组成教学设计过程的要素,它和这一系统过程的其他要素如内容分析、教学策略等相互联系,共同完成教学设计优化教学效果的使命。同时,作为整个系统过程的一部分,学习需要分析具有它自身的特殊作用,在日益发展的教学设计中占有举足轻重的地位。

(2)学习需要分析的过程

既然需要被确定为是对学生的期望值与学生的实际状况之间的差异。那么,分析需要的任务就是要找出这种差异,并根据这种差异确定具体的教学资源开发策略。因此,学习需要分析是整个教学设计过程的起点。分析学习需要可以按如下过程进行:

①确定对学习者的期望值。这里所说的"期望值"是指要求学生应该能做到的或必须具备的水平。譬如,目前普遍推行的计算机等级考试中规定本科毕业生的计算机水平必须达到国家二级,英语水平应当为国家四级。这些规定就是对学生的期望值。对于教学设计工作者来说,他们所要完成的工作就是要为期望值的实现服务,如果期望值没有定义,一切都将无法进行。因此,期望值的确定应该是整个需要分析的起点。它实际上反映了教学的目标。

②确定学习者的实际学习状况。学习者的实际状况是其水平的现实反映。仍以大学本科生的英语考试为例,如果目标是学生应具备国家四级水平,而通过测试学习者发现自己仅达一级水平,这时学习者的实际状况与对

他的期望水平之间就出现了差异,从而引发了学习者的学习需要。确定学习者的实际状况的方法很多,如练习、问答、测验、实验操作、问题解决等。

确定学习者的实际状况有时是相当困难的,在以往的学习过程中,人们常常借助于测验的方法完成对学习者现状的分析,通过测验可以对学生进行量化,但由于测验的直接结果常常是分数,因此测验很容易被看成是衡量学生水平高下的一种手段,而且测验常常发生在教学活动结束之后。在教学设计过程中,我们还会运用测验等方式,但测验的时间安排应当修正,将其从教学活动的结束处移到起始点的位置,即所谓的诊断性评价。在设计和开发学习资源的过程中,当学习者进入学习之前,如果能安排一段测验,通过测验结果确定他的学习起始点,也许可以更好地适应不同学习者的特点,做到因材施教。

③学习需要分析的方法。以不同的期望值作参照系分析学习需要,便形成了三种不同的确定学习需要的方法,即内部参照需要分析法、外部参照需要分析法和内外结合学习需要分析法。

一是内部参照需要分析法。内部参照需要分析法是由学习者所在的组织机构内部以已经确定的教学目标(或工作要求)对学习者的期望与学习者学习(工作)现状作比较,找出两者之间存在的差距,从而鉴别学习需要的一种分析方法。这种方法是以接受既定的目标作为期望值来分析学习需要为前提的,通常适用于我国普通学校教育。学校的培养目标体现在各科课程标准和教材当中,因此往往以课程标准作为对学生的期望目标,这就存在一个内部目标是否合理的问题。如果目标的制定充分反映了机构内、外环境对它的要求,充分考虑了学生自身发展的要求和特点,那么内部参照需要分析法是有效的,否则它不能揭示真正的需要,这是内部参照需要分析法中应注意的问题。

二是外部参照需要分析法。外部参照需要分析法是根据机构外社会(或职业)的要求来确定对学习者的期望值,以此为标准来衡量学习者学习的现状,找出差距,从而确定学习需要的一种分析方法。这种方法揭示的是学习者目前的状况与社会实际要求之间存在的差距,特点是把社会目前和未来发展的需要(超前性,需科学预测)作为准则和根本价值尺度去揭示教育、教学中存在的问题,从而制定教育、教学的目标。因此,外部参照法是对机构内部目标合理性进行论证的有效方法。

三是内外结合学习需要分析法。综合以上两种方法,可见其主要区别是期望值的参照系不同,以及由此带来的信息收集方法也略有差异。相对来说,内部参照分析法容易操作,省时省力,但往往无法保证机构目标的检测;而外部参照分析方法,操作上比较困难,要耗费大量的精力和时间,但能够使系统与社会需求直接发生联系,从而保证系统目标的合理性。在实际运行时,可采取内外结合的方法(见图2-5),也就是根据外部社会要求调整修改已有的教学目标,并以修改后目标提出的期望值与学习者现状相比较找出差距。

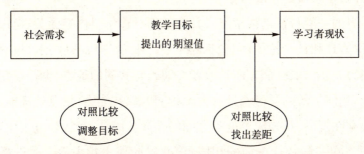

图2-5　内外结合学习需要分析法

(3)学习需要分析中应注意的问题

分析学习需要的过程中应注意以下问题:①学习需要是指学习者的差距与需要,而不是教师的差距与需要,更不是对教学过程、手段的具体需要;②获得的数据必须真实、可靠地反映学习者和有关人员的情况,它包括现在和将来应该达到的状况,要避免从"感觉"需要入手;③注意协调参加学习需要分析的所有合作者(包括学习者、教育者、社会三方面)的价值观念,以取得对期望值和差距的一致看法,否则我们取得的数据将会无效;④要以学习行为结果来描述差距,而不是用过程(手段),要避免在确定问题前就去寻找解决的方案;⑤需要分析是一个永无止境的过程,所以在实践中要经常对学习需要的有效性提出疑问和作出检验,及时调整和确定新的学习需要。

3-3-2 分析学习者

教学设计的一切活动都是为了学习者的学,要取得教学设计的成功,必须重视对学习者的分析,以学习者作为教学设计的根本出发点。

对学习者进行分析包括分析学习者对从事特定的学科内容的学习已经具备的有关知识与技能的基础,以及对相应的学习内容的认识与态度,即确定学生的初始能力和教学起点;同时也包括对学习者一般特征的分析,即分析对学习者从事该学习产生影响的心理、生理和社会的特点;还有学习者的学习风格。学习者的初始能力直接影响学习目标的确定和教学起点的确立;学习者的一般特征和学习风格,将直接影响教学策略的制定和媒体的选择,从而更好地实现因材施教。

(1)分析学习者的一般特征

学习者的一般特征是指学习者具有的与具体学科内容无关,但影响其学习的生理、心理和社会特征,它包括年龄、性别、认知成熟度、学习动机、生活经验等内容。在一般特征方面学习者之间既有共同的地方,也存在着个体差异。例如,相同年龄的学习者具有大致相同的感知能力、信息处理能力,但个体间也会存在智商、认知成熟度等方面的差异。因此,在教学过程中,教师应把握学习者在一般特征方面的相同点,并以此作为集中教学时选择教学内容、制定教学策略等工作的依据,同时还要充分重视学习者在一般特征方面的差异,并以此作为制定个性化学习策略,进行个性辅导等工作的依据。重视学习者在一般特征方面的个性差异对实现因材施教的教学目标有着非常现实的意义。在必要的情况下,可以通过预先测试的方式来进行学习者的一般特征的分析。

(2)分析学习者的学习风格

学习者的差异除了表现在一般特征方面,还表现在其学习风格方面。学习风格是学习者持续一贯的带有个性特征的学习方式,是学习策略和学习倾向的总和。学习策略指学习者为完成学习任务或实现学习目标而采用的一系列步骤,其中某一特定步骤称为"学习方法"。每一个体在学习过程中会表现出不同的学习倾向,包括学习情绪、态度、动机、坚持性以及对学习环境、学习内容等方面的偏爱。有些学习策略和学习倾向可随学习环境、学习内容的变化而变化,而有些则表现出持续一贯性。那些持续一贯表现出的学习策略和学习倾向,构成了学习者通常采用的学习方式,即"学习风格"。虽然学习领域包括认知、情感和动作技能多方面,但其中主要是认知方面的学习,所以学习风格时常又被称为"认知风格"。实质上认知风格是学习风格的一个重要组成部分,是指感知、记忆、思维方式的个体表现,或接受、存贮、转化、利用信息的不同方式。

学习风格源于个性特点,是学习者个性在学习活动中的定型化、习惯化。教学只能是学习者学习风格形成和完善的催化剂,却难改变它的本质特性。而且各种学习风格都有其自身的优缺点,并无绝对的优劣之分,所以在分析教学对象的时候对学习风格做出诊断和验明,其目的绝不是试图去改变学习者在学习风格方面的差异,而是在承认、尊重学习者学习风格存在差异的前提下,为设计出有利于因材施教的教学方案提供依据。因此,从某种意义上说,因材施教就是"因风格而教",它对于促进学习者个性全面发展、和谐发展具有重要的意义。

(3) 分析学习者的初始能力

初始能力是指学习者在从事特定学科内容的学习前已经具备的知识技能基础,以及对有关学习内容的认识与态度。一般说来,初始能力分析包括下述三方面:一是对先决知识和技能的分析,即了解学习者是否具备了进行新的学习所必须掌握的知识与技能,这是从事新学习的基础;二是对目标技能的分析,即了解学习者是否已经掌握或部分掌握了教学目标中要求学会的知识与技能。如已掌握了部分目标技能,说明这部分内容的教学没有必要进行,应把教学的重点放在其他方面,教学中对这部分目标技能可进行复习,使新旧知识技能联系起来。这有助于我们在确定内容方面做到详略得当;三是对学习者对所学内容的态度分析,如是否存在偏爱或误解等。

3-3-3 分析学习内容

学习需要分析是为了确定教学设计的合理性,学习内容分析则是为了分析如何将学习者的实际水平转化为预期的目标水平,通过对学习内容的不断细化，确定各内容适合用什么教学形式或策略来表现。分析学习内容是进行教学设计中一个重要环节。它将影响教师对教材的掌握，影响对学习水平的确定和教学目标的陈述，以及教学媒体的选择和使用效果。

(1) 学习内容的分类

学习内容可分为认知类、动作技能类和态度类三种。认知类学习内容又可分为知识（事实、概念、原理）和能力（观察、推理）两方面。所谓事实，就是现象或事物的表面情形，它反映的是事物的原貌，如姓名、时间、地点等术语。一些事物的原貌，如烧杯、天平、显微镜、青蛙等，可以通过直接或间接观察获得。把所感知到的大量事实的共同特点抽象出来，加以概括，形成概念。凡表征同类事件的本质属性以及名称的名词都是概念。原理只是反映概念与概念之间关系的、带有普遍性的、最基本的规律。观察、推理可使学生掌握事实、概念和原理。动作技能类学习内容可分为实验操作、自制标本、绘图、乐器演奏、唱歌跳舞等。动作技能是一种习得能力，使学生掌握一些操作技能。在学生的学习中，动作技能的学习往往与认知学习交织在一起，如学习电脑打字，除学习打字动作外，还必须了解有关汉语拼音、标点、文件格式、移动规则等知识。因而分析动作技能学习内容时，不仅要分析有哪些方面的动作技能，还要考虑学习这些动作技能所需掌握的相应知识。态度是对于事情的看法和采取的行动，是一种影响个人对特定对象作出行为选择的有组织的内部准备状态。分析情感类学习内容可从两个方面考虑，一是形成或改变态度后，应能做什么；二是为什么要培养这种态度。例如要了解升国旗时要肃立，用正确的方法刷牙漱口，遵守交通规则，保护动物，团结友爱，尊敬师长等，还应了解有关国旗知识，学习保护牙齿有益健康的道理等。

(2) 学习内容的分析

①理清教材知识体系。知识体系是指各个知识点之间的相互联系，即有结构的知识。一个单元的知识体系要根据课程标准、教材、教师用书中有关要求来确定。课程标准有利于从整体上考虑，教师用书、教材有利于深入细致地考虑。如《小学自然》中"电磁现象"这一单元的知识体系（见图2-6）：

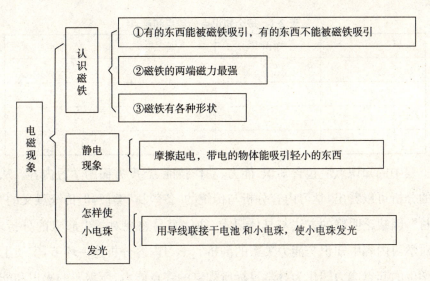

图 2-6 《小学自然》中"电磁现象"单元的知识体系图

②确定知识点。知识点亦即教学要点,是指认知领域中的知识内容,也兼指技能领域和情感领域中的一些内容。它是各单元学习内容中相对独立的各个知识要素,是单元知识体系中较小的单位。知识点之间不交叉、不重复。

理清教材知识体系后,下一步是确定知识点。确定知识点的方法一般分两步:首先从知识体系中确定哪些内容是需要学生掌握的。这里不但要考虑教材,还必须考虑学生的基础;其次在确定的知识内容中引出具有相对独立性的部分,即知识点。例如,加法运算律的知识体系确定后,有人列出了三种知识点:A. 以加法交换律、结合律为知识点;B. 以加法交换律、结合律的概念、公式,简便运算中的常用方法为知识点;C. 以加法交换律、结合律,简便运算中的常用方法为知识点。三种不同的列法,究竟哪个合理些。一般认为,把加法交换律、结合律作为一个知识点看待,会使制定的教学目标太宽泛;第二种把概念、公式、常用方法作三个知识点处理,显得太繁琐;第三种将公式与概念合并,作为两个知识点,较科学,因为公式是概念的数学表达式。

③确定重点和难点。知识点确定之后,我们还应考虑每个知识点的重点和难点。如表 2-1。

表 2-1 每个知识点的重点和难点

	知识点	重点	难点
1			
2			
3			
…			

表中的知识点应包含知识、能力、动作技能、态度方面的学习内容。从上面的分析可以看出,学习内容分析与传统的"备教材"类似,但传统意义的"备教材",因缺乏明确的方法与具体要求,往往容易忽视对学生起点的分析,忽视对学习内容中知识与能力关系的剖析。学习内容分析这一环节,实质上是对学生的起点能力转化为教学目标所规定的终点能力,所需要的知识和能力进行详细剖析的过程,目的在于确定学习内容的范围与深度(这与"教什么"有关),揭示学习内容中各项知识与能力的相互关系,为教学策略的制定服务(与"如何教"有关)。总之,分析学习内容有利于教师准确把握教学内容,使传统意义上的"备课"内容和方法得到更新。

3-3-4 确定学习目标

学习目标也叫"行为目标",是对学生通过教学以后应该达到的行为状态(变化)的一种明确而具体的表述。需要注意的是,学习目标是指学生的学习结果,而并没有规定教师在教学过程中应该做些什么,而且,在编写学习目标时应达到可以观察和测量的程度,尽量避免使用含糊不清或不切实际的语言。

布卢姆指出:"阐述教育目标,就是以一种较特定的方式描述在单元或课程完成之后,学生应能做些什么,或者学生应具备哪些特征。"

(1)学习目标的意义

首先,学习目标是教师教学的指南。目标是检验教学活动效果的尺度之一,也是指引教师进行教学活动的指南。学习目标不仅在方向上对教学活动的设计起着指导作用,而且对教学设计的步骤和方法有规定制约的功能。编写学习目标是一项艰苦细致的工作,但它有利于提高教师的教学水平,有利于帮助教师合理地选择教学媒体、教学方法,采取恰当的教学方式,调节教学活动过程,从而保证教学目标的真正实现。

其次,学习目标是学生进行学习活动的指标。对于学生来说,学习活动的第一步就是合理地、科学地确定目标。目标清楚与否决定着学生学习的效果和学习态度以及情绪。学生如果明确了目标,他们会有更强烈的参与感,能减少学习中的盲目性,更好地制定自己的学习进程,在他们达到目标时,成就动机被激发,参加以后的学习活动会更加主动积极,更有信心。

再次,学习目标是教学活动效果评价的依据。教学评价是对学生达成的教学目标程度的检验,是进行科学的测试,作出客观评价的基础。无论是进行诊断性评价还是形成性评价,在拟定测验题时都要以教学目标为依据。

(2)学习目标的分类

在编写学习目标之前,必须了解教学目标的分类体系。布卢姆等人把教学目标分为认知、动作技能和情感三个领域,然后再把每个领域按照从低级到高级的顺序分成不同的层次,从而形成了一个完整的目标分类体系。

认知学习领域包括有关信息、知识的回忆和再认,以及智力技能和认知策略的形成。按智力特性的复杂程度可以将学习目标分为知道、领会、运用、分析、综合、评价六个等级。

动作技能涉及骨骼和肌肉的使用、协调与发展。动作技能学习领域的目标被分成七个等级,即知觉、准备、有指导的反应、机械动作、复杂的外显反应、适应、创新。

情感学习与培养兴趣、形成或改变态度、提高鉴赏能力、更新价值观念、建立感情等有关,是教育的一个重要方面。情感学习领域的目标依照价值标准内化的程度可以分为五个等级,即接受(注意)、反应、价值判断、组织、价值与价值体系的性格化。

在这三个领域的分类中,目标从简单到复杂逐级递增,每个目标都建立在已经达到的前一个目标的基础之上。大多数的学习都是同时包含了三个领域的目标成分,只不过具体到某一门课程或某一节课,其中某一个领域的目标成分略多一些罢了。

(3)学习目标的编写

传统的教案设计中,教学目的往往从教师的角度出发,阐述通过教学活动,使学生掌握哪些知识,培养什么能力等,如"培养学生观察能力""了解比例的基本性质""体会作者的思想感情"等,是教师要教什么的说明,反映了教师的主观动机,这种主观动机是否与学生学习后客观取得进步的实践相一致,难以判断,因为教学目的只是对教学意图作普遍性陈述。它缺乏可见性,教师在教学中不易把握;它缺乏可测性,教师难以测定教学的效能。

教学技术理论认为,教学的效能只有通过教学结果与教学目标的比较才能说明。因此必须把笼统抽象的教学目的,转化为精确的、具体的教学目标。教学目标也称"行为目标",是某一特定可观察到的学生行为或行为的产物,即要求用能表达学生通过教学后应该表现出来的可见行为的语词来描述。它具有精确性、可观察性和可测量(即可操作)性的特点。

新的学习目标的编写方法包括 ABCD 法和内外结合的表述法。前一种方法比较适于编写认知学习领域和动作技能领域的学习目标,而对于情感学习领域,由于学习结果主要是内在的心理变化,比较难以测量,所以比较适合用后一种方法来编写。

方法一:ABCD 法

ABCD 是教学对象(audience)、行为(behavior)、条件(condition)和程度(degree)四个要素的简称。

教学对象:表述学习目标时,要注明特定的教学对象,是针对某个学生还是某些学生或是全班学生。例如,写明是"高中二年级学生"。

行为:行为的表述是最基本的部分,说明学生在学习结束后,应该获得怎样的能力,行为的描述应是可观察到的,必须用可观察到的术语来表述。描述行为的基本方法是使用一个动宾结构的短语,行为动词用来说明学习的类型,宾语用来说明学习内容。例如:描述动量守恒定理;列举当前常用的学习理论和教学模式。

在这样的动宾结构中,宾语部分与学科内容有关,学科教师都能很好把握。需要注意的是,学习目标中的行为应具有可观察性的特点,表 2-2 列出了编写认知学习目标时可选用的动词,供教师编写学习目标时参考。

表 2-2 编写认知学习目标可供选用的动词

学习目标层次	特征	可参考选用的动词
知道	对信息的回忆	定义、列举、排列、选择、重复、背诵、说出(写出)……的名称、辨认、记住、回忆、描述、陈述、标明、指出、说明、命名……
领会	用自己的语言解释信息	叙述、解释、鉴别、选择、转换、区别、估计、引申、归纳、表明、报告、举例说明、猜测、预测、摘要、改写、讨论……
运用	将知识运用到新的情境中	运用、选择、计算、演示、改变、阐述、解释、解答、说明、证明、修改、计划、制定、表现、发现、操作、利用、列举、准备、产生、修饰……
分析	将知识分解,找出各部分之间的联系	分析、分类、比较、对照、图示、区别、检查、调查、编目、指出、评析、评论、猜测、细述理由、分辨好坏、举例说明、计算……
综合	将知识各部分重新组合,形成一个新的整体	编写、创造、设计、提出、排列、组合、计划、修饰、建立、形成、管理、重写、综合、归纳、总结、收集、建议……
评价	根据一定标准进行判断	鉴别、鉴赏、讨论、估计、选择、对比、比较、评定、评价、说出……价值、接近、判断、衡量、预言、检讨、总结、结论、评明、分辨好坏……

条件:这个要素是说明产生上述行为的条件。它既说明了学生应该在什么样的情境中完成目标所规定的行为,也说明了应该在什么样的情况下评价学生的学习结果。例如,"可以在物理考试中使用计算器""在几何证明题中,给学生提示作辅助线的方法"以及"写实验报告时,实验小组的成员之间可以开展讨论"等都是条件。虽然条件只是帮助行为发生的一种辅助手段,但是它却直接影响到目标能否实现。条件一般包括下列因素:

①环境因素(空间、光线、气温、室内外噪音等);

②人的因素(个人单独完成、小组集体进行、个人在集体的环境中完成、在老师指导下进行等);

③设备因素(工具、设备、图纸、说明书、计算器等);

④信息因素(资料、手册、教科书、笔记、图表、词典等);

⑤时间因素(速度、时间限制等);

⑥问题明确性的因素(为产生某种行为应提供什么刺激、刺激量如何等)。

程度:这个要素表明作为学习结果行为的可接受的最低衡量依据,是阐述学生学习成绩的最低标准,是使教学目标具有可测性的具体描述。程度一般从行为的速度(时间)、准确性和质量(成功的特征)三方面来描述,可以用定量、定性或定量与定性结合的方法来表示。例如,"1分钟内做25个俯卧撑""用卡尺测量钢管管壁的厚度,误差在0.3mm以内"。

以上四个部分可有各种排列顺序,这种顺序并不是关键,重要的是教学目标中都要包括这四个部分。如以下三个例子:

例1:<u>在指认和书写中</u>,<u>学生</u> <u>能迅速无误地</u> <u>读出和写出</u> <u>10个生字</u>。
　　　 条件　　　　 对象　　 程度　　　　 行为

例2:<u>复述课文内容</u>,<u>学生</u> 的 <u>口述</u> 要具体涉及事情的时间、地点和事物
　　　 条件　　　 对象　　 行为　　　　　 程度
<u>的起因、经过、结果</u>。

例3:<u>在热胀冷缩实验中</u>,<u>每个实验小组</u>要通过正确的实验操作,填写
　　　 条件　　　　　 对象　　　　　 程度
<u>出实验报告</u>。
　行为

学习目标的编写只有涉及这四部分,才能称得上是具体明确,才能既向学生转达有关教师期望的大量信息,又为教师保持教学活动沿着正确方向展开提供某种线索;既使学生的学习活动清晰地与教师的期望相一致,又使这些期望反映在教学过程结束后的评价过程之中。

应该特别注意以下几点:

①学习目标中的行为主体是学生。学习目标所描述的是学生学习以后的行为,而决非教师的行为,所以一定不要把目标写成"教会学生……"或"教师将说明……"等等。有的目标虽然省略了教学对象,其实在这种目标中教学对象仍然是学生。

②学习目标中的动词应该具有可观察性。比如教师常常使用"理解""体会"等动词来描述学生将获得的能力,有时为了强调教学效果,还在动词的前

面加上一些副词来表示程度,如"深刻理解""认真体会"等。这样的表述并没有反映出学习目标的类别和层次,还有可能使教师的理解出现偏差,给以后的教学评价带来困难,因此在描写行为时应避免使用这样的动词。

③不要把学习目标写成教学内容、教学过程或教学程序,例如,"让学生做5分钟仰卧起坐",这只是教学过程的一部分,并没有表现出学生学习后的最终行为。

④在描述条件时,应注意不要把教学方法或教学顺序当成了行为的条件。例如,"阅读完参考资料以后,学生能够……"这只是教学顺序,而不是行为的条件。

⑤程度是用来衡量每一个学生完成所规定的行为的最低要求,而不是对教师教学效果的最低要求。例如"学生能以90%的准确率,从一组自然数中找出质数"是一个学习目标中的标准,而"60%的男学生能在13秒以内跑完100米"则是对教师教学效果的最低要求。此外还应注意标准要规定得恰如其分,真正体现学习目标的要求。

方法二:内外结合的表述方法

学习的实质是学生的内在心理过程发生了变化,所以教育的真正目标并不是为了改变学生的具体行为,而是要使其内在的能力或情感发生变化。用内部心理过程与外显行为相结合的方法阐明学习目标正好可以弥补ABCD法只强调行为结果而不注意内在心理过程的不足。

采用内外结合法来编写学习目标的具体做法是:先用描述学生内部心理过程的术语表明学习目标,以反映学生理解、应用、分析、欣赏、尊重等内在的心理变化,然后再列举出一些能够反映上述内在变化的行为,使得学生内在的心理变化也能够观察与测量。在列举行为的变化时,仍然要采用前面所讲的ABCD法。

例如:能理解描述人物的课文是怎样围绕中心思想取材的。

行为1:能用自己的话概述课文中的主人公是一个怎样的人;

行为2:能从课文中找出作者描述主人公时表露自己感情的句子;

行为3:能指出课文所叙述的事件中哪些采取了略写的方式?哪些进行

了详写?它们对表现中心思想所起的作用。

应该注意,在这个例子中,总的学习目标是"理解",而不是那些用来表明"理解"的具体行为。因为在这里所列举的每一个具体行为,都仅仅是为了表明"理解"的一个侧面,而不是学习目标。

3-3-5 制定教学策略

教学策略是对完成特定教学目标而采取的教学活动程序、方法、形式和媒体等因素的总体考虑,主要解决"如何教,如何学"的问题,包括确定教学过程、安排教学顺序、选用教学方法和教学形式等内容。在此,主要就教学过程的确定作一阐述。

(1)确定教学过程的原则

①体现教师主导作用、学生主体作用及媒体优化作用。教师的主导作用应体现为引导学生在学习过程中自行获取知识和培养能力,而不是通过主讲向学生灌输知识。通常教师的这种主导作用在教学过程中是通过交代目标、激发动机、提出问题、组织观察、引导思考、总结归纳、评价分析、解答疑问、强化记忆、促进迁移等活动来完成的。学生的主体作用应体现在能充分发挥学生的学习积极性,让学生有更多的机会参与,真正做到动脑、动口、动手,使学生不仅学会,更重要的是会学,使学生从被动地接受知识转变为主动地获取知识。各种媒体应各展所长,互为补充,相辅相成,形成优化的媒体组合系统,共同参与教学过程。

②体现学生认知规律和学习心理。小学生的认知规律特点,取决于他们的年龄心理特征。低年级学生由于知识、经验少,感知能力差,所以观察事物无目的,缺乏完整性,依赖性比较强,无意注意占主导地位,以具体形象思维为主。中年级学生有了一定的生活体验和知识基础,认知水平已有明显的提高,感知和观察能力都大大增强,能通过一定的意志努力集中注意力参与课堂学习,有一定的想象力,逐步从具体形象思维向抽象思维过渡。到了六年级,知识经验较前丰富,感知力得到进一步提高,掌握了一定的观察方法,能较全面地把握某些系统知识,已逐渐形成较好的思维品质及个性特点,以抽象逻辑思维为主,这些特点是小学生在认识事物过程中普遍存在的,是相对

稳定的。在设计教学过程中必须遵循这些认知规律,符合学生特有的认知要求,所传输的信息才可以被学生所接受。另外,小学生具有活泼好动、注意力易于分散、对新事物表现出好奇的心理特点,因而在设计教学过程时也应加以考虑。

③体现一定的教学方法。教学方法是教师和学生为实现共同教学目标,在教学原则指导下,借助教学设施或媒体而进行的师生相互作用的活动,它既有教师教的行为,又有学生学的行为,两者相辅相成。在教学过程中如何选择和有机结合教学方法,有如下几个方面:

首先,依据学科特点和学习内容选择教学方法。各学科都有适合于本学科特点的教学方法。例如历史学科常采用讲授、图示、情景重现、参观等教学方法;自然科学学科则常采用实验、学习作业的方法;语文多采用讲读法;地理学科宜多用地图、幻灯、投影、录像、电影等直观教学方法;外语学科宜多用语言实验法进行课堂教学。不同类型的学习内容,采用的教学方法也不一样。"事实""概念""原理"也属于"知识"传授的内容,教师凭借语言、声音、图像等均可以对学生进行知识的传授。因此讲授、讲话、演示、实验、实习作业、情景重现、模拟示动、发现法等许多教学方法均可选用。"技能学习"是将一连串动作经反复领会和练习而熟练掌握,传授者要反复讲授和示范,学习者要反复领会和练习。因此宜用讲解、实验、实习作业、能力训练、语言实验等教学方法。"解决问题"的学习是思维学习、培养和发展能力的学习,主要应培养学生解决问题的思路和方法。因此宜采用讲解、启发式、自学辅导、引导探索、讨论等方法。

其次,依据教学目标选择教学方法。手段和方法要为目标服务。对于"识记"水平的教学目标,教师要指导学生如何阅读课本,引导学生如何观察,从而达到记忆知识的目的。为此,可选用指导阅读、情景重现、模拟示动、演示、参观等方法。对于"理解"水平的教学目标,教师应注意激发学生的求知欲,并教给思维的方法,帮助他们理解知识和掌握知识。为此,可选用情景教学、模拟示动、讲解、讨论、启发式等教学方法。对于"应用"水平的教学目标,教师应启发学生理清应用知识的思路和方法,例如数学题的解题思路。为此，可选用启发式、讨论、引导探索、评定、练习等方法。对于"综合"水平的教学目标，教师应培养学生分析、归纳、形成知识结构的能力。为此，可采用"纲要信号"图示法、讨论法、讲述法、评定法、结构教学法等。对于"分析"水平的教学目标，教师应培养学生分析问题、进行逻辑推理的能力。为此，可选用讲解、讨论、启发、谈话、引导探索等教学方法。

此外，可根据教学目标分为认知、技能、情感三类来选择教学方法。一是与获得认知类学习结果有关的教学方法，常用的有讲授法、演示法、谈话法、讨论法、练习法、实验法、实习作业法等；二是与获得动作技能有关的教学方法，常用的有示范模仿法、练习—反馈法等；三是与情感、态度有关的教学方法，常用的有直接强化法、间接强化法等。

再次，依据学生特点选择教学方法。教学方法要适应学生的年龄特点、心理特点和认知规律。低龄儿童注意力不稳定、不集中，又不易持久，以及形象思维、机械记忆占优势的特点，对于他们应多采用直观（模型、实物、图片）演示、幻灯、投影、录像等教学手段和方法，而且注意多种方法的合理、交替使用，以吸引和稳定学生注意力，提高他们的观察能力和思维能力。对于高年级学生，由于他们注意力趋于稳定和集中，抽象思维能力和意义记忆进一步增强，可以较多地采用指导阅读、自学辅导、讨论和教师精讲结合的方法；或实验、实习作业、参观等学生能够亲自动手、亲自体验的教学方法。教学手段的运用上，也应注意多采用有利于学生发展智力、培养能力的自学辅导法、语言实验法、能力训练法、反馈考查法等。条件允许的话，还应尽可能采用程序教学方法等。

最后，依据选用媒体的特点选择教学方法。教学方法要有利于选用媒体功能的充分发挥。例如，采用自学辅导法，看、讲、议、练等方法就有利于系统型、过程型系列电视教材功能的充分发挥；如果采用讲授法就不利于充分发挥这类电视教材的作用。又如，高一物理《波的干涉》这一学习内容特点是抽象，学生得不到感性的印象。选用投影媒体进行投影实验，教学方法就应选用演示法和讲解法，而不选用讲述法。

(2) 编制教学过程流程图

传统的课堂教学的过程是采用教案的形式来表示,这种方法不能很好地体现教师、媒体、学生、学习内容四个基本因素之间的关系。教学过程是个复杂的过程,如果把它分解为可以界定的、相对简单的几个阶段或几个环节,即教学过程结构化,那么,这个复杂过程就变得可以操作,如果再将教学过程用类似于计算机流程图的方式进行表述,那么上述教师、学生、媒体、教学内容四个基本要素在教学过程中的相互关系亦显得明了。从而使教学过程能合理、有序地展开,有利于课堂教学过程的优化,这就是课堂教学过程流程图设计的意义。

在用流程图表示教学过程之前,首先要规定几种符号,如表 2-3。

表 2-3 教学过程流程图中用的一些符号及其意义

符 号	表示的意义
⬭	教学活动的开始或结束
▭	教师的活动
⬭|	教学媒体的应用
▱	学生的活动
◇	教师对学生反应的判断
→	教学活动过程进行的方向

然后,运用这些符号构成流程图来表示教学过程。

图 2-7 是小学《黄山奇石》一课的教学过程流程图,从图中我们就可以看出,采用流程图方式来表述课堂教学流程,具有以下优点:①可以直观地显示整个课堂活动中各因素之间的关系、比重;②教师可以依据学生不同的反应情况作出相应的教学处理,灵活性大、目的性强;③教学过程流程图是浓缩了的教学过程,层次清楚、简明扼要、一目了然。

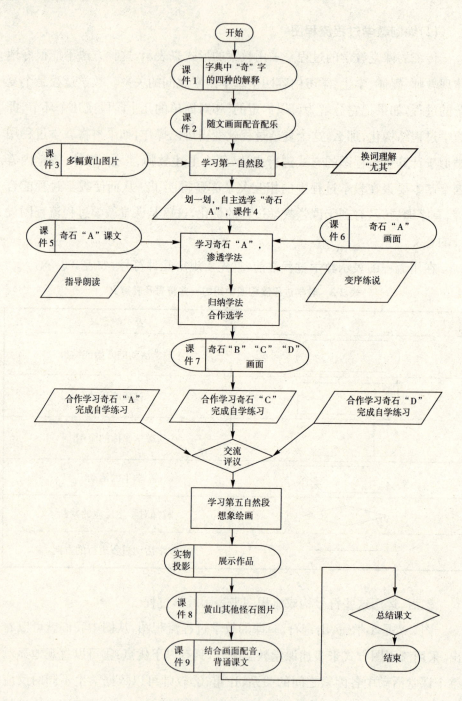

图 2-7 《黄山奇石》教学过程流程图

3-3-6　选用教学媒体

媒体是英文 Media 的译音,是指"中间""中介"的意思,这里专指传递信息的工具。教学媒体是指传递学习信息的工具。教学媒体可分为传统教学媒体和现代教学媒体两大类,如图 2-8。

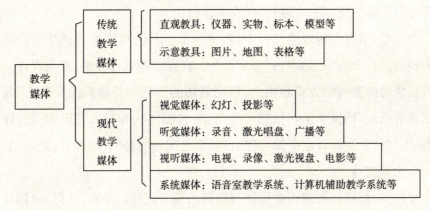

图 2-8　教学媒体的分类

(1)教学媒体的特性

教学媒体的基本特性包括技术特性和教学特性两方面。技术特性是由于设计与制作而天生具有的功能特性,教学特性是表示记录、储存和处理教学内容信息的功能特性。

①技术特性

表现力:各种现代教学媒体具有不同的功能。例如:录音只具有提供听觉形象的功能,而不具有提供视觉形象的功能;幻灯、投影只具有提供静止的视觉形象而不能提供运动状态的视觉形象的功能;电视、激光视盘既具有提供听觉形象,又具有提供静止的视觉形象,还具有提供运动状态的视觉形象的功能。

重现力:指媒体在不受时间、空间限制的条件下,把记录、存储的信息内容加以再显的功能。重现可分为即时重现和延时重视。录音机、录像机录制内容后,便可即时播放,投影片(尤其是课堂教学过程中学生自制的投影片)有很强的即时重现功能,便于及时反馈信息;幻灯、电影拍摄后须经过后期加工才能使用,叫延时重现。无线电广播和电视的重现力要受时间限制,即需要传播者和受播者同步。

接触面:指把信息传递给接受者的范围,分有限接触和无限接触两种。电视及无线电广播能跨越时空的限制,到达社会和家庭,属无限接触面;其他的媒体只能在一定范围内进行,属有限接触面。

参与性:指在使用媒体过程中,教师与学生利用媒体参与教学活动的方式和机会。可分为情感参与和行为参与。在课堂教学过程中,各类媒体一般都可提供情感参与的方式和机会,能用具体的形象和音响刺激学生,引起学生情绪的反应,诱发学生在情感上参与;有些媒体(如幻灯、投影、录像、计算机等)可以使学生既观察图像,又能在师生之间进行提问、答疑、讨论,具有较高的行为参与特性。

受控性:指媒体被使用者操作与控制的难易程度。录音、投影、录像比较容易操作和控制,是教师课堂教学中常使用的媒体。

②教学特性

为了能充分发挥媒体的教学功能和教学效能,需要了解媒体在哪个教学环节中产生何种功效,为叙述方便,列表2-4。

表2-4 教学媒体教学特性表

教学环节	所属知识类别	所需能力	媒体产生的功效
创设情境	事实、概念	观察	引发动机
提供事实	事实	观察	建立共同经验
显示过程	事实、技能、原理	观察、推理	建立表象
展示事例	概念	观察、推理	扩宽视野
提供示范	概念、技能	观察、推理	正确操作
举例验证	概念、原理	推理	建立概念
解释原理	原理	推理	启发思维
提出问题	原理	推理	引起思辨

(2)教学媒体的选择

①选择教学媒体的依据

为了达到预期的教学目标,在丰富多彩功能各异的教学媒体中选择哪一种或哪几种的组合才最为合适、最为有效呢?这是教学日常工作中应考虑的基本要素,也是教学设计的策略要素之一。选择教学媒体,最基本的判定标准应当是看有没有需要,只有按需选择,才能实现改善教学过程与效果的目的。这种需要的作用归宿应当是对整体教学效果的优化与教学效率的提高。教学媒体的选择应当依据具体的教学任务和教学内容,根据学生的水平和需要的不同,在教学条件允许的情况下,根据教师对媒体的掌握情况选择合适的教学媒体。

首先,依据教学目标:每个单元、每个课题、项目都有一定的教学目标,即具体的教学要求,比如要使学生知道某个概念,或明白某种原理,或掌握某项技能等等。为达到不同的教学目标常需使用不同的媒体去传输教学信息。以外语教学为例,让学生知道各种语法规则与使学生能就某个题材进行会话是两种不同的教学目标。前者往往采用教师讲解,辅以板书或投影材料,使学生在井井有条的内容安排中形成清晰的语法概念,后者往往采用角色扮演并辅以幻灯或录像资料,使学生在情景交融的沟通条件下掌握正确的言语技能。但假如是为了纠正学生的发音,则最好采用录音媒体了。

其次,依据教学内容:各门学科的性质不同,适用的教学媒体会有所区别;同一学科内各章节内容不同,对教学媒体也有不同要求。如在语文学科中讲读那些带有文艺性的记叙文,最好配合再造形象,所以应通过能提供某些情景的媒体,使学生有亲临其境的感受,以唤起他们对课文中的人物、景象和情节的想象,使之加深理解和体会。又如数学、物理等学科的概念、法则和公式都比较抽象,要经过分析、比较、综合等一系列复杂的思维过程才能理解,所以应使媒体提供的教材辗转变化,才能帮助学生理解。

再次,依据教学对象:不同年龄阶段的学生对事物的接受能力不一样,选用教学媒体必须顾及他们的年龄特征。比如,小学生的认知特点是直观形象的思维和记忆比逻辑抽象的思维和记忆发达,注意力不容易持久集中,对他们可以较多地使用幻灯、电影和录像。幻灯片要生动形象、重点突出、色彩鲜艳,能活泼的地方力求活泼,每节课使用的片数不宜过多,解释要细致;使用录像和电影也宜选用短片,动画镜头可以多一些。随着年级的升高,学生的概括和抽象的能力提升了,感知的经验也逐渐丰富起来,注意力持续集中的时间延长,为他们选用的教学媒体就可以广泛一些,传递的内容则增多了分析、综合、抽象、概括,增加了理性认识的分量,重点应放在揭示事物的内在规律性上,同一种媒体连续使用的时间也可长些。另外,在两种效果接近的媒体中进行选择时也可适当考虑学生的习惯和爱好。

最后,依据教学条件:教学中能否选用某种媒体,还要看当时当地的具体条件,其中包括资源状况、经济能力、师生技能、使用环境、管理水平等因素。录像教学具有视听结合、文理皆适的优点,但符合特定课题需要的录像片是不是随手可得呢?语言实验室是一种极其有效的外语教学媒体,但并非每个学校都有能力置备,因陋就简采用录音机代替也是可以的。使用计算机辅助教学前景看好,但除了需要资金购买计算机,还得培训使用人员。若教室不具备遮光设备,连"价廉物美"的投影、幻灯都用不上。有的单位管理混乱,结果使不少已经置备的现代化教学媒体也无法选用。

②选择教学媒体的程序

选择何种教学媒体,与教学内容、教学目标、媒体使用因素、经济因素有关。在教学过程中,可以按照图2-9所示的程序选择教学媒体。

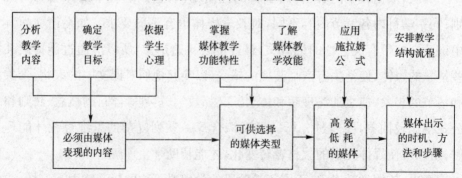

图2-9 教学媒体选用的程序

从图中可以看出,选择媒体的程序为:确定必须由媒体来表现的教学内容;甄别可供选择的媒体类型;选定高效低耗的媒体;设计媒体呈现的时机、方式、步骤和次数。

媒体的内容是指选择将教学信息转化为对学习者的感官产生有效刺激的符号成分。教学媒体对学生的感官产生刺激的符号主要有:语言符号和非语言符号。媒体类型与媒体内容之间的关系如表 2-5。

表 2-5 媒体类型与媒体内容关系表

	刺激符号	媒体类型
语言符号	口头语言符号	录音
	文字语言符号	文字投影片、幻灯片
非语言符号	目视符号	图形、图表、图解投影片
	图像符号	形态、结构、图像幻灯片 投影片、录像片、激光视盘
	音乐符号	录音、广播、激光唱片
混合符号	语言、文字、图像、音乐相混	电影、电视、多媒体技术

在选择媒体内容时,要注意画面资料的内容与组合序列,要与教学内容相符合,主体要突出,结构要合理,图像要清晰,刺激强度和刺激时间要适中,要易于观察。

(3)教学媒体的运用

教学媒体选择的最终目的在于教学实践的有效运用,因此,在选择适宜媒体之后,要考虑如何运用媒体才能真正发挥其应有的作用。具体做法是填写"教学媒体运用说明一览表",如表 2-6 所示。

表2-6 教学媒体运用说明一览表

	知识点编号	学习目标	媒体类型	媒体内容要点	教学作用	使用方式	所得结论	占用时间	媒体来源
教学媒体资源的选择									
	①媒体在教学中的作用： A.提供事实,建立经验；B.创设情境,引发动机；C.举例验证,建立概念； D.提供示范,正确操作；E.呈现过程,形成表象；F.演绎原理,启发思维； G.设难置疑,引起思辨；H.展示事例,开阔视野；I.欣赏审美,陶冶情操； J.归纳总结,复习巩固； K.其他。 ②媒体的使用方式包括： A.设疑—播放—讲解；B.设疑—播放—讨论；C.讲解—播放—概括；D.讲解—播放—举例；E.播放—提问—讲解；F.播放—讨论—总结；G.边播放、边讲解；H.其他。									

在运用教学媒体时,尤其应注意二点：

①在课堂教学中的最佳作用点运用

教学媒体的最佳作用点,是指在实现课堂教学目标的过程中,最适合发挥教学媒体优势的地方。课堂教学的最佳作用点找准了,教学媒体的作用就会事半功倍,否则可能会难以完成教学目标规定的内容。课堂教学的最佳作用点主要有：

第一,突出、强化教学重点。教学重点是构成知识体系中最重要和最本质的学习内容。尽量突出和强化教学重点。突出和强化教学重点的方法有两种,一是利用投影、电视等具有色彩反差强烈的特点,将教学重点用文字形式十分醒目地展示给学生,加深印象；二是利用投影、电视、电脑等能形象地提供反映教学重点的画面资料的特点,将教学重点形象地展示给学生,加深理解。

第二,突破、解决教学难点。教学难点是指在学习过程中难以理解的知识点,是由知识的深度、学生的经验以及认识的模糊性造成的。教学难点并不一定是教学重点,但如果解决不好,就会影响教学目标的实现。

第三,创设情境、引发动机。在教学过程中,调动学生的学习积极性,激发学习兴趣,引发学习动机是很重要的。运用教学媒体有利于创设情境、引发动机。

第四,提供事实、建立经验。在学习过程中,需要学生认识一些事物和现象,建立经验。由于条件限制,有些事物或现象难以观察到,运用教学媒体,可以提供可感知的事实材料,帮助学生建立起与教学内容相关的经验。

第五,显示过程、形成表象。学生在学习过程中,需要通过感知才能形成表象。有些现象学生无法直接感知,运用教学媒体将学生无法直接感知的事实和现象,形象地展现在学生面前,以帮助学生形成表象。

第六,举例验证、建立概念。在帮助学生建立概念时,应当尽量多用直观材料。借助教学媒体提供鲜明、具体的感知材料,有利于学生在感知的基础上,进行抽象概括,形成概念。

第七,提供示范、正确操作。利用教学媒体,还可以解决由于不易观察或示范不够规范或操作中容易出现的错误,而给学生带来不良影响的问题。

第八,解释原理、启发思维。利用教学媒体形象、直观、生动的特点启发学生进行积极的思考,以实现原理性的教学目标。

第九,设置问题、引起思辨。思维能力是智力的核心,在教学过程中常常要求学生通过观察积极地思考而获取知识。在这一教学活动中,能否引起学生积极地思辨,关键在于问题的设置。运用教学媒体设置问题,引导学生通过观察、思考,发现和提出一些有价值的问题,进而引起思辨。

课堂教学的最佳作用点还有展示事例、开阔视野、欣赏审美、陶冶情操等等。在进行课堂教学设计时,要根据教学内容、教学目标、教学对象来确定最佳作用点,最终为实现教学的整体目标服务。

②在课堂教学中的最佳作用时机运用

第一,有意注意与无意注意的相互转换。心理学研究表明:在课堂上,中小学生注意力的集中时间是有限的,过分地、强制性地要求他们长时间地集中注意,只能引起他们的思维疲劳和厌烦心理。心理学研究还表明:虽然学生在学习过程中,主要是有意注意在起作用,但是,无意注意在一定条件下,可以在很轻松愉快的气氛中,在不增加学生负担的情况下,起到有意注意所不能起到的调动学生学习积极性、加强学习效果的作用。所以,有经验的教师,在教学过程中,要抓住这一特点,灵活地运用转换原理,使学生紧张的大脑既得到休息,又能达到较好的教学效果。例如:在进行小学汉语拼音教学时,教师可以通过演示与拼音字母形状相似的事物和与拼音发音相似的事物,帮助学生掌握对于小学生来讲很抽象的汉语拼音的认读。

第二,抑制状态向兴奋状态的转化。心理学研究表明:处于抑制状态的学生,是不可能很好地进行学习的。教师应想方设法,将这种抑制状态转化为兴奋状态。

第三,平静状态向活跃状态的转化。由于对教师的教法摸得很透,当得知将要由某一位教师讲课时,学生就会想:他一定会用老一套方法来教,等着瞧吧。然后就有平静地在那里等待这样一种不良心理状态。这时,教师应当采取学生意想不到的方法,打破这种平静状态,使学生的学习心理活跃起来。

第四,兴奋状态向理性的升华。学生处于兴奋状态,并不是教学目的,只是为学习的进一步发展,创造了良好的心理条件。这时,教师应当因势利导,采取有效方法,自然而然地将学生的兴奋状态升华到新的境界。例如:在高中语文《宋词赏析》的教学中,教师在充分调动学生的学习积极性,使学生的智力因素和非智力因素都得到很好的发挥的时候,并没有满足于此,而是通过自己的配乐朗读、表演艺术家的演唱录音,将学生对宋词在我国文学史上重要地位的理解,引向了从政治上、经济上、文化上来加以分析的新高度。

第五,克服畏难心理,增强自信心。从心理学的角度讲,在教学过程中,教师应从心理方面给学生一种具有新意的刺激,让他们在对新鲜事物的感知与尝试中,增强自信心。从教学方面讲,这种新鲜刺激能够高度集中学生的注意力,使他们处在一种积极向上的亢奋状态并愿意调动自己的全部力量去进行实践。这样做,不但能够克服学生学习时的畏难心理,而且可以调动他们的学习积极性,有利于培养和提高各种能力。例如:在普通教室,有些学生由于怕别人听到自己不够标准的英语朗读而产生了对学习英语的畏难心理。

到了语言实验室之后,由于教师进行个别指导和自己的朗读别人均听不到,所以读起来就毫无负担。通过录音设备将自己的朗读录下来一听,才发觉自己朗读的并不比别人差。由此,增强了学好英语的自信心。

第六,满足合理的表现欲望。任何人都希望别人把自己看作有能力并能胜任某项工作的人。中小学生尤其如此。如果教师能够把握学生的合理要求和愿望,及时地创造机会与条件,满足学生的这种愿望与要求,那么,学生的学习积极性,将会由此而进一步提高,学习的效果和质量也会更高。

如果说教学媒体的最佳作用点,是从教学目标的角度,研究如何发挥现代教育技术的优势,那么教学媒体的最佳作用时机,则是从学生学习心理的角度,研究如何发挥现代教育技术的优势。因此,在课堂教学过程中,教学媒体的作用点和作用时机,是密不可分的。确定教学媒体的最佳作用点,要考虑到时机问题。确定教学媒体的最佳作用时机,也必须考虑到作用点的问题。可以说,解决好了教学媒体最佳作用点和最佳作用时机相结合的问题,就能够解决好课堂教学的设计、实施和提高课堂教学效果的最主要的问题。

3-3-7 评价教学设计

教学设计的含义中包括了对解决教学问题的预想方案进行评价和修改的内容。这里,评价是修改的基础,是教学设计成果趋向完善的调控环节。教学评价是以教学目标为依据,制定科学的标准,运用一切有效的技术手段,对教学活动过程及其结果进行测定、衡量,并给以价值判断。它具有诊断、激励、调控等功能。依照不同的分类标准,教学评价可作不同的划分。例如,按评价基准的不同,可分为相对评价、绝对评价和自身评价;按评价内容的不同,可分为过程评价和结果评价;按评价功能的不同,可分为诊断性评价、形成性评价和总结性评价;按照评价分析方法的不同,又可分为定性评价和定量评价。

评价教学设计,主要是指教学设计成果的评价。教学设计成果的评价属于教学评价范畴,始于20世纪30年代的现代教学评价的一套理论和技术对教学设计成果的评价具有直接指导作用。教学设计成果的评价的实质是从结果和影响两个方面对教学活动给予价值上的确认,并引导教学设计工作沿着实现预定目标方向进展。

(1)评价在教学设计中的地位

①评价是教学设计活动的有机组成部分。评价活动是渗透在教学设计过程之中的。受传统观点影响,一般认为评价活动是一个独立的设计环节,甚至于独立于教学设计过程之外。这种认识现已受到许多研究者的反对。在实际工作中,评价活动贯穿于教学设计的各个环节,在实施的时间上没有严格的先后次序。一般教学设计模式都把评价作为设计过程的最后一个环节,但评价是在设计活动的过程中不断发生的。

②评价使教学设计及其成果更趋有效。评价活动可以为教学设计者提供决策信息。决策过程按性质又可分为两种:一种是初始决策过程,如依据人、物(学习资源)、费用、社会需求等信息,制订教学设计计划的过程;另一种是优化决策过程,如依据有关专家和领导的意见,对初步制订的教学设计计划进行修改完善的过程。就实现预期教学目标的程度而言,每次评价活动都把教学设计方案或教学成果提高到更高的价值层次,使其逼近教学设计活动的价值基准。可以说,没有评价环节,教学设计过程就会缺少一种重要的内在动力,教学设计成果也难以达到真正完美。

③评价能调节教学设计人员的心理因素。教学设计是一项富有创造性和改革思想的实践活动,要使教学设计人员富有成效地从事工作,必须对他们的心理进行调控,激发其创造的欲望和改革的动机。教学设计的评价环节是对设计人员工作成果的价值观念进行认同的重要措施,评价活动表明自己的价值观念被认同的信息,是对他们最直接、最有力的奖赏,能使其在心理上获得成功感和满足的体验。没有评价的教学设计,其工作人员的价值观得不到及时认同,必将大大削弱他们的积极性和创造性。

(2)教学设计成果评价的原则

①完整性和规范性。一个完整的课堂教学设计成果至少应包含两部分内容:一份规范的教学设计方案,一份媒体素材清单及多媒体资源。

一是教学目标阐述:确定的教学目标要体现新课程标准的理念,不仅反映知识和技能、过程与方法、情感态度与价值观三个维度的目标,而且能体现不同学习者之间的差异;目标的阐述清晰,具体,不空洞,不仅符合学科的特点和学生的实际,而且便于教学中进行形成性评价。

二是学习者特征分析:从认知特征、起点水平和情感态度准备情况以及信息技术技能等方面详细、明确地列出学习者的特征。

三是教学策略选择与活动设计:多种教学策略综合运用,一法为主,多法配合,优化组合,教学策略既能发挥教师主导作用又能体现学生主体地位,能够成功实现教学目标;活动设计和策略一致,符合学习者的特征,教学活动做到形式和内容统一,既能激发学生兴趣又能有效完成教学;恰当使用信息技术;活动要求表述清楚。

四是教学资源和工具设计:综合多种媒体的优势,信息技术的运用有效;资源能促进教和学,发挥必需的作用。

五是教学过程设计:教学思路清晰(有主线,内容系统,逻辑性强),结构合理化,注重新旧知识之间的联系,重视新知识的运用之妙,教学时间分配合理,重点突出,突破难点;有层次性,能够体现学生的发展过程。

六是学习评价和反馈设计:有明确的评价内容和合理的习题练习,练习的内容次数比较合理,有层次性,既能落实"双基"要求,又注重学生应用知识解决问题能力的提高;注重形成性评价,提供了评价工具包,针对不同的评价结果提供及时的反馈,而且以正向反馈为主,要根据不同的评价信息,明确提出矫正教学行为的方法。

七是总结和帮助:对学生学习过程中可能会产生的问题和困难有所估计,并提出可靠的帮助和支持,有完整的课后小结;总结有助于学生深入理解学习的主题;重点关注潜能生的需求。

②可实施性。评价一个教学设计成果的优劣,还应从时间、环境、师生条件等方面来考虑其是否具有较强的可操作性。

一是时间因素:运用此成果于教学时,所需时间的多少,包括老师的教学时间、学生的学习时间等。教师的教学时间应包含学生完成教师布置的作业的时间,教学占用学生的课外时间量等。

二是环境因素:对教学环境和技术的要求不高,可复制性较强。

三是教师因素:方案简单,可实施,体现教师的教学风格、特点及其预备技能。

四是学生因素:针对学生的情况,对学生的预备知识、技能以及学习方法等方面的要求比较合理。

③创新性。既能发挥教师的主导作用,又能体现学生的主体地位;教法上有创新,能激发学生的兴趣;有利于促进学生高级思维能力的培养;体现新理念、新方法和新技术的有效应用。

④媒体资源的支持性。我国教育技术界曾对音像教材提出了编制原则,这些原则不仅适用于传统教学材料的评价,同时也是现在各类多媒体教学资源评价应遵循的基本原则:

一是教育性:能用来向学生传递规定的教学内容,为实现预期的教学目标服务;

二是科学性:正确地反映了学科的基础知识或先进水平;

三是技术性:传递的教学信息达到了一定的技术质量保证;

四是艺术性:具有较强的表现力和感染力;

五是经济性:以较小的代价获得了较大的效益。

 3-4 教学设计的评价

3-4-1 教学设计的评价指标

进行教学评价必须有一个比较统一的指标。美国教育评价专家米德尔提出学校评价的两个要素:第一,必须具有标准准则或教育质量特征的描述。第二,必须具有一个程度恰当的判断,以判断学校符合这些特征、准则和标准的程度。同样,确定统一的指标也是教学评价的首要条件。由于教学设计的成果较多地体现在课堂教学方案和媒体教学材料之中,下面分别介绍这两类成果的评价指标。

(1)课堂教学的评价指标

制约课堂教学效果的基本因素大致包括学生、教师、教材、方法和管理

等。现将由这些因素引发出来的评价指标分述如下:

①与学生因素有关的指标。首先,可以从表情上分析学生对讲课内容和速度的适应性。例如,与教师讲解速度同步;与教师讲解速度不能同步,快慢不一;对讲课内容感到费解等。这些情况在全班学生中各有多少人,所占比例如何?其次,可以从课堂提问中分析学生对功课的理解程度。例如,学生对所提问题的最初反应是热烈、高兴,很快举手,还是不很主动但作了思考,或是不理会、回避甚至恐惧。学生回答问题时的反应是思路敏捷、叙述流畅、答案正确,还是表达了思想但答案不完全正确,或是思路不畅、叙述不清、回答错误。这些情况在全班学生中各有多少人,所占比例如何?

②与教师因素有关的指标。首先,教学能力方面,可以从讲述内容中判断教师的专业水平,从选用教材上判断教师吸取、处理和传递知识的能力,从讲授的准确程度和严谨情况判断教师的逻辑思维能力;从讲解时能否随机应变判断教师对学生反应的敏感程度和及时调整能力;从教学全过程的整体素养上判断教师是否经过系统的师范教育训练。其次,课堂控制能力方面,可以从课堂纪律状况分析控制水平,了解是外在因素还是内部因素左右教学过程,从处理偶发事件的效果推断教师维持教学秩序的能力。再次,教学行为方面,可以从教态是否自然、大方、亲切判断师生感情的融洽程度和教学气氛的和谐程度,从语言是否生动流畅、文字是否规范简明、板书是否工整美观判断教师的教学基本功。此外是心理特征方面,可以从学生对教师的角色期望衡量教师所应具备的心理品质。

③与教材因素有关的指标。这方面可以从教材体系与学生实际水平之间的差距弥合的程度判断其是否符合教学目标,是否有助于培养逻辑思维能力,是否对日常生活有实用价值;从授课过程中判断是否精选了教材,选材是否根据学生的兴趣和学科的特点;从讲授的内容上判断知识体系是否完整,条理是否清楚,层次是否分明,是否注意到了前后呼应和触类旁通;从教材难易程度上判断重点是否明确,难点是否可能解决。

④与教学方法和管理因素有关的指标。在教学方法方面,要判断所选用的方法是否符合学生的特点和教师的特点;能不能维持学生的注意和兴趣,

能不能促进学生的理解和记忆;对排除影响教学顺利进行的智力障碍和情绪障碍有没有好处,能给学生带来多大的满足感。在教学管理方面,要判断学生是否有学习的需要和要求;学生是否乐意在这位教师的指导下学习,课堂秩序是否稳定,纪律是否严明;对偶发事件是否处理得当。

(2)教学材料的评价指标

教学材料的范围广泛、种类繁多。目前教育技术界比较关注的是音像教材(这里含学习课件)。对于这类教材,我国学术界总结过所谓"五性"的编制原则,它们实际上也是评价这类教材的基本标准。

①教育性:看其是否能用来向学生传递教学大纲所规定的教学内容,为实现预期的教学目标服务。

②科学性:看其是否正确地反映了学科的基础知识或先进水平。

③技术性:看其传递的教学信息是否达到了一定的技术质量。

④艺术性:看其是否具有较强的表现力和感染力。

⑤经济性:看其是否以较小的代价获得了较大的效益。

3-4-2 教学设计的评价方法

教学设计成果的形成性评价通常包括五个阶段:自我评价,专家评议,一对一评价,小组评价,实地试验进行中的评价。理想情况下,这些方法都是依次实施的,当然,在设计实践中,可能不会实施所有的形成性评价方法。

①自我评价:设计者、开发者或设计团队中的一些成员在将方案呈现给专家或使用者评价之前对其进行评价。这一过程通常被称作"内部评议",一般是在外部评价之前进行。

②专家评议:主要指邀请一些内容专家、教学设计专家或者相关领域的专家,针对教学设计各要素的选择或设计提供信息,在方案实施之前对其中的各个草拟要素进行评议。

③一对一评价:一对一评价有时也被称为对教学设计成果的诊断性评价。在这个阶段中,设计人员往往需要和三名或者三名以上具有代表性的学习者一起工作,从单个学习者身上采集数据并修正教学材料,其目的是确定并改正教学中存在的明显错误,并从学习者那里获得对教学内容的最初使

用数据和反馈。这是设计者首次从学习者的角度出发,对他们在开发过程中所做的决定进行审视,来验证设计师和开发者的预感是否正确,是否存在对目标人群的误解。

④小组评价:小组评价阶段往往是由8至20个目标人群的典型代表组成学习小组,利用教学材料自行学习,然后通过对他们的测试来采集所需要的数据。小组评价有两个主要目的,一个是确定在一对一评价后拟作的改动是否有效。另一个是确定教学中还存在哪些问题,是否能适用于真实的目标群。

⑤实地试验:实地试验是教学设计结果实施前形成性评价的最后一个阶段,执行人员(通常是指教师)要在一个与教学材料最终使用环境尽可能相像的学习环境中进行评价。实地试验的目的是确定在小组评价之后所做的改动是不是有效,并要确认教学方案在预设的使用环境下是否能够使用。

教学设计的几个阶段之间是相互联系、相互作用,密不可分的。这里应强调说明的是,我们人为地把教学设计过程分成诸多要素,是为了更加深入地了解和分析,并发展和掌握整个教学设计过程的技术。因此,在实际设计工作中,要从教学系统的整体功能出发,保证"学习者、目标、策略、评价"四要素的一致性,使各要素间相辅相成,产生整体效应。

另外,还要清醒地认识到所设计的教学系统是开放的,教学过程是个动态过程,涉及的如环境、学习者、教师、信息、媒体等各个要素也都是处于变化之中,因此教学设计工作具有灵活性的特点。我们应在学习借鉴别人模式的同时,充分掌握教学设计过程的要素,根据不同的情况要求,决定设计从何着手、重点解决哪些环节的问题,创造性地开发自己的模式,因地制宜地开展教学设计工作。

案例展示

《书的世界》教学设计与评析

教学内容:北师大版小学语文第三册。

教学目标:

1.知识与能力:学会本课要求掌握的生字、词语,同时扩大学生识字量。

2.过程与方法:了解有关书的知识,知道获得书的途径。

3.情感、态度与价值观:通过本课的学习,激发学生读书兴趣,养成爱读书的好习惯。

教学重、难点:在活动中识字;学习介绍一本书。

教学准备:多媒体课件。

教学过程:

一、谈话导入

师:(富有激情地)同学们,书是知识的海洋,它能增长我们的知识;书是知心的朋友,它能伴随我们一同成长;书里有精彩的世界,它能开阔我们的视野。今天,我们一同走进书的世界,了解有关书的知识。

二、创设情境,快乐识字

(一)成立小书迷俱乐部

(媒体出示游乐园图,并配丁丁的话:小朋友们,这里是小书迷俱乐部,欢迎参加俱乐部的活动,希望大家都能成为俱乐部的优秀会员。这次活动请大家游览"小书迷游乐园"。)

(二)逛小书迷游乐园

1.第一个景点:书香路。(课件出示:在书香路两侧,坐落着新华书店、图书馆、阅览室、报刊亭、文化站等场所。)

(1)带领学生游览书香路,认识"新华书店、图书馆、阅览室、报刊亭、文化站"五个词语。(点名学生领读词语。)

(2)启发学生说说这些地方是做什么的。

(3)参观新华书店,了解书的分类,从而认识"工具书、教科书、连环画、杂志"四个词语。(采用多种形式读词语。)

[意图:此教学环节,不仅让学生借助画面来认字,同时渗透生活中识字的方法。]

(4)参观出版社,了解书的封面。引导学生发现并认识"封面、作者、出版社、目录"四个词语,并与同桌交流各自所带图书的封面。

[意图:在认识封面和书名的教学中,教师以学生介绍自己的书为切入点,根据学生情况以学定教,相机点拨、引导。在介绍书的过程中,学生在活动中边识字、边进行口语交际,不仅了解了有关书的知识,还掌握了介绍书的方法。]

2.第二个景点:书香阁。(课件出示:古色古香的书香阁中,书案上摆放着整齐的书籍。)

(1)配乐欣赏四大古典名著。从而认识《西游记》《红楼梦》《水浒传》《三国演义》四本书名。(课件播放四大古典名著中主要人物、故事画面。)

(2)课件连续播放少儿精品书籍封面,从而认识《十万个为什么》《科学家的故事》《中国古代传说》《伊索寓言》《丑小鸭》《宝葫芦的秘密》《木偶奇遇记》《小王子》等少儿精品书籍。(鼓励会读的学生站起来大声读。)

3.巩固识字:

(1)出示课文中的新词,采用多种形式练读。

(2)识记"图、录、丑、王、义"五个字。

(3)赠送教师创作的小诗《走进书中》来鼓励学生,并带领学生采用多种形式朗读。(课件出示小诗《走进书中》:"书里有精彩的世界,丑小鸭变成了美丽的白天鹅,木偶的谎话能使鼻子变长,西游路上斗妖怪,宝葫芦里面藏道理,书中的精彩说不完。书想成为你的朋友,图书馆欢迎你的到来,阅览室留着你的座位,精美的封面喜欢你的抚摸,详细的目录等着你的选择,书的海洋任你游。")

[意图:此教学环节的设计可达到三个目的:对学生的学习情况给予充分的肯定,巩固了识记的汉字,同时又是对学生诗情的熏陶感染。]

(三)指导书写

1.引导学生仔细观察字形,把生字写得端正美观。教师重点指导下面三个字:

图:上下等宽、两肩齐平。

录:疏密匀称、撇捺双臂不落地。

义:上紧下松、主笔突出。

2.教师示范写部分具有代表性的生字,学生仿写。

三、填写小书迷会员卡(如下图)

```
┌─────────────────────────┐
│    小 书 迷 俱 乐 部     │
│        会员证           │
│                         │
│   ❀❀❀❀❀❀❀❀❀❀❀       │
│   姓名 _____      │
│   性别 _____      │
│   班级 _____      │
│   爱好 _____      │
│   ❀❀❀❀❀❀❀❀❀❀❀       │
└─────────────────────────┘
```

四、总结

赠送小书迷会员座右铭:发愤识遍天下字,立志读尽人间书。

[意图:利用名言使学生对读书真正产生兴趣,让读书成为他们一生的习惯。]

案例评析

在这堂课中,教师精心设计了一个游览活动,将教学目标有机地融入到游览活动中。一系列的活动衔接得自然巧妙,不留痕迹,使整个教学有序而有趣。这样的设计,既符合二年级学生的年龄特点,又符合语文学科的特点和教学规律,激发了学生学习语文的兴趣,广泛地调动了他们的学习积极性。整堂课的设计,能够让学生在轻松愉快的学习环境中学习知识。

该教学设计还创设了多种情境,引导学生认识与书有关的字词。如:通过利用教师自创的小诗巩固生字;通过观察自己的书,了解封面、目录等书的知识,认识生字;通过好书介绍活动,让学生在交流中认识本课的生字新词等等。这样的情境识字方法,大大调动了学生识字的兴趣。

教学行为研修问题与指导

教师的专业发展过程并非一蹴而就。在这样一个渐进的发展过程中,教师的专业素质结构不断趋于完善。教学行为研究是教师专业发展的核心,教学行为的优化是教师专业素质逐渐完善的直接体现。在教学行为研究的整个过程中,教师是一位学习者。因为他们要分析、审视个人的教学思想、观念和教学技能知识的运用情况,这对教师是一个重新学习和自我发展的过程。教师与同行们就教育发展及教学最为关注的问题进行研讨、争辩,可以不断发展个人教学思想,完善教学理论,同时也有效地发展反思教学的能力。

1 教学行为概述

 1-1 教学行为的内涵

1-1-1 教学行为的概念

人的行为是由其思想意识、价值观、认识水平等决定和控制的。教师的教学行为也是受其主观意识所支配和调节的,其中教师的教学观是决定其教学行为的关键,而教学观又是在教学理论指导下形成和发展的,因此不同的教学理论影响下的教师往往会有不同的教学行为。理论界对教学行为有以下定义:

教学行为是指教师"教"的行为，即：教师为完成教学任务、达成教学目标而采取的可观察的外显的教学活动方式。它大体包括两个方面的内容，一是直接指向教学内容的各种行为；二是为了使上述行为得以顺利实施而对自己和他人行为进行组织管理的行为。

教学行为是教师为实现教学目标或意图所采用的一系列问题解决行为，是在教师自我监控下的一种有选择的技术，这种选择的成败依赖于教师的知识结构、教学能力和在教学实践中积累起来的有关教学经验。教学行为的分类方法有很多种，如果按照教师在课堂教学情景中的行为方式及其发挥的功能来划分，可以分为主要教学行为、辅助教学行为和课堂管理行为。如果以行为效果作为划分的依据，教学行为又可分为有效教学行为和无效教学行为。

教师的教学行为是指教师在课堂教学中影响学生学习的一切活动或表现。教学行为是外显的，是可以观察和记录的。

教师的教学行为是指教师在一定的教育思想、观念的指导下，产生的一系列与教学有关的行为。教学行为贯穿在课堂教学的各个环节中，它既是教师素养的体现，又是教学的中心环节，在教师与学生之间起着桥梁和中介作用。

教学行为是包括教和学两个动因在内的结构复杂、内容丰富的目的性行为，是由行为主体（教师和学生）以及与行为主体相联系的起着直接或间接作用的因素所构成的，在动、静交替转换过程中反映出来的一种态势。其在构成上有两层含义：①直接显示结果的行为，如教学组织、示范操作、表情态势等。这种具有较强的可感性，很直观的显性行为，既有习惯因素，也有教学机智在行为上的体现。这种行为有很大成分的无意性和不由自主性，可以在教学评价中直接认知和把握。②情感、意志、道德、价值观、潜在能力和个性等多种因素综合而成的一种态势，在行为表现上表现出较强的意识性、稳定性和自由性。这种内在的行为在教学实践活动中显得扎实而专一。

教学行为是在教师自我监控下的一种有选择的技术，是教师素质的外化形式，学生通过教师的教学行为，来理解教师的要求，掌握知识，发展能力。

一个教师教学效果的好坏,直接决定于其教学行为是否合理有效。因此增强教学行为的有效性,是提高课堂教学质量的关键。

所谓教学行为,就是指教师引起、维持以及促进学生学习的所有行为,具体表现为课堂内管理与监控、讲述与聆听、提问与应答、阐释与分辨、辅导与练习等一系列具体可感知的师生活动方式与操作系统。教学行为水准的高低主要表现在教学行为的有效性上。

通过对教学行为定义的梳理可以发现,虽然定义各不相同,但大多数定义都包含以下几个因素:①教师的教学行为都是为了完成特定的教学任务,达成教学目标,也就是说它具有目的性;②从广义上讲,教学行为既包括教师的行为也包括学生的行为;从狭义上讲,仅限于教师的教学行为;③教学行为对学生的学习结果具有重要影响;④教学行为具有直观性和潜在性,它与教师所处的实际情境密切相关,是随时变化的。本书的探究限于对教学行为的狭义理解,对其界定为:教学行为是指在教师在个人化的教育理念指导下,在具体的课堂情境中采取的指向教学内容以及对自己和学生进行组织管理的目的性行为。

1-1-2 教学行为的性质

只要走进课堂,就会直接感知到丰富多样的教学行为。从理性上把握教学行为,要注意以下三方面性质。

(1) 目的性

课堂教学行为总是受某种教学意图的支配,并指向特定的对象——学生,例如:为了激发学生的思考而提问,为了帮助学生理解新概念而做演示实验,为了培养学生的实践技能而示范等。教学行为的目的性根源于教师对国家教育方针、课程计划、课程标准、各级教育行政部门颁发的有关教学法规的理解与把握,根源于教师对教学过程的本源把握和教师的个人教育信念。它是教学思想观念的集中表现。

(2) 序列性

课堂教学行为总是包含着一定的操作步骤,包含着若干按一定程序予以完成的动作,表现出一定的连续性、周期性。例如:课堂提问一般包括引入

（表示即将提问，使学生做好心理上的准备）、陈述问题、提示与追索答案、评价等基本环节。

(3) 个体性

任何课堂教学行为都不能脱离活动的主体——教师而存在，必然显示出教师的某些个体特性。在许多情况下，教学行为带有鲜明的个性色彩。教师或直陈明述，坦诚自然；或幽默机智，旁敲侧击；或情真意切，如春风化雨；或简明朴实，如清水出芙蓉。当然，也有的教师因循守旧，教师因其自身素质的不同，对教学过程的理解不一，而形成各自的行为模式、教学风格。

1-1-3 教学行为的水平

教学行为水准的高低主要表现在以下三个方面：

(1) 教学行为的自觉性

虽然教学行为总是受到某种教学意图的支配，但不同教师有目的地控制的程度不一、意识的水平不同。有的深思熟虑，表现出高度的自觉性；有的考虑欠成熟、欠周密，表现出一定程度的盲目性；有的行为方式与主观意图相适应，或基本相符合，整个教学行为序列能有效地促成教学目标的实现；有的则不相适应，甚至南辕北辙。

(2) 教学行为的熟练性

不同的教师从事某种教学行为序列操作时的熟练程度不同，巩固情况不一，有的驾驭自如，达到"自动化"的程度；有的却不熟练，生硬地操作，孤立地进行。那种在长期教学实践中逐渐形成的熟练的（自动化的）行为就是通常所说的教学技能。

(3) 教学行为的艺术性

富有艺术性的教学行为主要表现在能够顺应学情，灵活应变，创造性地运用各种教学方法和手段，而不是僵化机械地进行；能够充分挖掘教学中的艺术因素，不仅讲得明确，而且说得动人；不仅写得正确，而且书得漂亮；不仅仅是教学时、空、人、物组织合理，而且注重师生双方的心理协调、情感沟通、气氛和谐，达到审美化的教学境界。

目的性、序列性、个体性是教学行为的基本属性；而自觉行为、熟练行为、艺术行为则是教学行为的高级形态。

 ## 1-2 教学行为的分类

教师的教学行为是一种复杂的社会行为,其特征是多方面的,从不同的角度可以对教学行为进行不同的划分。

1-2-1 根据教学行为的发挥功能分类

根据教师在课堂情景中所采取的行为方式和发挥的功能,可以将教学行为分为主要教学行为和辅助教学行为。①主要教学行为是为完成教学任务而直接采取的行为,如教师的陈述、展示、指导、提问等行为。大多数的主要教学行为是教师在教学计划中规划好的,以学生的学习为其主要指向,其质量影响教学的整体质量。②辅助教学行为是为主要教学行为服务的行为、如强化、管理、提出期望、倾听等行为,以主要教学行为的顺利开展为目标。大多数辅助教学行为是师生在互动过程中产生的即时行为,无法预先计划,其质量取决于教师条件性知识和实践性知识的水平。辅助教学行为不是伴随状态的行为,也要占用课堂教学时间,过多的辅助教学行为必然挤占主要教学行为的时间,所以课堂教学中的辅助教学行为应少而精,在辅助教学行为上花费过多时间的教学必然不是有效教学。

1-2-2 根据教学行为的指向对象分类

依据行为的对象指向,可以把教学行为划分成以学生为对象的行为、以教师自身为对象的行为和以资源环境为对象的行为。教学活动是师生之间的互动,师生双方的行为是相互依赖的,教师的行为如果不以学生为其主要的对象,师生之间的互动就无以为继,教学也就不成其为教学,所以教师在课堂教学中的大多数行为都是指向学生的。①以自身为对象的行为包括对教学内容的传递过程、传递方式和传递结果的观察和体验,是教师调整和控制所有教学行为的纽带,该类型的教学行为反映了教师的教学监控能力。以自身为对象的行为通常没有十分明显的外部特征,如果大量出现在教学过程中必然会扰乱正常的课堂教学秩序,因此教师总是要将其自我调控和自我观察控制在学生不易察觉的水平,并且在瞬间完成,以免分散学生的注意力。②以资源和环境为对象的行为是教师管理或使用各种教学资源、教学手段的行为,在教学中处于辅助地位,其使用状况取决于教学目标和内容以及所选取的教学设备的要求。

1-2-3 根据教学行为的追求目标分类

根据所追求的目标,教学行为可划分为以认知发展为目标的行为、以情感发展为目标的行为和以动作技能发展为目标的行为。①认知目标是教学永恒的基本目标。因为教学行为中无处不渗透着知识的因素,人类要传承的任何内容都凝固在知识中,当它为个体所内化或利用时才成为我们所谓的能力、情感或态度,所以指向学生认知发展的教学行为是教师教学行为系统中一个不可或缺的成分。②指向情感发展的教学行为受教学内容的影响比较大。人文社会学科的课程内容思想性比较强,与自然学科相比,更注重学生的情意发展,指向学生情感发展的教学行为的数量相应地就多。③以技能为目标的教学行为通常情况下与以知识为目标的行为是结合在一起的。一是因为技能本身包括认知成分和操作成分。二是因为知识如果不转化成为能力对学生发展的价值就大打折扣。

1-2-4 根据教学行为的准备状况分类

根据教学行为的准备状况,可以划分为预先设计的教学行为和偶发的教学行为。①预先设计的教学行为是教师在课堂教学开始之前就已经设计好的行为,大多数主要教学行为和一些重要的辅助教学行为都经过教师的预先设计,这样可以节省教学时间和教师的精力,保证教学目标的完成,但过于精致的计划容易使教学陷入僵化。②偶发的教学行为是课堂教学中出现的教师计划外的行为,是情境性的,或因教师应付突发事件而被动产生,或因师生互动而主动产生,它既可能是主要教学行为也可能是辅助教学行为。偶发行为可以维持、补充、突出、强化预先设计的行为,也可以修改或者重塑预先设计的教学行为,这就导致同一教师在不同班级教授同样的内容时,虽然预先设计的教学行为一致,但由于偶发的行为大相径庭,使得教师在不同班级的教学行为系统整体上差异明显。偶发教学行为运用恰当能够取得意想不到的教学效果,但过多的话会使教师行为无序,从而引起教学的混乱。

1-2-5 根据教学中师生协作程度分类

根据师生在教学中的协作程度来划分,可以划分为教师独立的行为和学生协助下的行为。①教师独立的行为是不需学生任何形式的配合就可以完成的行为,如陈述、呈现、评价等行为。这类行为自身就可以构成一个活动整体,学生的支持和配合不是该行为存在的条件,只是促使该行为更加有效的条件。这一类教学行为的数量不多,但大部分教学时间为它们所消耗。②学生协助下的行为是必须有学生参与才能够完成的行为,如提问、讨论、反馈、指导等行为,学生的参与配合是行为存在的条件,二者共同构成了一个活动整体,没有学生的相应活动,教学行为的存在就没有意义。这一类教学行为数量很多,由于强烈的互动性特征,此类行为很难完全按照教师的设计进行,教学事件一般发生在此类行为的使用过程中。

1-2-6 根据教学行为的信息传播分类

根据信息传播的过程,可以把教学行为分成教师意图的行为、教师展现的行为和学生感知的教学行为。①教师意图的行为是教师想要着力表现的教学行为,它既可能是预先设计好的,也可能是偶发的,是教师对教学行为的理想化设想。②教师展现的行为是教师在真实的环境中所表现出的教学行为,有可能代表教师意图的行为,也有可能只是教师的无意识行为,与意图的行为方向也不一定一致。③学生感知的行为是学生所理解的教学行为,因为学生对教师教学行为的知觉有较强的倾向性,所以学生感知到的信息与教师展现的教学行为中所承载的信息之间存在着偏差。

1-2-7 根据教学主体的互动关系分类

根据教学主体之间的互动关系,可把教学行为归纳为控制性教学行为和整合性教学行为。①控制性教学行为的目的就是规定、控制和管理学生,其行为具有支配、惩罚和权威的性质,结果导致的课堂气氛是冷淡、紧张和压抑;②整合性教学行为的目的是鼓励、肯定、引导学生积极参与教学活动,其行为具有交流、激励和民主的性质,结果导致的课堂气氛是友好、轻松和愉悦。

教学行为是一个十分复杂的系统,上述各个类型的行为都在教学中大量存在,各类型行为之间是相互兼容的,属于某一类别的具体行为可以在其他类别中找到自己相应的位置,如言语行为可以是主要教学行为、指向学生的行为、追求认知目标的行为、偶发的和无效的行为等。

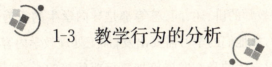

1-3 教学行为的分析

1-3-1 教师角色行为

个体总是作为一定的社会群体中的成员,即社会角色,而相互往来,彼此间结成某种社会关系。角色,可以理解为一个人在社会群体中的身份以及与身份相适应的行为规范与行为模式。个人的社会身份就是个人的社会权利和责任,它规定了一个人特定的活动范围,即:应该做什么,不应该做什么,其中也包括对己对人的情感、态度和价值等心理成分。当一个人行使自己的社会身份所规定的社会职责,履行相应的社会规范与行为模式时,便充当着某种社会角色。教师的角色行为,就是从教师角色入手,研究教师课堂实际表现和进入多种角色应遵循的行为规范,帮助教师对照角色要求,反思自我,改进教学。

课堂教学,亦称"班级授课制",是现代教学的基本制度。与其他教学活动相比,它具有几个基本特征。第一,它是师生围绕课程计划、课程标准中所规定的某些学习领域、活动内容、学科基础知识与技能等,结合自己的实际生活,共同研讨,相互交流,相互启发,相互碰撞,相互补充,一起分享知识、经验、情感、价值,实现教学相长与共同发展的过程。第二,这种研讨、交流与分享活动是在相对固定的班级内有计划、有组织地进行的。为此,教师进入课堂,在课堂这一特定的社会情境中,至少必须扮演好这样两个基本的角色:一是信息交流者,二是活动组织者。

此外,在课堂上,教师还必须是学生行为的示范者,处处做学生的表率;作为家长的代理人,教师要给予未成年人必要的保护。教学不仅是价值引导行为、交往行为,同时它也是一种探究性的行动,当代课程与教学改革,越来越要求教师扮演好研究者的角色。随着社会的变迁、时代的发展,人们对教师的期望值越来越大,要求也越来越高,教师需要扮演的社会角色也越来越多、越来越重要。

1-3-2 教学交往行为

教学过程中教师的讲、述、问、答等都是导向学生的行为,即从学生原有的知识经验出发,从他们的学习需要出发,加工处理教学内容,以适当的方式输出教学信息,对学生的身心发展施加直接或间接的影响。同时,学生也通过反馈、评价、模仿等途径对教师产生影响。教师的教以学生的学为依据,为出发点和归宿;学生的学因为教师的教而变得富有成效,充满生机和活力。这是师生之间相互理解、相互交流、相互作用的过程,具有双向互动的性质。正是在这一意义上,我们称教学行为为交往行为。没有交往,缺乏互动,也就谈不上什么真正意义上的教学。当然,我们不能由此而把所有的交往行为归结为教学行为。

(1)教学交往行为的特点

教学交往与其他交往行为相比,有它自己的特点。

一是社会规范性。教学交往主要是一种社会角色交往,所涉及的是一类人与另一类人的关系,而不是个人情感状态的自由选择关系。作为社会成员的教师肩负着一定的社会责任,与社会、与家长之间形成"契约关系",必须按照社会期望的统一要求施教。社会的不断进步,对教师的期望在不断变化,要求教师转变角色,建立新型师生关系,而不是消解教师与学生角色。师生也不可能还原为没有"教师"和"学生"角色概念的抽象的人。他们在课堂上的交往是公开的,受到社会现实原则的支配,同日常生活中的私下交流、随机交往是有区别的。

二是可理解性。课堂交流是师生间以可以理解的方式共享知识经验、分享思想情感的过程,是以教学语言、教材为媒介的双向理解过程。这里的"理

"解"不仅指领会、把握知识经验的认知过程,也是指人际间的相互沟通、相互认同、相互接纳过程,是主体不断消除误解和障碍,反思自身,达成自我理解、自我发展的过程。作为教师,应"理解学生,教在心灵";作为学生,要"理解教师,勤学奋进"。

三是动态生成性。不能把课堂交流看成是简单的信息传递过程。知识经验、思想情感的彼此交流、碰撞,可以产生新知识、新思想。这同没有增值的物的交换过程有着质的区别。在教学信息交流过程中,一方面是处于身心发展过程中的青少年和儿童,内在的情感、想象力、潜能在教师的感召、同伴的启迪和自我的激励下得以开掘;另一方面,教师也在与学生的交往中体会到个体生命价值,获得专业发展,享受到课堂生活的乐趣。

(2)教学交往行为的类型

教学交往行为因教与学双方在交往的发起、展开过程中所处的地位、作用不同而呈现出不同类型的行为模式。我们将它分为讲授教学、对话教学、活动教学三类。

一是讲授教学。讲授教学中,教师主要借助口头言语,将知识内容呈现给学生,具体呈现方式有讲述、讲解、讲演等,同时辅以必要的板书和声像显示。随着视听媒体尤其是计算机辅助教学的应用,声像呈示行为绝不仅仅停留于向学生提供具体形象的感性材料,而是逐渐与整个教学过程加以整合,推动着教学内容呈现方式、学生的学习方式、教师的教学方式以及师生互动方式的深刻变革,甚至在一定范围内"独立地"对学生进行"教学"。不过,这已经超出了课堂教学研究的范畴;同时,这种"人—机"互动也不可能取代"人—人"之间面对面的互动交流。

二是对话教学。如果说讲授教学主要由教师控制的话,那么,对话教学本质上应当是师生平等参与、共同活动的过程。主要特征有三。一是问题引导。双方须有共同的"话题",有"话"可"对"。话题就是问题,就是不断向对方质疑问难。一旦"问题"被"消灭"了,对话也就暂时终止。二是双向互动。提问与应答不断转换着,一方不依附于另一方,不主宰控制着另一方,彼此间蕴含着一种合作伙伴关系。对话双方都要兼顾对方的意愿,调整自己的行为方式,都有可能突破原有体验与理解的局限性,获得新见解。与逻辑连贯、意义确定的"独白"不同,对话的逻辑是开放的。三是和而不同。这既是指处理相互关系时所持的一种态度和立场,也是指对话的结果。和谐相处,而不是无原则的迁就、苟同、依附他人,才能建构一个积极的自我。对话须寻求"共识",产生视界融合,不是消灭差异,而是对差异的尊重、理解,达到"共生"状态。课堂上的对话行为主要有两种:师生对话与小组讨论。前者指师生之间互动交流,后者侧重于学生小组内的交流活动。

三是活动教学。活动教学以"活动理论"为指导,将学生的学习视为任务驱动、全身心参与的自主性活动过程。在学生的自主性活动中,教师只是作为"辅导者"的身份出现的,学生成了互动的主要方面,在一定程度上主导着教学交往的内容、进程与方式,教师与学生一起学习、探究,根据学生活动的需要,提供必要的咨询、帮助。值得注意的是学生的练习活动。做练习挤占了中小学生大部分课外活动时间,在课内的比重也越来越大。学生练习的时间、内容、方式、结果等等,都与教师的练习辅导行为密切相关。

1-3-3 课堂管理行为

课堂管理是指教师为实现教学目标而对课堂中的人、事、时、空等因素进行协调的过程。首先,管理行为是一种典型的"目的性行为",每个管理者总是有着明确的目标导向,并作出规划、决策,采取行动,试图以最小的代价换取最大的效益。其次,管理行为是一种"规范调整行为",从目标的达成要求出发,从提高效益的需要出发,建立团体成员共同的行为规范,并对规范的执行情况进行监控与调节。

(1)课堂管理行为的特点

一是差异性。来自不同的经济文化背景,有着不同的经历、需要、生活目标与兴趣爱好的人走到一起。

二是同时性。许多事件同时发生,并交织在一起。教师必须同时注意几十个学生的反应,准备作出判断,规划下一步的行为。

三是公开性。无论是教师的言论,还是学生的行动,皆在众人的注视之中,成为一种公开行为。

四是紧张性。班级学习生活比较紧张,教学节奏相当紧凑,难得有茶馆般的轻松气氛。

有效的教学取决于有效的组织管理。只有当教师成为一名好的教学活动的组织管理者时,他才能成为一名优秀的教师。

(2)课堂管理行为的类型

着眼于课堂管理内容的不同,我们尝试着对管理行为作以下几个方面的划分。

一是目标导向。教学目标是教学活动的出发点和归宿。确立教学目标,分析教学任务,并恰当地陈述目标,对目标达成情况进行必要的检测与反馈矫正,实施对课堂教学的定向调控,这是课堂组织管理的首要环节。教学目标的调控,一方面是依据课程目标,自上而下地进行;另一方面还关注儿童身心发展的需求,关注他们多样化的学习需要,自下而上地展开,这中间涉及到国家"法定文化"与儿童文化的协调、儿童当前需要与终身学习要求的协调、学科知识体系与学生认知方式的协调、认知目标与情感态度目标的权衡、教学的内在发展价值与外在工具价值之间的抉择等诸多关系的处理,归根到底,是一个教师的价值引导与学生的自主建构活动之间相互适应的问题,是课堂管理中的根本性问题。

二是激励与强化。激励与强化都是指向学生,指向学习活动的维持。激励主要指向学习活动的内驱力,是内在需求、学习动机的激发过程。它与学生对学习成败的归因、自我调节能力、教师的期望、学习成绩的评价等因素密切相关。强化主要指向个人的外在行为,它是增加学生某种课堂行为重复出现、持续出现可能性的过程。任何行为一旦重复,就有可能被强化。课堂强化是对课堂理想行为的强化,是教师课堂管理必须掌握好的一项技能。

三是组织构造。传统的班级授课制按年龄、知识水平的不同,将学生编成固定的班级,按照统一标准、内容,在规定的时间内进行分科教学,具有整齐划一、"批量生产"的特点,直至今日,仍被视为最经济的教学制度。同时,它在一定程度上也存在着忽视学生的个别差异、压抑学生的个性发展等缺陷。有必要对班级组织进行改良,重新构造(而不是取消),包括改革单一的集体授课、同步学习方式,将全班同步学习与分组学习、个别学习等基本组织形式交替运用,扬长避短;改变单一的按学生年龄阶段编班、自然升级的组织方式,尝试按学生兴趣、能力水平灵活编班,动态管理,分层教学;让学生编制自己的课表,选择适合自己的班级、进度,有差别地学习等。

四是课堂秩序。"杂乱"是因为"无章","有条"才能"不紊"。只有"遵守规则",才能"秩序井然"。教学中的"序",有时间序、空间序,更有社会秩序。有序,才有效率。但并不是有序度越高,效率也就越高。高度绝对的有序将使教学系统失去应有的自由度,失去应有的随机性、应变性,最后走向死板僵化。课堂秩序的管理有个适度的问题,需讲究一定的艺术。它主要涉及三个方面的内容。

时序设定。一节课40或45分钟,如何发起,如何展开,又是怎样结束的,这里存在着各个环节先后顺序是否合理的问题,还牵涉时间分配是否经济。它与学生的学习行为与学生成绩密切相关,是课堂管理的重要内容之一。

课堂规则。课堂秩序是在建立明确的课堂规则的过程中实现的。没有适宜的课堂规则,就无良好的课堂秩序。对于课堂规则的分析不仅要着眼于它的条文内容是否合理,而且要考察它是如何生成、如何执行的。

违纪行为的矫正。课堂违纪行为是指那些不遵守课堂规则,不能正常参与课堂学习的行为。各种违纪行为的出现将不同程度地干扰教学的进程,引起课堂秩序的混乱。教师要有效地加以制止,以促成学生参与正常的课堂学习。

五是教师的领导方式与课堂气氛。在整个课堂管理过程中,有的教师习惯于决定一切学习计划、目标,并控制学生的一切行为,不时地显示或证实自己的权威性,造成课堂气氛过于沉闷,教师过于严肃,学生谨小慎微。而有些教师作风民主,倾向于与学生一起共同设立学习目标,拟订学习计划,师生间经常讨论,共同维持课堂秩序,课堂气氛比较活跃。教师和蔼可亲,学生勇于探索,敢于创新。课堂心理气氛的不同,将对学生的学习成绩、个性发展、社会化进程产生不同的影响。

教师作为学生群体的领导者,有自己行使权力、发挥领导作用的行为方式。领导方式在很大程度上决定着课堂心理气氛。现代管理科学要求我们学会利用集体学习的动力,变消极抑制为积极引导,创设一个有利于培养学生信息交流技能、积极的社会性情感的课堂心理氛围,寻求最佳的教师领导方式。

2 教学行为研修的问题

2-1 教学问题行为关注不够

课程是由一定育人目标、基本文化成果及学习活动方式组成的用以指导学校育人的规划和引导学生认识世界、了解自己、提高自己的媒体;课程也是社会政治、经济、文化、科学发展对人的素质要求的集中体现。教育改革的目标、方向最终必须落实到具体的课程中,通过课程的实施来实现。但任何一种新的教育思想、教学方法、课程设置,又必须通过教师的教学行为来体现,才能变为学生的现实课程。因此,课程改革不仅要求教师积极参与,清楚地了解、认识新课程的指导思想、目的意义以及目标的确定、内容的选择、效果的评价,更重要的还必须纠正自己的教学问题行为,做好教学观念、教学情感、教学方法的彻底转变,才能保证课程改革的顺利实施。然而,在校本教学研修中,教师对自己的教学问题行为关注不够。教学问题行为其实质是无效的教学行为,表现为教师的教学行为不符合新课程的价值观念,课堂教学缺乏主体性、创生性、全面性、发展性和生命性。其主要表现形式大致有以下几方面:

2-1-1 照本宣科式

在新课程中,"大纲"变成了"课程标准"。此时教师要从研究"如何教教材"转变为"如何用教材"。实施新课程,教师教学需要结合自身、学生、学科发展等实际情况,按照课程标准对所教的内容进行再创造,把外在的课程变成"自己的课程",使课堂教学具有创生性。

在传统课程下，教师只是课程阐述者和传递者，教师教学只是忠实有效地传递课程规定的内容而不必对课程内容做任何调整和改变。这时，教师只是认同、服从既定的课程内容，而不必分析、反思、批判这些课程内容。于是，"以纲为纲""以本为本"成了教师的"金科玉律"，教师教学仅是停滞在"死教书，教死书"的简单"复制"知识的层面上，也就造就了教师照本宣科式的问题行为。显然那种抛弃自己个性化的意识而不加任何改变的照本宣科式的教学问题行为是不符合时宜，不符合新课改精神的。

课程标准、教材、教学参考书以及教案等材料具体规定了教师必须知道、讲解和要做的每一件事情以及学生需要做出的各种反应。教师把教材的内容当作"金科玉律"，把教学参考书中的提示当作颠扑不破的真理。教师根据教材的重点、难点、疑点，讲清知识、突出重点、化难为易。对教师而言，他所做的不过是执行他人的目的和计划，因此没有激情、没有创造、没有活力，有的只是平铺直叙，只是机械性的劳动，只是简单的重复活动，只是应付与无奈。教学中这种"惟教材、惟教参、惟教案"的"三惟"现象极大地限制了教师劳动的创造性，使其无法感受到课程教学对于参与者所赋有的个体生命价值，以及因失去对工作的创新而产生异化和失落感。

2-1-2 知识本位式

长期以来，部分教师把课程理解为学科知识。认为教学就是把书上的知识、结论讲给学生听，学生的任务就是在课堂上识记、理解和掌握这些学科知识，完成认识性任务是教学目标中最重要的甚至唯一的目的，学生的进步只表现为知识的丰富和能力的提高。它必然导致两大弊端。一是对不同年龄段学生成长需要的关注的缺乏。一方面表现为大多数学科的内容与学生的成长缺乏内在联系，课堂教学内容脱离学生生活的实际，成了与学生日常生活隔绝的一个专门领域；另一方面，学生在成长过程中经常会出现的困惑、好奇、期望以及许多潜在的能力在教学过程中被忽视、遏制。二是割裂了抽象的书本知识与学生发现问题、解决问题、形成知识过程的丰富、复杂的联系，教学过程被庸俗化到无需智慧努力，只需听讲和记忆就能掌握知识的那种程度，造成学生对不少知识处于"知其然而不知其所以然""知其之所在而不知其之所来，更不知其之所去"的状态。在传统课程中，学生接受的是一个个封闭的学科体系，但应用时就难以摆脱知识割裂，难以融会贯通。这种对课程教学的片面认识，其后果是造成了学生虽有很强的认知能力，却不能深刻领悟知识所蕴含的生命意义，更不能在真实的情境中灵活运用知识。

传统的课堂教学重视学生对知识的记忆、理解与掌握，而忽视学生在教学活动中的情感体验、价值态度，常常把生动的、复杂的教学活动囿于固定的、狭窄的认知主义的框架之中，信奉人的学习就是简单的"刺激—反映"，要求学生抛弃自己的价值观、生活经验及情感，以一种纯理性的方式认识独立于自己之外的与之毫不相关的"客观知识"。这种教学行为就是知识本位式行为。于是，课堂教学有了"统一的标准答案"，没有了学生的独立见解；有了虔诚的信仰与遵从，没有了平等的交流与对话；有了应和式的肯定和赞成，没有了追问式的否定和批判；有了一道题做十几遍，课文的生字、生词读写上百遍，同样的模拟试题做几遍的题海战术，没有了学生的主体性、创生性及独立个性的发展。

而新课程确立了三维目标：知识与技能、过程与方法、情感态度与价值观，建构了比较完整的课堂教学目标体系。此时，教师教学要从知识教学转向以学生发展为本，真正实现对知识能力、态度的有机整合，体现出学生生命存在及其发展的整体关怀。于是，那种不厌其烦地把知识条分缕析，把问题解答过程中的每一个细节交代了一遍又一遍的强化训练以及训练学生各种各样的解题套路和技巧的题海战术终将被淘汰出局。因为知识本位式的教学把学生思维的价值降低到最低甚至是全无的程度，且把学生理解体悟的内容全部变成了记忆的问题，抑制着学生创新精神和实践能力的生成。

2-1-3 预定程序式

新课程与"课程标准"之间有了一片开阔地，新课程有了诸多不确定性的内容，教学应是引导学生向未来方向挺进的旅程，随时都有可能发现意外的通道和美丽的图景，而不是一切都必须遵循固定的线路而没有激情的行程。因此，那种一成不变的教学套路，乃至某种教学模式，都将难以适应新课程的要求。

在传统教学中,教师常把教学当作不折不扣执行教案或事先设定的教学思路的过程,赋予教学以科学、清晰、精确、客观的品质,把教学程序化为一种可控制、可操作的过程,它抛弃了两件最有价值的东西:一个是相对于科研成果的科研过程;另一个是科研的主体——人本身。把课程看做是由某种预定的现成知识及进程与安排所构成的,在正式教学活动发生之前教师所要教的内容、学生所要学的对象是事先已经编制好的固定的东西,使自己的教学呈现出明显的预定程序化。

这种教师的教学行为模式大体可以分为三种:

(1)照章办事型

照章办事的"章",一是来源于某种教育理论或理念。教师一旦接受了某种教育理论或理念就会把它看成万古不变的"真理"。既不和别的教育理论、理念进行比较,也不对它进行认真的分析和探讨,只是一味地照搬,拿来就用。二是来源于教育部门的某些规定和要求。现在教育行政管理部门,包括学校一级的行政部门对教师的教学管得越来越具体,教师不得"越雷池一步"。教育市场上满天飞的各种教学参考书、示范性教案和试题集,也都成为教师教学遵循的章法。

(2)机械模仿型

一些教师把优秀教师的做法直接照搬过来,用到自己的教学中,而不去研究这些做法背后的理论依据、适用范围以及他们选择这种教法的根据。

(3)经验"习惯"型

一个教师工作了几年后,就会积累一些教学经验,这些经验会构成"习惯"的行为模式(即思维定势)。遇到问题,教师行为的选择更多地不是求助于他已有的理论知识,而是其个人的职业习惯。一般而言,这种程序式的教学,首先是根据教材揭示的知识点和预先设计好的重点、难点,进行循循善诱的讲解,然后是练习、作业、辅导和考试,环环紧扣,生怕有丝毫的纰漏。孰不知,这种程序式教学淹没的是学生的主体自主意识,使教学呈现出僵化、呆板的特征。

诚然,教师教学需要教学设计。不过,这种教学设计应是一种框架、一种指向、一种强烈的优化意识。它大气、粗放、机动、灵活、可变。这种宏观的教学设计要比那种细密的、一成不变的教学设计复杂得多。同时,也要求教师具有更深厚的文化底蕴和教学功底。

2-1-4　苦教苦练式

新课程注重对人生命的关怀和人文教育,要"给知识注入生命"。因此,在新课程视野下,即使是知识、技能的传授,也融入了师生共同分享成功的喜悦,也充满了美丽的想象,有时还不乏人生智慧的火花,就更不用说那些本身就富有人文气息和诗情画意的教学内容了。此时,每一堂课都应是师生人生中美丽的记忆,都应成为师生不可重复的生命体验。教与学将不再是一件痛苦、不得不为的事,而成了师生时时交流彼此的思考、经验与知识,交流彼此的情感、体验与观念,从而达成共识,共享知识学习乐趣的过程。在这种师生人人参与、平等对话的教学中,教与学将重新焕发出生命的光彩,重新激发起人们所有的好奇心和求知的欲望。

而在现实的教学中有些教师把教学当作一件"苦差役"来对待。过于注重学生的外在行为,而忽视学生学习时的内心感受;看重教学结果,让学生大量训练,却淡忘了教学过程,并常用"少壮不努力,老大徒伤悲""头悬梁锥刺骨"的古训和故事来警策学生。"强学""强记"及"强做"是其外在表征。在此误导下,一切使学生感到不堪重负的压力都获得了合理的解释,使学生的学习少有快乐,多有苦恼;少有顿悟,多有压抑。于是,在这种"苦教苦练式"行为的胁迫下,每天起得最早的是学生,睡得最晚的还是学生,学生没有了星期天和节假日。教师"苦"教,学生"苦"练,疲于繁重的教学压力,这就造成了"苦教苦练式"的教学问题行为。

2-1-5　自导自演式

新课程的生活化、综合化等特点要求教师的教学必须具有学生意识(是否按照学生的思维来思考教学)、童年意识(是否把学生提出的稚嫩问题和"天真"想法当作宝贵的教学资源)。此时,教师的教学不仅要关注学科的发展,而且要关注学生的需要和社会生活的需要,要在科学世界与生活世界之间架起桥梁,要通过教师的教凸现学生的主体性、培养学生的创造性和个性。

教师与学生,教与学,这是贯穿于整个教学过程中的最基本的一对关系。它包括教师与学生之间的人际关系和由这种角色定位产生的教与学双方的工作关系。教学是教师的教与学生的学的统一,这种统一的实质是交往、互动。但传统的课程教学片面强调教师和教师的教,形成了以教师为本位的师生关系和教学关系。它表现为:一是以教为中心,学围绕教转。教师是知识的占有者,所以教师是课程的主宰者,所谓教学就是教师将自己拥有的知识传授给学生,教学关系成为:我讲,你听;我问,你答;我写,你抄;我给,你收。在这样的课堂上,双边活动变成了单边活动,教代替了学;二是以教为基础,先教后学。学生只能跟着教师学,复制教师讲授的内容。先教后学,教了再学;教多少,学多少;怎么教,怎么学;不教,不学。学无条件地服从于教,教学由共同体变成了单一体。教师在教学中的这种绝对的权力和权威控制了学生的学习、活动和行为,甚至控制了学生的思想;学生缺乏自主选择、自主决定和自主表达的权力和机会。这样,学生不仅失去了作为学习的主人的创造和自主选择的乐趣,更重要的是形成了有悖于人的本性的被动生存方式。

所谓自导自演式是指教师在教学中以自我为中心,而不是从学生发展出发;关注的是自我表演,而不是学生学习的表现行为。其中,有的是夸夸其谈的"课堂独角戏"——把讲台当成舞台,教案作为剧本,教师做导演兼主角,而学生只是配角、听众。此时,教师犹如钦差大臣,手中的教材如同圣旨,而学生则成了俯首听命的臣民。有的是师生对答如流的"公开课"或"评优课"——教师事先反复预演,精心谋划哪个问题该让学生发言,并再三叮嘱该怎样说,话该讲到什么程度。但二者的共同特征是全无学生意识,只顾教师自我表演。

课程教学中学生主体意识的缺乏,使教学变得单一化、静态化、模式化和教条化,出现了课堂教学中常见的见书不见人,人围绕着书转的局面。教学不仅仅应为学生提供知识,发展认知,更重要、更本质的是它在实现这种工具性价值的同时,应把通过教学活动形成的知识、经验、精神模式、人生体验等作为师生共享的生存资源,发展智慧、情感、意志、精神等完整的人的一切方面,使每一个人不断获得完善自身、自我超越的动力,不断使自己成为人,即实现教学的"成人"价值。因此,新课程教学必然要彰显学习者的主体价值,强调人的生命意义。

 ## 2-2 教师教学观念存在偏差

教学观念是人们在一定的教学文化背景下,在教学过程中逐渐形成的对教学的看法和思想观念。其中,最基本的是教学认识观和教学价值观。教学认识观是人们对教师、教材、学生等教学要素的看法。如教师是什么？有人把教师视为知识的拥有者、传递者、施与者;有人把教师视为学生学习的引导者、促进者、研究者。前者可能会在教学中居高临下,树立权威;后者则可能会发扬民主、教学相长。教材是什么？有人把它视为"知识的凝结器",学生"搬运"的对象;有人则视为对自然和社会再认识、再处理的对象。前者可能在教学中导致照本宣科,后者则可能扬长避短、因材施教。学生是什么？有人视之为被动接受的容器,知识传授的对象;有人则视之为学习和发展的主体,认识世界的主体。前者可能会在教学中以"填鸭"的方式"授之以鱼";后者则会在教学过程中注重启发、点拨,"授之以渔"。教学是什么？有人把它视为"口耳相传",有人把它视为"艺术中的艺术"。前者必然是匠技一族,后者则可能成为教学艺术家。教学价值观是教师在教学过程中形成的价值选择倾向,回答什么更重要和什么更值得追求的问题。教学是以传递知识为主,还是以培养能力为主？是追求知识还是崇尚智慧？不同的教学价值取向必然会带来不同的教学情景。前者以提高知识传授和学习效率为其最高标准,后者则会关注学生学习时的思考、尝试、探索等活动。在实际教学中,许多教师信奉和追随的是前者,这种教学观念的偏差是教学问题行为产生的根源。

在这种传统观念的影响和束缚下,我们往往把课堂教学中的个体视为一个单纯的认知性存在,而不是一个完整的生命体;只是把知识、智力和学习成绩作为课堂教学的核心,而学生强健的体魄、积极的人生态度、健康的情感和价值观以及交往合作的能力则被置于学生发展目标的次要地位。在教学目标上,传统的课堂教学仅仅把学生看作一个认知性的存在,过分注重教学过程中学生的感觉、知觉、概念、判断、推理等认知因素,强调培养学生的认知能力,往往把系统知识的传授和认知能力的发展视为主要的目标甚至唯一的目的,而忽视了情感、态度和价值观的培养,忽视了对学生完美精神世界的建构。这样,课堂教学成为了"训练"的代名词,学生获得的不是对整个世界的认知和体验,而是支离破碎的知识的堆积,以至于人的生活的价值与意义不可避免地被淹没,学生感受不到人生的充盈和生活的完美。这种课堂教学造成的结果是,"在文明人那里,随着知识的不断增长和积累,一切都颠倒过来了。认识、知识成了第一位的东西,欲求和意志则成了认识的仆从。仿佛人从一诞生下来他的全部生命就是认识世界,对他来说似乎从来就没有一个生存的问题……他们受的教育越多,他们的思想就越被包裹在一层坚实的知识硬壳之中……"。在教学过程中,传统的课堂教学注重的是对学生进行"何以为生"的训练,只是把人当作"工具"和"人力"来生产,而忽视了"为何而生"的启蒙与熏陶。在这种课堂教学中,人们忘记了自己的生活目的、人生的价值和意义,丧失了对人生远大理想、坚定信仰的孜孜追求,培养出的往往只是一些缺乏情感、热情以及独立人格的"物质的人",个体形成的是一种沉溺于物质生活而丧失了精神追求的"物质的巨人、精神的侏儒"的畸形人格。针对这种状况,南京师范大学鲁洁教授曾经指出,近一个多世纪以来的课堂教学的主要宗旨只是教人去追逐、适应、认识、掌握、发展外部的物质世界,放弃了向学生传授"为何而生"的知识和本领,它抛弃了塑造人自由心灵的那把神圣的尺度,这种"外在化"的弊病,在人的社会生活和活动中不可避免地造成只求手段与工具的合理性,而无目的的合理性,只沉迷于物质生活之中而丧失了精神生活,失去了生活的理想与意义。

　　由此不难看出,传统教育观念主导下的课堂教学只是把课堂教学看作是一个认知性存在,把个体的认识活动等同于个体的整个生命活动,造成过于偏重知识教育,忘记了作为一个人的基本生活态度和对待事物方式的教育。

2-3 教师能力素质尚有欠缺

所谓教师素质,就是教师在教育教学活动中表现出来的,决定其教育教学效果,对学生身心发展有直接而显著影响的心理品质的总和。教师素质有很多种,如政治思想素质、能力素质等。教师的能力素质是教师进行教育教学工作的条件和基础,是保证课程改革成功的重要条件。教师的能力素质问题一直是困扰教育教学的突出问题之一。在新课改实施过程中有很多教学问题行为是由教师的能力素质问题所引起的。突出表现在以下几个方面:

2-3-1 知识水平偏低

教师合理的知识结构是实现教师教学行为有效性,充分发挥教师在教学过程中的主导作用,取得最佳教学效果的最重要条件。教师的知识可分为三个方面,即教师的学科知识、教学实践性知识和前提性知识。教师的学科知识(如语文知识、数学知识等)是完成各门课程所规定的教学任务的基本条件。教学实践性知识指教师在面临实现有目的行为中所具有的课堂情景知识以及与之相关的知识,或者更具体地说,这种知识来自于教师的教学实践,是个人教学经验的积累。教学是一种具有明显的情景性的活动,经验丰富的专家型教师面对内在不确定性的教学条件能作出复杂的解释与决定,然后采取适合特定情景的教学行为。前提性知识是指教师具有的教育学与心理学知识,包括三个方面,即学生身心发展的知识、教与学的知识和学生成绩评价的知识,这是一个教师成功教学的重要保障。有些教师专业知识过于陈旧,仍停留在自己学生时代的知识水平,在教学中又不注重学习与提高,不研究教法和学法,对新的教育教学理论知之甚少,对学生心理研究更是无从谈起。对于教师来讲,学科知识是教学的基本内容,教育科学知识则是操作教学内容的工具。教师只有了解了学生的心理特征,了解了教学的客观规律,才能采取有效的教学行为,充分发挥学生的主体作用,从而获得最佳教学效果。

2-3-2 教学效能感缺乏

教学效能感,是指教师对其组织和实施某一教学行为能力的一种主观判断。研究证明,教学效能感与教师对学生的积极影响,与教师实行教学改革的意愿,与教师从事教学工作的热情呈显著性正相关。缺乏教学效能感的教师对实现有效教学行为的关键性动机不强,因而缺少工作热情,努力程度也十分不足。

2-3-3　教学监控力不强

所谓教学监控力,是指教师为了保证教学的成功,实现预期的教学目标,在教学的全过程中将教学活动本身作为意识的对象,不断地对其进行积极主动的计划、检查、评价、反馈、控制和调节的能力,是教师从事教育教学活动的核心能力之一。在课堂教学中,教学监控力不强的教师不能合理有效地发挥教学的各种复杂因素,不能合理安排自己的教学活动,调节和校正自己的教学过程,不能够灵活地运用各种教学策略来达到教学目标,因而也不可能达到理想的教学效果。

不仅如此,在当今升学竞争的压力下,提高学生学习成绩是教师不可懈怠的责任,但提高学生学习成绩却有不同的方式,有的教师通过提高自身素质和开展教学研究,遵循教学规律,培养学生的非智力因素,指导学法和思法,狠抓"三基"(基础知识、基本技能、基本方法)来提高学生学习成绩;有的教师则通过加班加点补课辅导(疲劳战术),布置大量练习和频繁地进行考试(题海战术),传授考技、猜题押宝(投机战术),来提高学生学习成绩。显然,前者会让学生会学、好学、乐学,后者会让学生苦学、厌学、恨学。一些教师之所以照本宣科、知识本位、苦教苦练、自我表演等,是因为他们表面上很辛苦、很敬业,但实际上这些教学行为做起来却比较省心省力,且收效快;而变"外在课程"为"自己课程"和"学生课程",让学生会学、好学、乐学,表面上看不出教师的辛苦和劳累,其劳动也难以被量化、被认定,且收效较慢,还须依托于一定的业务水平和能力,甚至于要煞费苦心,挖空心思,绞尽脑汁。

2-4　教师评价制度有失偏颇

现行的教师评价观认为学生升学率高,考试成绩好就是好教师。这不仅

不利于教师专业水平的提高,还助长了教师的一些短视行为,把教师和学生的发展引向了"歧途"。它具有以下几个弊端:

2-4-1　片面追求高分

追求高升学率、高分数,教师势必把教学内容和学生的学习捆绑于考试这个"指挥棒"上。这样,教师教学注重的是学生如何对考试试题做出灵活的应对,如何提高学生应试的技能与技巧,如何使学生更好地掌握与考试这个"指挥棒"相应的学科内容。教师无暇顾及,也根本无需考虑学生所学知识的系统性及所教学科前沿的内容,而更多关注的是如何积累考试资料、如何对这些考试资料进行科学而详尽的分析。教学方法与方式的选择被考试这根"指挥棒"画地为牢。教师的创新能力和教学科研能力的提高根本无从谈起。

2-4-2　过度关注私利

现行的教师评价把教师的个人利益与学生的考试成绩联系起来,的确调动了教师的积极性,出现了教师加班加点、"勤奋"工作的景象。但教师的这种"勤奋""积极"只是为了提高自己的考评分数,为了考评分数所带来的实惠。其实,教师的劳动在本质上是一种精神生产活动,需要教师用自己的精神同化学生的精神,用自己的灵魂塑造学生的灵魂。教师应是人类灵魂的工程师。但只看"分"不认"人"的教师评价却只能造就出一批缺乏人的情感意志、没有事业追求的"经济人""机器人"。实际上,任何人既有物质需求,也有情感、尊重的需要,犹如两翼,若缺其一,人将是畸形的、不健全的,也是不幸福的。

2-4-3　师生关系功利

迫使教师追逐学生升学率、考试成绩,视学生为教师考评分数的"工具",形成功利性的师生关系。这种教师评价只能让教师形成这样的共识:凡是能教出高分学生的教师就是好教师,就能得到较多的实际利益,才不会在年度考核中被淘汰出去。从表面上来看,这种价值判断并不是错误的,因为这种教师评价能够促使教师在思想上自觉或被动地趋向教学管理目标,努力提高自己的考试成绩,也符合社会对教师的期待。问题是这种教师评价仅将教师的教育教学效果简化为学生的考试分数和升学率,学生的考试成绩和升学率成了评价相关教师优劣的一个极为重要的乃至是唯一的指标。在这种教师评价体系下,教师也只能千方百计地追逐学生的考试成绩,努力提高升学率,而无暇顾及或根本不予考虑学生德、智、体、美、劳全面发展的需要。另外,当教师视学生为取得考评分数的"工具"时,学生也常常把教师当做升学的跳板,师生间往往形成一种功利性的师生关系,进而导致了师生在课堂上的功能主义的教学行为:片面强调应考试题,忽视基础知识的系统掌握和透彻理解。甚至有的教师只关注升学有望的学生,而置无望升学的学生于遗忘的角落。与此相辅相成,学生也可能只把教师作为升学的"阶梯"。在这种状况下,学生眼中的教师仅仅是一块"垫脚石",教师育人的功能则付诸阙如。这些功利性的行为会对教育造成极大的伤害,形成一种"异化"的教育。这种评价制度往往只注重"是什么"或"如何做"的问题,而把"应该是"或"应该如何做"摒弃在自己的视野之外,其结果势必将复杂的教师评价简约为"看分不看人"的机械量化过程,把教师的发展引向"死胡同"。

从以上分析我们也可以看出教师评价制度太注重可捉可摸的"果",而轻教学过程中隐性的"果":讲教学,就仅看学生的学习成绩,而不问这种成绩是如何取得的;讲科研,就闭门写论文,看论文是否发表,其级别如何,而不管其实际效果如何等。如何科学、客观、公正地评价教师的劳动?虽见仁见智、莫衷一是,但有一点却能肯定,简单地把教师的教学绩效等同于学生的考试成绩的评价方式是片面的,它无助于教师改变传统的教学行为,是教师确立与新课程价值观相一致的教学行为的羁绊。

诚然,造成教师的教学问题行为的因素不一而足,诸如教育制度、教育资源、校园文化、教学环境等,由于它们不是导致教学问题行为的主要方面,本文不再加以阐述。

3 教学行为研修的指导

 ## 3-1 转变教学观念,更新教学思想

《基础教育课程改革纲要(试行)》的颁布是为了使基础教育适应时代的需要,全面推进素质教育。此次课程改革所产生的更为深刻的变化将反映在教师的教育观念、教育方式和教学行为的改变上。因为任何一项课程改革的设想,最终都要靠教师在教学实践中去实现、去完善。我们一只脚虽已踏入了现代教学的行列,但另一只脚却深陷在传统教学的观念之中。照本宣科式、知识本位式、苦教苦练式等教学问题行为就是这些教学观念的具体体现。

教育思想观念是教学行为方式的指南。实践证明,教育理念决定教学行为。教学理念制约教学行为主要体现在三个方面:一是人才观,二是质量观,三是教学观。人才观、质量观决定教学观,直接地体现为对教师教学行为的决定作用,即通过教学行为可以明显地判断教师教育思想的归属。传统的人才观,导致为少数人而教;传统的质量观,导致为升学而教;传统的教学观集中体现为教而教,为教知识而教,固守"教师——知识——学生"的教学路线。现代教学观念体现为学而教,为育人和人的发展而教,执行"教师——学生——素质"的教学路线。两相对照,不难发现,传统的课堂教学,既忽视了作为独立个体,处于不同状态的教师与学生在课堂教学过程中的多种需要和潜在能力,又忽视了作为共同活动体的师生群体,在课堂教学活动中多种形式的交互作用和创造力,这是忽视课堂教学过程中人的因素的突出表现。而现代教学理念却从生命的高度,用着力于动态地开发课堂教学的生命潜力的观点,来整体审视现代课堂教学,因而,包含着丰富的含义:①课堂教学应被视作师生一生中一段重要的生命历程,是他们生命的重要组成部分。对学生而言,课堂教学是其学校生活的最基本构成部分,它的质量,直接影响学生当前及今后的多方面发展和成长;对教师而言,课堂教学是其职业生涯的最基本构成部分,它的质量直接影响教师对职业的感受、态度和专业水平的发展,

甚至生命价值的体现。②课堂教学的目标全面体现教育的培养目标,促进人的身心的充分发展是其根本任务,而不只局限于认知方面的发展。③课堂教学蕴含着巨大的生命力,只有师生的生命力在课堂教学中得到有效发挥,才能真正有助于新人的培养和教师的成长,课堂上才有真正的生活。正因为此,有人认为"教学即成功",就是说如果"教"的行为未达成有效的"学",那么这种"教"就不是真正意义上的教。

教师是学生成长发展的引路人。教师应具有明确的教育价值观、质量观和人才观。具有以学生为本位的教育理念,注重学生知识、能力、素质的综合提高,尤其注意培养学生的创新能力和创新素质。变传统教育中"填鸭式""一言堂"的教学模式为"探究式""启发式"的教学,在知识创新、技术创新的背景中,师生之间的认识互动、知识互动将成为教学活动的重点,教学相长应进一步体现。

3-1-1　增强教师的课程意识

教师的课程意识是指教师在课程实施中,在对课程目标和课程价值认同的基础上,自觉地将课程目标细化为教学目标。同时,在教学过程中不断审视教学目标的合理性,根据教学情境的变化,灵活地选择教学方法实施教学。长期以来,我国采用课程开发的"中心—外围"模式,课程开发的主体是课程专家和学科专家,教师作为"消费者"去"消费"这些课程,只是课程的解释者和实施者。也就是说,教师不必关注"教什么""教到什么程度",只关注"怎么教"。这种课程视域使得教师在教学中,只有教学,没有课程,看不到课堂教学以外的课程或教学资源,最终导致低效的教学行为。

其实教师教学行为的许多问题,往往不是一个简单的教学问题,而是一个范围更大的课程问题。站在教学的立场看待这些问题,往往不容易看出其真正症结,也很难找到解决问题的正确途径和方法。增强教师的课程意识,对教师教学行为的优化可以产生重要影响。尤其能使教师更加理性地审视教学目标,增强实现目标的自觉性。教学目标的实现,在很大程度上取决于教师对目标的认同和实施。如果教师不能很好地把握课程的目标和精神,那么就很难取得好的成效。本次基础教育课程改革设计了新的目标体系,强调要改变课程过于注重知识传授的倾向,统整学生的知识学习与精神建构;强调"知识与技能""过程与方法""情感态度与价值观"这三种目标维度的整合。在这一目标体系中,尤其强调了"过程与方法"这一目标维度,承认过程本身不仅具有手段性价值,亦具有目的性价值。在探索过程中,学生面对问题和困惑、挫折与失败,要花费很多的时间与精力,结果有可能"一无所获",但这是一个人学习、生存、发展和创造所必经的过程,具有真实的意义。对于教师来说,不仅要理解和认同这些目标,而且要在教学过程中去落实这些目标,有机地整合这三个维度,达到理想的教学状况。但是,实际的教学现状令人担忧。许多教师觉得知识和技能是硬性的,可以量化,而过程与方法、情感、态度和价值观,更多的是隐性的,教师现在还很难把这些目标和理念内化到自己的教学行为中,这也是教学行为研究有待于深入探讨的问题之一。

3-1-2 明确学科培养目标

教学是围绕学科进行的,明确学科培养目标是端正教学思想的重要方面。《基础教育课程改革纲要(试行)》明确指出:"新课程的培养目标应体现时代要求。要使学生具有爱国主义、集体主义精神,热爱社会主义,继承和发扬中华民族的优良传统和革命传统;具有社会主义法制意识,遵守国家法律和社会公德;逐步形成正确的世界观、人生观、价值观;具有社会责任感,努力为人民服务;具有初步的创新精神、实践能力、科学和人文素质以及环境意识;具有适应终身学习的基础知识、基本技能和方法;具有健壮的体魄和良好的心理素养,养成健康的审美情趣和生活方式,成为有理想、有道德、有纪律、有文化的一代新人。"这就是我国基础教育总的指导思想,这一指导思想反映了两方面的内容:一是阐明了为社会培养什么人的问题;二是说明了期望在学生身上形成哪些素质的问题。

基础教育的每一学科,都是基础教育的组成部分,所以每一学科的指导思想都应服从基础教育总的指导思想。作为从事基础教育的教师,要在正确的教学思想指导下,明确本学科的具体教学目标,这是至关重要的。因为教学内容是由教学目标决定的,是为完成教学目标安排的。教学目标既是教学过程的出发点,又是教学过程的归宿。正如布鲁姆所说:"有效的教育始于准确地知道希望达到的教育目标是什么。"以数学教学为例,它是以提高全体学生的科学文化素质,促进学生的全面发展为主要目标的基础课程。但是,一部分学生在学习上带有很大的盲目性,表现为不注重学习过程,死记硬背,盲目做题,甚至不会就抄,急功近利。有的学生题目做了"一摞",若问他有关的基础知识和基本方法却回答不上来,更谈不上学习能力和科学素质了。造成这种现状的一个主要原因,就是在一些学生、家长,甚至教师的心目中,"教"和"学"是为了"考","不考"就等于"不要教"和"不要学"。这种单纯以应付考试为目标的教学肯定培养不出高素质的人才,无法实现让全体学生通过学习科学文化知识提高他们的科学素养、促进全面发展的目标。因此,树立正确的教学指导思想,明确本学科的教学目标,应成为每个教师毕生的追求。

3-1-3 理解教学过程本质

任何教学过程,从其内部关系来讲,都包含着教师、学生(认识的主体)和教学内容(认识的客体)三方面的相互作用。正是这三方面的相互联系和作用,构成了教学过程中的基本矛盾运动,从而促进了教学过程的不断变化和发展。应该注意的是,在处理这三者关系问题上。应试教育往往把学生作为接受知识的容器。严重忽略了学生的主动性和积极性,严重抹杀了他们的个性、创造性和进取精神,不利于学生能力的发展。

教学过程本质上是一种认识过程。在教学过程中,学生是认识的主体。学生完全能够在教师的引导下通过自己的努力发现问题、解决问题,并且只有通过自己的学习,才能获得真知,其能力、品质才能得以充分发展。教师应由传授者转化为促进者,由管理者转化为引导者,由居高临下转向"平等中的首席"。教师在教学过程中的主导作用是给学生创设研讨问题的环境,提供必要材料。激发学生的好奇心和求知欲,让学生积极主动参与获取知识的过程,使学生成为知识的再发现者,而不仅仅是知识的接受者。以初中物理"牛顿第一定律"的教学为例,实践表明,利用"教师讲,学生听"的方法,尽管教师费了许多口舌,学生还是很难抛弃运动需要力来维持的错误观点。但若改用提问、学生辩论、亲自动手实验,然后在教师的引导下进行分析推理,这样学习"牛顿第一定律"的过程实际上就是学生对"力和运动关系"的探究过程,学生就能对"牛顿第一定律"获得比较深刻的理解。由此说明,教学过程应该是师生积极互动的过程,不能光是教师讲、学生听;科学知识不是教师讲懂的,而是学生通过积极主动参与知识的探究过程悟懂的。教师的主导作用是引导学生完成这一过程,这就是授人以"渔"而不是授人以鱼。教学过程也就是使学生从"学会"达到"会学"的过程,发展其认知能力的过程,形成科学的世界观的过程。

正确认识和深刻理解教学过程本质能帮助教师尽快转变教育观念,并在此基础上,改变教育方式和教学行为,合理地组织教学内容、安排教学行为,选择有效的教学方法和手段,达到预期的教学目标。

在新课程背景下的课堂教学中,师生是合作互动的关系,在教学过程中提倡教师当好"导演",学生当好"演员",而不再像传统教学那样为保持所谓的权威,教师既"导"且"演",结果是"导"不明,"演"不精,事倍功半,苦不堪言;与此相应,学生在传统教学情境中只能跑跑龙套,敲敲边鼓,充当着配角或背景,甚至是旁观者。由于教师占用了课堂上大部分的时间,学生的主体地位只好靠铺天盖地的各种作业来体现了,教师根本无暇顾及教学内容的精心研究与设计。在这种教学过程中,学生的主体地位难以真正得到体现,超负荷、重复性、低水平的练习与作业使学生对学习逐渐失去兴趣,疲于应付,难以达成身心方面的和谐发展。新课程环境下师生合作教学巧妙地运用了生生之间的互动,把"导"与"演"进行了分离与分工,充分尊重学生的潜能和主体地位,力求"导"为前提,"演"为主体,把大量的课堂时间留给了学生,使他们有机会进行相互切磋,共同提高。由此以来,在传统课堂上许多教师做的工作都交由学生当堂完成了。如在反馈阶段,教师不必再批阅全班的作业,而是随机从各小组中抽取小部分作业进行批改,其他作业由各个小组根据答案进行互批,发现问题上报教师以及时进行补救。这样做不仅减轻了教师的负担,同时也提高了学生学习的积极性与参与度。这样一来,教师可以有时间研究教学问题,科学设计教学方案,进行教学改革,确保"导"课的质量。学生由于主体性得到了体现,自然会产生求知欲望,会把学习当作乐趣,最终进入学会、会学和乐学的境界。师生负担由此大减,教学的良性循环也会因此而建立起来。

3-2 注重终身学习,努力完善自我

基础教育战线上的教师,从事的是育人的基础工程。时代的发展不断对人才提出新的要求,也意味着不断对教师提出新的要求。教师要肩负起实施素质教育的历史重任,就必须牢固树立终身学习的思想;不断更新观念,更新知识,不断完善自我,与时俱进。具体地说,在新课程环境下,教师要学会为学生制定一个科学的教学方案,遵循学生发展的需要和规律来设计教学。

3-2-1 用行为描述教学目标

如"学生要掌握计算机的运用程序"这一目标可分解为四个行为目标:"说出计算机各组成部分的名称;列出计算机操作的基本步骤;描述计算机操作过程的注意事项;演示计算机操作技能"。这样使学生感到内容是具体而明晰的,增强了目标完成的可能性,消除了学生的担忧和紧张。另外,教师还应结合教学目的充分挖掘教材中蕴含的德育因素,加强学生的理想教育,使他们认识到今天学习文化科学知识同国家民族的繁荣昌盛有关系,认识到今天的学习在自己今后的事业发展中的作用,从而激发起学习动机和热情。

3-2-2 立足学生"最近发展区"

教学内容的确定要立足于学生的"最近发展区",深广度要恰当,既有利于发展学生的"潜在水平",又要与学生的"现有水平"相衔接。教学内容的组织、排列、呈现方式要恰当,提问、练习配置要合理,并允许学生弥补遗漏、修正错误,逐步通过成功的结果提高学生的学习动机和信心。

3-2-3 教学方法的选择多样化

教师要请学生按事先设计好的教学过程参加学习,教学方法的选择中更加注意"学"法,通过课堂教学活动激发学生的学习兴趣。如,教师可根据教学内容创设情境,让学生感知与已有知识经验相联系却又不能用原有知识去直接解释的现象,指导学生探究、思考、寻找问题的答案。教师采用适合学生

认知、情感实际水平的教学方法,有利于激发学生旺盛的学习热情,以积极的情绪投入到课堂学习活动中。

3-2-4 关注学生课堂行为表现

教师应该时刻"关注学生在课堂中的行为表现"。教师在课堂上并不只是简单按照事先设计好的环节,带着学生一步不差地进行,学生处于被动地位,而是要富有弹性。教师要学会对学生在课堂上的表现做出即时评价,灵活调整教学设计,并用鼓励的语言使学生看到自己的进步。只有这样,教师才能更好地调适学生的学习情绪,让他们在课堂上始终保持着高昂的学习热情。

观念是行动的先导,更新教学观念是矫正教学问题行为的认识基础。只有确立了新型的教学观,教师才能在教学中实现由知识本位向智慧本位的转变,才能自觉地围绕新课程的培养目标开展教学活动;只有确立了新型的教学观,教师才会自觉地关注学生的学习兴趣和经验,才能倡导学生主动参与的学习方式;只有认识到"教学不仅是课程传递与执行的控制过程,更是课程创生与开发的开放、生动的生长过程"时,教师的教学才能跳出封闭的教室和教材,贴近学生,贴近社会,才能创造性地使用教材,开发、利用教材。

3-2-5 丰富教师的实践性知识

实践性知识与教师的教学行为息息相关,它以教育的基本理论和学科知识为理论基础,是在教师的教学实践过程中逐步形成的。教师的实践性知识对教学行为起实际指导作用,是教师教学行为的真实"规范者"和"引导者",一般教育学课本上的教学方法和教学原则对教师的实际教学行为并没有起到多大的指导意义,这就是为什么教学经验丰富的教师和缺乏教学经验的教师在教学行为的有效性上会出现较大的差别。

教师实践性知识的形成大体来源于三个方面:一是来源于理论知识的转化。现代认知心理学将这类知识分为三大类,即:陈述性知识,是用来回答世界"是什么"问题的知识;程序性知识,是关于"怎么做"的知识;策略性知识,是"用于支配和调节人们自身认知过程的知识"。理论知识一旦被学习者理解掌握并能够指导他的教育实践，就证明理论知识已经转化为实践性知识，特别是程序性知识和策略性知识。二是来源于教师教育教学实践的积累。从目前来看，这是实践性知识最主要的来源。教师在多年的教育教学实践中，经过反思和根据场景的不同对课堂教学所进行的随机应变的处理或在处理课堂突发事件中所表现出来的教学机智，就是实践性知识最好的表征。三是来源于教师培训工作。教师培训工作对教师实践性知识的丰富起着非常重要的作用。作为学习化社会的教师，不仅要拥有传承知识的能力，而且还要有帮助学生生成知识的能力。很显然，这不仅仅取决于教师的理论知识有多么丰厚，更重要的是取决于教师的实践性知识有多少。而且，教师培训的理论价值要通过实践才能体现出来，教师培训的成效最终也要通过实践才能得以检验。因此，通过教师培训获取和丰富教师的实践性知识既成为可能也成为必需。

教师实践知识的丰富应该从以上三个方面着手，在教师培训中除了加强理论知识的学习外，更要让教师意识到应该如何获取实践性知识，比如说可以采用教学叙事的方式，让教师建立了感性的认识后教会他们如何将这些浅层次的感受转化为深层次的实践性知识，并运用实践性知识观察、分析和自己的教学行为的有效性。

3-2-6 提高教师的教学效能感

教学效能感是指教师对其组织和实施某一教学行为的能力的一种主观判断，包括一般教学效能感和个人教学效能感两种成分。前者是指教师对教与学的关系，对教育在学生发展中的作用等问题的一般看法与判断；后者是指教师对自己的教学效果的认识和评价，这两种成分的相互作用导致了教师对预期教学任务的效能判断，进而影响教师期望，教学目标设置，教师由此表现出的教学行为又作为效能感信念的新的信息源进行加工。教师自我效能感的高低与其教学行为和教学效果密切相关，这是造成教师教学效果差异的重要原因。高效能感的教师对教学活动更投入，更易采取民主、对话的方式进行教学，把自己沉浸于教学技巧之中，激发学生的学习热情。教师的行为直接影响学生，学生可从教师那里习得有效解决问题的策略，从而影响学生对学习行为的自我管理、自我控制和自我强化,从而学会学习。

提高教师的教学效能感是实现有效教学行为的关键,教学效能感与教师对学生的积极影响,与教师实行教学改革的意愿,与教师从事教学工作的热情呈显著性正相关。因此,教师的教学效能感是教师实现有效教学行为的关键性的动机因素。它不仅直接影响到教师的工作热情、努力程度而且也是影响学生发展的重要因素。

3-2-7　培养教师的反思能力

反思是教师专业发展和自我更新的核心因素,能增进教师技能,改进教学,使之成为一个更有能力、更有思想的专业人员。本质上,所有的反思都是在行动后的思考和批判活动,是教师得以从经验中成长的关键。教师把自己的教学生活以教育叙事的形式呈现,在反思中改进自己的教育实践,重建自己的教育生活,让老师讲自己的故事,就教育教学故事中存在的共性问题展开讨论、协商,形成基本认识,获得教育处理的多种方式,改进自己的教学行为。

 ## 3-3　改进教师培训,提高教师自我更新能力

教学是教师组织和指导学生的认知,达成教学目标的师生共同活动,教师是教学行为的组织者、实施者,所以任何一种教学行为的选用,只有适应教师的素养条件,能为教师所理解和掌握,才能发挥作用。因此,教师的知识背景、教学技能和个性品质等都应该成为选择教学行为的重要依据。因此,教师只有不断地提高自己的业务素养、增强教学的效能感和提高教学监控能力,才能适应新课改对教师的要求。

1999年6月,在德国科隆举行的八国首脑会议上通过的《科隆宪章——终生学习的目的与希望》强调:"教师在推进现代化和提高现代化水准方面,是最重要的资源,教师的采用、训练、配置及其素质能力的实质性提升,是任何教育制度取得成功的极其重要的因素。"为了推行新课改,国家投入了大量的人力、物力来培训教师,但目前的教师培训在内容与形式上还难以满足教

师的内在需求。在教育目标和内容方面,目前各级各类学校的教师培训主要采取两种方式:一是通过"走出去,请进来"的办法,到师范院校参加教育理论培训,或请专家教授来校做报告,仍然是以介绍国外教育理论为主,以听记考为主,给人一种大而空、不切实际、脱离生活的感受,大家对此已不感兴趣;二是在校内相互听课、评课,多以模仿为主。虽有收获,但又缺乏新意。可以说,这两种情境和模式都没有取得令人满意的效果。受传统教育观的影响,在职教师教育的主要目标仍然停留在提升知识及各种教学技能和技巧上,其内容几乎皆由校外的学者专家决定,相当一部分并不适合中小学教学实际和教师发展的需要。教育目标定位不准,内容缺乏针对性、实用性是目前教师在职教育较为普遍的问题。在培训教师方面,培训教师大多数来自师范院校,应该说他们都具备了较为丰富的学科知识,但有不少却缺乏教育科学理论素养。由于长期与中小学校缺乏应有的沟通,导致培训教师对教学实际缺乏应有的了解,他们可以对国内外教育的过去与现在、各教学流派、教学原则与方法、语言测试理论等如数家珍,但却在解决具体教学问题的时候困难重重,更不要说发挥示范作用了。如此,参与进修的教师觉得"太空""太虚",不能解决实际的教学问题,缺乏吸引力。如:新课程强调尊重学生的主体地位,强调把学生的需要作为教学的出发点,但培训者却无视被培训者(教师)的主体地位,无视提高教师专业素养的需要。有些培训者要求被培训者改变教学行为,而自己的教学行为却是传统教学行为那一套,课堂教学仍是从概念到概念,从原理到原理的"照本宣科式"或"知识本位式"。可以想象,这样的培训效果将会怎样。

　　增强教师教学行为的有效性传统的师资培训,不是以个别教师在实践情境下直面具体问题的诊断与解决为轴心,而是关注对于所有教师有效的理论知识、实践技能和技术领域,着力于确定系统的掌握计划。这样,忽视了教育内容的特殊性、教师认识的特殊性和教育实践"情境"的特殊性。这种方法,在许多场合表现为以专家课堂讲授为主,教师获得的主要是陈述性知识,由于缺乏情境性的变式练习,教师难以将培训中学到的知识转化为解决教学问题的技能,其行为的有效性也并没有得到增强。教师培训应该做到以下几点:

3-3-1 加强案例教学

案例教学具有以下作用:

(1)案例是教学问题解决的源泉

通过案例学习,可以促进教师研究自己,分享别人成长的经验,积累反思素材,在实践中自觉改进自己的内隐决策,调整教与学的行为,提高课堂的效能。

(2)案例是教师专业成长的阶梯

运用案例教学,可以从听讲式培训发展到参与式培训,在搜集案例、交互式讨论、开放式探究和多角度解读的过程中,提高教师培训的针对性和实效性。

(3)案例是教学理论的故乡

一个典型的案例有时也能反映人类认识实践中的真理,从众多的案例中,可以寻找到理论假设的支持性或反驳性论据,并避免纯粹从理论到理论的研究过程中的偏差。教学实践是复杂的,案例教学以有感染力的真实事件或问题为基础,引导学员借助于情境中的各种学习资料去发现教学问题,解决教学问题,借此促使学员将理论转化为解决现实教学问题的能力。

3-3-2 立足校本

通过课堂观察和评估,促进教师教学水平的提高。然而,对许多教师来说,他们却很少或根本不了解自己的课堂教学技术如何,原因之一是他们很少成为他人的观察和评估对象,纵使间或有人听他们的课,对他们的观察和评估也多失之于马马虎虎,因此对教师改进教学行为的作用不大。学校可成立专门的小组,开展相互间的课堂观察和评估,在进行课堂观察与评估之前,必须做好两项工作,其一是召开观察预备会议,互相交换意见,确定观察的范围和重点;其二是选用录像等合适的听课记录形式,以便记录教师的教学活动情况,为反馈提供依据。有条件的学校应尽量采用借助录像记录的临床教学研究。录像记录,以图像的形式提供了课堂教学中事实的复杂面貌,可以反复再现。立足校本的课堂观察和评估,可以有效地促进教师教学水平的提高。

首先,通过对教学的观察和评估,可为教师思考和分析自己的教学活动提供大量的信息;

其次,由他人通过观察所提出的不同观点可提高教师对自己教学实践的理解;

其三,对课堂教学的观察和评估不仅有利于被观察者提高教学技能,而且有利于观察者从中得到教益;

其四,当教学被观察时,他们倾向于采用新的教学策略,当他们发现新的教学策略具有潜在的积极结果时,他们更热衷于继续从事教学改革。

3-3-3 鼓励教师参与行动研究

在行动研究中提高教学监控能力和专业化水平。20 世纪 50 年代行动研究被运用到教育领域,70 年代以来行动研究被越来越多的教师所接受。行动研究是由社会情境(包括教育情境)的参与者为提高对自己所从事的社会或教育实践的理性认识,为加深对实践活动及其领域的背景的理解,进行的反省研究。行动研究是由计划、实施行动、观察和反思四个环节构成的螺旋形循环图式的行动研究链。教师在行动研究过程中通过不间断地对自己教学行为的直接或间接的观察与反思,通过与专业研究人员或其他合作者的交流,不断地加深对自己和实践的理解,并在这种理解的基础上提高自己的教学监控能力和专业水平。总之,教师要实现行动、培训和研究过程的联结(图 3-1),通过行动培训和研究的一体化,不断提炼教师的教育教学水平,提升教师的教学境界。

当然,教师培训要传授新课程理念,帮助教师转变教学观念,但更应注重培育教师自我反思意识和习惯,提高教师优化自己教学行为能力,把培训教师的日常教学行为能力纳入培训的视野,把教学与培训、理论和实践结合起来,使被培训教师在"做中学""学中做"。以增强教师自我优化意识和自我反思能力。引领教师在实际教学行动中成长,这样,可以较好地满足教师提高自身素质、培育自我更新的能力。

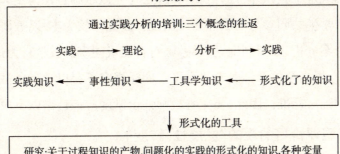

图 3-1 行动、培训和研究过程的联结

3-4 重构评价制度,引领教师发展

《教育部关于积极推进中小学评价与考试制度改革的通知》(以下简称《通知》)指出:中小学教师评价制度的改革要有利于加强教师职业道德建设,促进教师业务水平的提高,建立有利于实施素质教育、发挥教师创造性的、多元的、新型的中小学教师评价体系。

《通知》规定中小学教师评价的内容主要包括:在职业道德方面要志存高远,爱国敬业;为人师表,教书育人;严谨笃学,与时俱进;热爱教育事业,热爱学生;积极上进,乐于奉献;公正、诚恳,具有健康心态和团结合作的团队精神。要了解和尊重学生。能全面了解、研究、评价学生;尊重学生,关注个体差异,鼓励全体学生充分参与学习;形成相互激励、教学相长的师生关系,赢得学生的信任和尊敬。在教学方案的设计与实施方面,能依据课程标准的基本要求,确定教学目标,积极利用现代教育技术,选择利用校内外学习资源,设计教学方案,使之适合于学生的经验、兴趣、知识水平、理解能力和其他能力;善于与学生共同创造学习环境,为学生提供讨论、质疑、探究、合作、交流的机会;引导学生创新与实践。要进行交流与反思。积极、主动与学生、家长、同事、学校领导进行交流和沟通,能对自己的教育观念、教学行为进行反思,并制定改进计划。求真务实,勇于创新,严谨自律,热爱学习。

《通知》规定了教师评价的措施与方法:建立以教师自评为主,学校领导、同事、家长、学生共同参与的教师评价制度。建立以校为本、以教研为基础的教师教学个案分析、研讨制度,引导教师对自己或同事的教学行为进行分析、反思与评价,提高全体教师的专业水平。同时规定不得以学生考试成绩作为评价教师的唯一标准。因此,要完善教师评价制度应该遵循以下原则:

3-4-1 实现评价目的观的"发展性"转变

素质教育突破传统应试教育片面追求升学率的弊端,将个体素质的充分发展作为价值判断的最终标准,可以说这是一种着眼于"发展"的教育。相应地,这种教育观指导下的教师评价也不应是"鉴定""分等"的工具,而应着眼于教师素质的发展,为他们提供必要的信息反馈,使其及时发现问题,总结成绩,不断改进、优化自己的教育教学行为。也就是说,新课程背景下的教师评价,应成为促进教师发展、提高其自身素质的有效手段。鉴于此,中小学教师评价应坚持发展性原则,实行对教师工作的动态评价,将平时考核与定期评价结合起来,并要加强平时性考核,把考核结果作为其发展过程中的一次形成性评价和过程评价看待,彻底摒弃那种单纯依据考核结果对教师优劣进行总结的静态评价,从而为素质教育机制的建立定标导向。

3-4-2 突出评价指标体系的完备性和可测性

构建新的指标体系应处理好显性工作和隐性工作的关系,兼顾指标的全面性。从教师的劳动特点和任务出发,全面评价教师,不仅要考核他们在"德""能""勤""绩"诸方面的显性表现,还应该从"使学生获得发展"的角度,对教师的隐性工作给予足够的重视。例如,教学是否只面对几个"尖子生";传授知识的同时是否忽略了学生智力、能力、身体素质及心理素质的发展;是否注意与学生的交往和沟通,并经常以自身的表率作用带给学生一些潜移默化的积极影响等。教师在培养学生过程中,为促进学生整体素质提高所做的隐性工作,同样是评价教师的重要因素。为此,学校应考虑如何使教师的平时考核制度化、规范化。同时,构建新的指标体系还要处理好定性评价与定量评价的关系,增强指标的可测性。由于教师劳动的复杂性和特殊性,要求教师评价既要有定性指标,又要有适当的量化体系。具体说来,在确定评价标准时,对于很难量化的因素,如奉献精神、思想观念等应使用定性的语言描述分析,而且要使用操作性语言来表述,并尽量避免语言的随意性和模糊性,力求使每项指标都具备较大的区分度。由于定性分析具有不够明确、缺少可比性的缺点,对于容易进行数量化处理的教师行为,如工作量、出勤量、批改作业量等应尽量以数据形式做出评价,以便于对评价结果进行数量比较。但必须注意到,定量评价的适用范围较窄,定性评价应居于主导地位,只有将定性评价与定量评价恰当地结合起来,制定的评价标准才能增强评价的客观性和准确性,增强评价的可测性与可操作性。

3-4-3　强调"自我评价"为主体的多元化评价方法

新课程环境下的教师评价亦应突出被评价者的主体地位。反映在评价实践中,教师应该既是评价的客体,更是评价的主体。因此,教师评价应该强调以"自我评价"为主体的多元化的评价方法。

当前,课堂教学中大多还保留着习惯的方式,成了当代学校中的"老房子"——一道最顽强地展现传统教育思想的风景线。这是在传统的评价标准规范下的课堂教学的深刻反映。新的课堂教学评价标准急需重建。根据《基础教育课程改革纲要》,新的课堂教学评价价值取向体现在三个方面:一是促进学生的全面发展。评价不仅要关注学生的学业成绩,而且要发掘和发展学生多方面的潜能,了解学生发展中的需求,帮助学生认识自我、建立自信,发挥评价的教育功能,促进学生在原有水平上的发展。二是促进教师不断提高。强调教师对自己教学行为的分析与反思、建立以教师自评为主,校长、教师、学生、家长共同参与的评价制度。使教师从多渠道获得信息,不断提高教学水平。三是在对教学活动的评价上,以充分调动教学双方的主动性与积极性为原则,力求为教学双方在教学活动中展现自身潜质提供时空条件。根据课堂教学评价价值取向,新构建的课堂教学评价标准应包括以下特点:

(1) 以学生发展为本,确立促进学生全面发展的教学目标

以学生发展为本,就是从学生的实际出发,为学生身心健康发展而全心服务。教学目标是课堂教学的出发点和归宿点。传统的课堂教学目标,主要突出的是学生对基础知识的学习,"明确、具体、切合实际"是其指标点。新的课堂教学评价目标是以学生的发展为出发点,关注学生的知识、技能、情感、态度、价值观,使学生获得基础知识与基本技能的过程成为学生学会学习和形成正确价值观的过程。改变过去过分关注知识的传递,而忽视学生情感、态度、价值观培养的不足,使激发情感和学习动机,培养情感、意志,树立理想成为教学评价的重要内容。所以,我们在实施课堂教学时,首先要认真分析本学科对于学生发展的价值,拓宽学科的育人价值,而不是先把握这节课教学的知识重点与难点。

(2)追求高效,促进教师教学的发展

传统课堂教学过程中,教师把书本知识以客观真理的面目呈现在学生面前,要求学生理解、掌握和运用。这种呈现方式的结果是造成学科育人价值的贫乏化,割断了抽象的书本知识与丰富、复杂的人类生活世界的联系,同时也割断了抽象的书本知识与人发现问题、解决问题、形成知识过程的丰富、复杂的联系,造成课堂教学的低效。教学效率的提高,要求教师既要拓宽自己的认知领域,又要把自己的注意力从研究教学内容转向研究学生的潜在状态,以及生活经验和发展的需要,这是实现以"学生发展为本"教学的关键一步。同时,教师需要研究课堂教学策略,根据教学主体的需要,对教学过程进行宏观与微观统一的计划、评价、调控,以追求较高效率。

(3)体现创新精神和实践能力的内涵

在教学过程与方法中,不仅要使学生掌握"双基"、发展智力,还要培养学生的创新能力和实践能力,其根本目的就是要适应现代科学技术发展、经济发展和社会发展的需要。具体表现为教学的开放性:在内容上,广泛联系社会生产、学生生活实际,注重改变教师的教学方式和学生的学习方式;强调知识的启发性:能够用自己的语言进行表述,能正确运用所学的科学文化知识分析、解决所发现的具体实际问题;加强信息沟通的多向性:师生之间、生生之间充分互动,通过互动生成知识,建构自己的知识。

(4)体现科学性、整体性、创新性、可操作性特点

一个能够具有普遍指导意义的课堂教学评价标准,必须建立在科学性的基础上,体现科学性、整体性、创新性和可操作性,能对教师的课堂教学改革具有积极导向作用和激励作用,真正成为广大教师课堂教学所遵循的基本标准。

新一轮课程改革要求从关注教师的"教"转到关注学生的"学"。行之有效的课堂教学评价不仅可以摒弃教师教学问题行为,而且具有促进学生发展和教师专业化成长的双重功能。具体地说,传统的课堂教学评价只有学校领导或同行的评价,忽略学生和教师本人对课堂教学的评价,新课改的课堂教学评价则应体现以学生为主体和以人为本的教学思想,因此在课堂教学实施评价时可采用由专家评价、同行评价、学生评价和教师自己评价相结合的综合评价模式。专家评价是指由学校教学领导班子或教学专家的集体评价,这是学校领导为了解教师课堂教学能力所进行的评价,这种评价影响较大,有一定的权威性。而同行评价则是由教研室(组)或其他教师对该教师的课堂教学进行的评价。由于教师之间相互比较了解,对本学科的教学目标、意图、内容、方法以及对教师背景情况(如专业水平、责任心、工作习惯、学生的基本学力、总体水平、学习热情等)较为熟悉,因此同行评价易于作出恰如其分的判断,同时也有利于教师间的相互学习,相互交流,提高教师的整体水平。学生是教师教学的直接的感受者,他们对教师的授课应该是最有发言权的。课堂教学应该要让全班的学生都参与评价。与此同时,任课教师可根据学生课上、课后的反馈进行自我评价。自我评价一般采用自我分析和自我反思的方法。最后,综合上述四个方面的评价作为对教师课堂教学的评价。进行综合评价时应该根据四方人员在评价中所处的地位不同,而赋予不同的 r_1、r_2、r_3、r_4 权值,然后,再分别将专家评价、同行评价、学生评价的平均结果和教师的自我评价结果汇总,最终得出综合评价的结果。

当然,教师及其课堂教学的评价重视"他评"是非常必要的、重要的。但是,"他评"毕竟只是教师及其课堂教学评价中促进教师素质提高的外部机制,即利用外部的压力、外部的要求来刺激和规范教师的行为。"他评"的作用最终还要依靠教师的自我评价、自我认同、自我内化、自我改进、自我完善,才能提高教师素质和教学质量。可以说,教师的自我评价是教师评价的核心。在素质教育尊重人的主体性、强调个人素质主动发展的背景下,教师评价应该突出教师的主体地位,实行"他评"与"自评"相结合,以"自评"为主体的多元化评价制度。毋庸置疑,现行教师评价体制在推进教育教学改革、提高教育教学质量、促进教师素质全面发展等方面发挥着积极的、重要的作用。教师评价需要认真反思总结,解放思想,与时俱进,改革创新,才能适应素质教育发展及推行新课改的更高要求。

在新课程理念下,教师不再是由专家编写的教科书的忠实执行者,而应是与专家、学生及家长、社会等一起共同建构的课程的合作者;教师不再是一种只知"教书"的匠人,而应是拥有正确教育观念,懂得反思、善于合作的探究者。教师要面向全体学生,注重个性化教学。在教学过程中,教师不仅是知识的传播者,更应体现出崇高的师德,发挥育人的功能;培养学生掌握和利用知识的态度和能力,激发学生的创造潜能;帮助学生学会在实践中学,在合作中学,为其终身学习奠定基础,同时实现教师自身的发展和提高。

新课程的圆满实施有赖于师生教学行为的转变。只有在新课程的实施中才能真正实现师生教学行为的转变。其中,教师教学行为的转变起着主导作用,教师教学行为转变了,学生才能真正成为学习的主人。

新课程强调,教师在教学过程中应与学生积极互动、共同发展,要处理好传授知识与培养能力的关系,注重培养学生的独立性与自主性,引导学生质疑、调查、探究,在实践中学习,促进学生在教师指导下主动地、富有个性地学习。教师应尊重学生的人格,关注个体差异,满足不同学生的学习需要,创设能引导主动参与的教育环境,激发学生的学习积极性,培养学生掌握和运用知识的态度和能力,使每个学生都能得到充分的发展。

案例展示

导入行为的有效性分析

导入行为是在上课之始或开展某项活动之前,教师引导学生迅速进入学习状态的教学活动行为。以下是两位教师的导入行为比较,Z老师相对于F老师而言是"好教师"。案例选取的是苏教版三年级语文课文《北大荒的秋天》。

Z老师:

师:同学们,你们喜欢秋天吗?

生:喜欢。

师:为什么呢?谁能说说看?

生:因为秋天的颜色很漂亮。

师:哦,颜色很漂亮,那么有哪些颜色呢?

生:高粱,秋天高粱是红的,很漂亮。

师:嗯,还有谁来说一说啊?

生:我喜欢秋天,是因为它是一个丰收的季节。

师:你喜欢它的丰收是不是啊?

生:嗯。

师:还有谁喜欢秋天?

生:我喜欢秋天的水果,因为秋天的水果很多。

师:很好吃,是不是啊?我们在秋天可以吃个够。

看来啊,同学们都很喜欢秋天,这一节课呢,老师就要带同学们去一个美丽的地方,去看看那里的秋天。

(挂黑板)板书:"北大荒的秋天"。好。一起读一下。

……

F老师:

师:谁愿意来把《山行》这首古诗来背一背?

生:远上寒山石径斜,白云深处有人家。停车坐爱枫林晚,霜叶红于二月花。

师:好,请坐,那这首古诗描写的是什么季节的景色呢?

生:描写的,是……

师:好,有谁来帮助他一下呢?

生：是秋天的季节。
师：啊，是秋季，同学们喜欢秋天吗？
生（齐）：喜欢。
师：喜欢秋天的什么呢？
生：我喜欢秋天的枫叶。
师：嗯，喜欢秋天红色的枫叶，你再说。
生：我喜欢被霜打过的枫叶。
师：噢，还有吗？你再说。
生：我喜欢秋天的果实。
师：你觉得秋天的果实怎么样？
生：秋天的果实成熟了很好吃。
师：好的，还有没有？
生：我喜欢秋天的树。
师：为什么？
生：因为秋天的树，它一般，一般都是落叶的，它叶子落下来就在一瞬间，有一种，一种漂浮的感觉。
师：好，喜欢落叶时的那一种美啊。
生：我还喜欢北大荒的秋天。
师：噢，他已经说到了，今天老师就要带你们去一个地方，这个地方就叫北大荒。好，我们许颖很喜欢这个北大荒（板书课题），我们一起来把课题读一读："北大荒的秋天。"
……

案例评析

要将学生迅速引入学习状态，导入方式一定得经过深思熟虑。因为一节课刚开始的几分钟对一堂课的发展方向和实际效果有很大的影响。首先看导入时间：Z老师用了1分30秒，F老师用了2分34秒，二者在时间上没有明显差别。新学习的内容需要教师为学生搭建一个与已有知识相联系的脚手架，这两位老师都做到了这一点，Z老师一上课开门见山直奔主题，她的问题是"同学们，你们喜欢秋天吗？"先让学生自由发挥，然后切入正题，"这一节课呢，老师就要带同学们去一个美丽的地方，去看看那里的秋天。"F老师一开始也想把学生引入秋天的意境,她首先呈现的是《山行》这首古诗,然后让学生把古诗背了出来,接着问"这首古诗描写的是什么季节的景色"。显而易见,诗中直接描绘的景物是被霜打过的枫叶,老师呈现的这首诗在某种程度上限制了学生的思维,因此接下来学生的回答首先就是"我喜欢秋天红色的枫叶""我喜欢被霜打过的枫叶"……前四位同学回答,其中三位都是说喜欢秋天的树叶。最后一位同学回答"我喜欢北大荒的秋天",实际上并没有准确地回答出老师的问题"你们喜欢秋天的什么呢?"。F老师见有学生提到了这堂课的主题,也没有顾及学生"答"是否为"所问",便立即进入了第二个环节。

导入行为一般由"引起注意、激发动机、建立联系、组织引导"四个部分构成。两位老师的导入行为从结构上来看是完整的,但Z老师导入行为的有效性比F老师高,因为Z老师做到了以下几点:(一)导入引人入胜,有艺术魅力,其语言风趣活泼,态度热情开朗,引入方式新颖多样,引入手段形象直观。可以看出,Z老师课前备课不仅备了教材,也备了学生。(二)导入切题。Z老师从教学目标和教学内容出发,切合新学的课题。而F老师的导入看似特别,却偏离了主题。(三)导入不仅为学习内容定向,而且为学生的思维定向,使学生一开始就形成教学需要的"愤悱"状态。F老师只注意到了内容的定向却忽视了学生思维的定向,在课后的反思中她总结道:"我在备课的时候就是想一开始能诗情画意一点,别的也没考虑那么多,就选了一首《山行》,后来看到学生的回答不是太令我满意,所以我怕时间来不及就赶忙进入下一个环节了,课上下来我感觉导入部分应该让学生发挥想象,我设计得太多也会束缚他们的思维的……"(四)Z老师注意了导入的简洁性。她在访谈中提到:"我备课特别注意时间的分配,该简洁的时候就简洁,不去搞那些花里胡哨的东西,毕竟课堂45分钟有限,因此时间还是应该挤出来放到最重要的部分……"相比较而言,F老师第一部分的课堂导入行为表面上虽然比Z老师有创意,也能尊重学生的感受,但在情境设置上绕了一个圈子,并没有达到她事先预想的效果。有效的导入行为表现在教学语言上,不仅要切中要害,还要简洁明快,要起到立竿见影的效果,否则学生就不清楚教师究竟想表达什么,不明白教师口若悬河背后的那番"良苦用心"了。课堂的导入虽然只有短短两三分钟,然而大有文章可作。有效的导入方式,总能最大限度地调动学生的参与激情,让课堂一下子"热"起来,能使学生在瞬间迸发出生命活力,积极主动地与教师一道探究新知;好的导入方式,总能化枯燥为生动、化抽象为具体,让学生体会学习的奥秘、领悟知识的真谛;好的导入方式,还能营造亲切、和谐、温馨的师生关系,让师生在合作中开启智慧之门,得到共同发展,让彼此在交流中开启思维之门,能力得到提升。

学习指导研修问题与指导

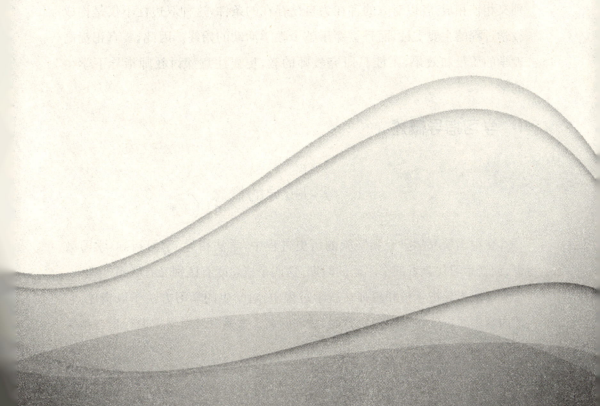

当今社会,科技飞速发展,社会变化日新月异,这对人的素质提出了新的要求,同时也赋予教育新的挑战。学会学习,在学习中提高素质、发展创造性已成为当今学生的必备素质。为此,教育必须以教会学生学习作为重要目标,这已成为世界范围内的教育改革趋势。教师是一切教育改革与促进学生发展的核心要素,而教学又是师生的双边活动。教师和学生、教和学相互有别又相辅相成,各以对方的存在为自己存在的条件,这种双边性不仅是构成教学过程的主要支柱,而且贯穿于整个教学活动的始终。因此,要真正提高教学的质量和效果,不能只研究教师的教,更要注意探讨教师指导下学生的学。

1　学习指导概述

 ## 1-1　学习指导的概念

在中国学习学研究和实验的历史进程中,学法指导、学习指导、学习教育、创新学习代表着四个不同的时期,这四个概念既有区别又有联系。

学法指导指学校和教师在教学过程中,对学生的学习方法予以指导,它的内容主要定位在学习方法方面,故定此名。这是开展对学生进行学习指导的早期提法。

学习指导是 80 年代中期的提法。随着学法指导的发展,不少学校和教师感到,学生的学习受学生主体诸多因素的制约,学校以培养人才为己任,这仅仅靠好的学习方法是不够的。学习是个体复杂的生理和心理活动的过程,学习主体的很多主观因素都左右着学习情感的程度,支配着学习习惯的养成,影响着学习方法的运用,关系到学习能力的提高。所以,学习指导是一项系统工程,是对学生的全方位指导,而不仅仅是学习方法单方面的指导。正因为这样,学习指导的提法更为科学和准确。

学习教育概念是 1988 年由郑秉洳同志首创的。1989 年,他在天津西河区教育局的支持下,创办了学习教育实验基地——天津兴国学校。学习教育是一种教育思想和教育模式,其办学模式是"以教学为中心,以学习为根本"。它首先致力于优化学生学习的内在素养,使学生在学习上能够掌握客观规律和发挥主观能动性;同时优化学生学习的外在条件,使学生学习获得成功,提高素质。

创新学习是 1998 年由重庆市教委在第三次全国教育工作会议上首先提出来的,他们明确地把培养学生的创新精神和创新能力作为素质教育的重点。创新学习的内涵是指导学生在学习过程中不拘泥书本,不迷信权威,不依循常规,而是以已有的知识为基础,结合当前的实践,独立思考,大胆探索,标新立异,别出心裁,积极提出自己的新思想、新观点、新设计、新意图、新途径、新方法、新点子……的学习活动,意在培养和指导学生自我培养创新学习意识、创新学习思维和创新学习方法。因此,创新学习是指导和培养学生创新素质的一种学习指导活动。

应该说,学法指导、学习指导、学习教育和创新学习反映了学生学习与发展指导工作不同要求的四个阶段,是合乎逻辑发展的。目前,这四种模式都在实施,以学习指导模式为主,因为学习指导的提法具有代表性,更为人们所接受。

值得一提的是,学习指导与学习引导不完全等同。

1-1-1　内涵方面

学习指导,是指教育主体根据人才培养规格和要求,针对学生的现有学习基础,遵循教育规律和学习规律,依据教育原理和学习原理,运用教育教学方法,系统而有效地指示教导、指点引导学生评估学习基础、明确学习目标、遵循学习规律、依据学习原理、运用学习策略、激发学习动力、提升学习能力、增强学习毅力、提高学习效益,从而学得更主动、更轻松、更有效,真正成为学习的主人。

所谓学习引导,是指教育主体根据人才培养规格和要求,针对学生的现有学习基础,遵循教育规律和学习规律,依据教育原理和学习原理,运用教育教学方法,系统而有效地带领引领、启发诱导学生评估学习基础、明确学习目标、遵循学习规律、依据学习原理、运用学习策略、激发学习动力、提升学习能力、增强学习毅力、提高学习效益,从而学得更主动、更轻松、更有效,真正成为学习的主人。

学习指导与学习引导在内涵上的差异之处主要体现在:①学习指导强调的是指导,而学习引导强调的是引导;②学习指导强调的是对学生学习活动相关因素的指示和指点,而学习引导更侧重于对学生学习活动相关因素的方向引领;③学习指导强调的是对学生如何有效开展学习的教导,而学习引导更侧重于对学生有效开展学习的启发诱导。

1-1-2　特征方面

学习指导和学习引导都具有层次性、导向性、科学性、实践性等特征,但两者在体现这些特征的侧重点上有所差异。

①学习指导和学习引导都体现为主体在阅历、经历、经验、水平等方面有差异并呈现出层次性,客体在自然禀赋、学习基础、学习需求、学习素质等方面有差异并呈现出层次性,因而具有层次性的特征。学习指导和学习引导的层次性表明,在阅历、经历、经验、水平等方面处于较高层次的主体,更能够胜任学习引导的任务;在自然禀赋、学习基础、学习需求、学习素质等方面处于较高层次的客体,更需要接受学习引导。可见,学习引导对主体和客体的层

次要求更高。从这个意义上说,学习引导更适用于大学生。

②学习指导和学习引导体现为主体都需要解决从何处导、导向何方的问题,在学习引导和学习指导过程中发挥主导作用,因而具有导向性的特征。相对于学习指导,学习引导的导向性侧重于带领、引领、启发、诱导,因而柔性更强。相对于学习引导,学习指导的导向性侧重于指示、指点、教导并兼顾引导,因而刚性更强。

③学习指导和学习引导体现为主体都需要遵循教育和学习的客观规律、依据教育和学习的科学原理、运用教育教学的科学方法来实施学习引导和学习指导,因而具有科学性的特征。学习引导的主体在引导过程中侧重于运用带领、引领、启发、诱导等方式来引导学生有效开展学习,而学习指导的主体在指导过程中侧重于运用指示、指点、教导、引导等方式来指导学生有效开展学习。

④学习指导和学习引导体现为两者都是通过主体运用相应的教学载体作用于客体来实现教学目的的一项教学实践活动,因而具有实践性的特征。相对于学习指导,学习引导对主体的能力和素质要求较高、引导内容难度较大,对客体的层次、悟性、主观能动性要求更高,因而,学习引导的实践性更理性一些。相对于学习引导,学习指导对主体的能力和素质要求适度、指导内容较宽泛,对客体的指示和教导意味更浓、指点的方式方法更具体,因而,学习指导的实践性更感性一些。

1-1-3 功能方面

学习指导和学习引导都具有育人、载体、激励、优化等功能,但两者在发挥这些功能的侧重点上有所差异。

①学习指导的核心内涵是指示教导、指点引导学生有效开展学习、促进健康成长与成才,而学习引导的核心内涵是带领引领、启发诱导学生有效开展学习、促进健康成长与成才,两者的核心内涵都是教育教学的应有之义,具有鲜明的育人功能。

②学习指导和学习引导的载体功能体现为两者既成为联结教与学之间的一个纽带,又成为学生由现有学习基础通往预期学习成效之间的一座桥

梁,在学生有效开展学习过程中发挥着重要的载体作用。相对于学习指导,学习引导更侧重于引导学生如何正确理解教与学的关系、如何正确处理课堂教学与课外学习的关系,其载体功能发挥得更加有效。

③学习指导和学习引导的激励功能体现为主体都需要针对客体的学习基础、薄弱环节、学习需求、强势需要,灵活运用学习激励原理、方法、艺术,充分调动客体的学习积极性、主动性、创造性,促使客体不断强化学习意识、端正学习动机、培养学习兴趣、改善学习方法、增强学习毅力、优化学习习惯、提高学习效益。相对于学习指导,学习引导对主体把握学习激励原理、运用学习激励艺术等方面的要求更高,对客体的正向学习激励效应更加持久。

④学习指导和学习引导的优化功能体现为主体既要优化自身的学习指导系统和学习引导系统,包括学习指导和学习引导的理论、意识、理念、方法等方面,又要指导和引导学生优化自身的学习系统,包括学习基础的诊断、学习需求的强化、学习观念的更新、学习动力的激发、学习能力的提升、学习毅力的增强、学习成效的评价、学习过程的调控等方面。相对于学习指导,学习引导发挥优化功能的起点更高、层次更高、难度更大、作用更明显。

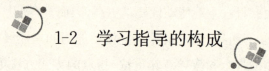

1-2　学习指导的构成

学习指导是由学习的动力系统、执行系统、控制系统和反馈系统构成的整体工程。

1-2-1　动力系统

动力系统包括对外界褒贬结果的情感态度。通过学习指导,力求使学生的学习动机由外在向内在、低层次向高层次发展,使直接的、短暂的兴趣和乐趣向间接的、稳定的兴趣和志趣转化,调动学生学习的积极性、主动性和创造性,树立远大的学习理想。实施学习指导,需要探索指导学生学习的途径和方法,建立激发学生学习动机的模式,提高学生学习的动力水平,使学生经历一个由量变到质变的过程,即由"要我学"变为"我要学",由"苦学"变为"乐学"。

1-2-2 执行系统

学习过程中要解决好四个层次的问题,即是什么、为什么、怎么做和还有什么。因此,执行系统的构成也相对包括由低到高的四个层次。教学中应探索指导学生由感知了解、模仿练习、认知理解、自觉运用到形成个性特点的途径和方法,建立学习指导的模式,提高学生学习的质量和效率,使学生增强调控能力,逐步实现由"学会"到"会学"。

1-2-3 控制系统

控制系统是由克服内部困难和外部困难的各因素构成。它包括主动克服与学习自身相反的要求和愿望方面的困难,如克服学习时看电视、听讲时走神、读书时想玩耍等;为了达到既定目标或执行学习计划而持之以恒地进行学习;对外界条件的障碍、来自别人的干扰的自控性等。通过学习指导,磨练学生的学习意志,使学生在愿学、会学的基础上调节控制自己,以顽强的毅力坚持学习,进入勤奋学习的境界。

1-2-4 反馈系统

(1) 习惯反馈系统

它包括严守学习纪律、专心听讲、先预习后听课、先复习后作业、先思考后发问、使用工具书以及认真读书、整理知识、珍惜时间、计划学习、改正错题等习惯。通过学习指导,使学生在运用科学方法的过程中养成良好的学习习惯,自主地进行科学有效的学习。努力探索学生由被动学习达到已成定势的主动学习的途径和方法,使学生的学习由必然王国向自由王国过渡。

(2) 能力反馈系统

它包括学生的观察能力、注意能力、记忆能力、思维能力和运用知识的阅读能力、计算能力、写作能力、积累资料能力、查阅工具书的能力等。通过学习指导,让学生在掌握、运用知识的过程中形成能力系统,并在实践锻炼中不断提高,逐步进入"自主"学习的境界。探索指导学生提高学习能力的途径和方法,建立培养学习能力的模式,使学生有能力进行高水平的学习。

总之,学习指导是一个整体工程,忽视其中任何一个子系统都会直接影响整体功能的发挥。因此,着眼于整体,分析各子系统的具体要素和层次,了解各要素和各层级间的相互联系,方能有效地进行学习指导。对学生进行学习指导,需要遵循系统整体的观点。

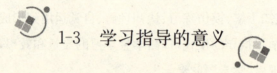

1-3 学习指导的意义

1-3-1 学习指导是终身学习的必然要求

现在是一个信息社会,新的科技知识正在以指数形式增长。信息社会具有信息量大、更新速度快的特点。面对这种形势,一个人若要跟上时代的步伐,只有不断学习,提高自身知识、思想、能力的"新陈代谢速度",提高自己获取、选择、分析、整合信息的水平。正因为如此,国际社会对终身学习给予了极大关注。1972年,联合国教科文组织在《学会生存》一书中指出:我们再也不能刻苦地一劳永逸地获取知识了,而需要终身学习如何去建立一个不断演进的知识体系——学会生存。人的生存是一个无止境的完善过程和学习过程。人是一个未完成的动物,只有通过经常地学习,才能完善他自己。1990年,日本率先颁布了《终身学习振兴法》。1994年,在意大利罗马举行了首届世界终身学习大会,发表了《教学与学习:迈向学习化社会》白皮书……

终身学习不可能都由学校教育机构来全部完成,大多要靠自学。因此,无论是上学还是自学,要使终身学习富有成效,就要求学习者有比较高的学习素质。所谓学习素质就是有效学习所要求的观念、动机、能力和方法等。这些学习素质,需要我们现在就加以培养。

1-3-2 学习指导是教育改革的必然要求

从时代发展和教育改革的潮流来看,21世纪是知识经济时代,知识发展和更新日益加速,欲成为新时代的有用人才,必须善于学习、善于实践、善于创造。1996年,国际21世纪教育委员会向联合国教科文组织提交了《学习——内在的财富》的报告,报告明确提出了未来社会对人的四项要求,即学会认知、学会做事、学会共同生活、学会生存。国家教委《关于当前积极推进中小学实施素质教育的若干意见》中指出,"广大教师要更新观念,在新的教学观指导下,进行教学方法、学习指导方法和考试方法的改革,提高教学质量和效益。充分发挥学生的积极性、主动性,指导学生学会学习,使学生真正成为学习的主体。"学会学习,是现代人必备的一项基本素质;教学生学会学习,已经成为时代的潮流,成为世界性教育教学改革的共同趋势。

现代教育观念强调以学生为主,要求受教育者不仅学到什么,更重要的是学会怎样学习。《学会生存》一书中说:"未来的文盲不再是不识字的人,而是没有学会怎样学习的人。"因此,教师在教学工作中必须以促进学生发展为出发点,变"教为中心"为"学为中心",加强对学生的学习指导,培养学生主动学习的能力。

1-3-3　学习指导是学生学习的必然要求

学生以学为主,学习构成了学生的主要生活内容,学习上的成功与愉快,标志着学生的生活质量,影响其一生的成长。

从学生学习实际的需要来看,随着学生年龄的增长、年级的升高,课程门类逐渐增多,教学内容逐渐增加,学习难度逐渐增大,迫切需要教师进行学习指导,通过教师的学习指导达到学会学习,获得全面发展。事实上,学生在实际学习中的确存在着一些问题,影响着他们的学习质量和生活质量,比如没有预习习惯、作业不讲效率、听课被动易分心、复习缺少科学方法、自我监控能力差、缺乏自我规划以及厌学等。要使全体学生都获得快速发展,教师必须加强学习指导。

从学生生理发展的角度来看,学生正处在成长过程中,他们的精力特别旺盛,可塑性强,某些学习方法、学习习惯等没有形成定势,具有较好接受学习指导的条件。从学生心理发展的角度来看,学生自尊心、好胜心强,思维活跃,兴趣广泛,接受新事物较快,具有自我探索、自我价值实现的愿望,具备了自我观察和分析学习过程、调整自己学习方式的心理素质基础。

由此可见,学习指导是帮助学生克服学习障碍,优化自身学习,提高学习和生活质量的必然要求。

1-3-4 学习指导是现代教学本质的概括

新课程改革既为教学改革提供了一个崭新的"平台"、一个很好的支撑点,又对教学改革提出了全新的要求。课程观决定教学观,决定教学改革的深度和广度。新一轮的课程改革要求我们重新审视教学,把握教学的本质,形成新的教学观。

①教学过程是课程内容持续生成与转化、课程意义不断建构与提升的过程。教师和学生是课程的有机构成部分,是课程的创造者和主体,他们共同参与课程的开发。

②教学过程是师生交往、积极互动、共同发展的过程。在这个过程中师生分享彼此的思考、经验和知识,交流彼此的情感、体验和观念,丰富教学内容,求得新的发现,从而达成共识、共享、共进,实现教学相长和共同发展。

③教学既重结论,更重过程。重结论轻过程的传统教学排斥了学生的思考和个性,从学习的角度来说,它是重学会,重知识的接受和积累,是一种适应性学习;而新的教学观则强调重会学,重掌握方法,重主动探求知识,是一种创新性学习。

④教学应该关注人。这是新课程的最高宗旨和核心理念,它强调一切为了每一个学生的发展。具体体现为:一方面,关注每一个学生;另一方面,关注学生的情绪生活、情感体验、道德生活和人格养成等。

新课程的教学观反映了教学活动的本质,明确提出教学是教与学的统一体,教与学的统一机制是学习指导。学习指导是对教的内涵的科学界定,它强调教与学的内在联系,从而转移了人们的研究视角,转换了思维模式,这是一种带有根本性、方向性的改革,具有极大的研究价值。

1-3-5 学习指导是主体教育思想的体现

传统教育观念认为,教育就是传授知识。许多教师认为,只要把书本知识全部地、明白地让学生掌握,就是完成了教育任务。因此,在有些教师的头脑中,教育就是教书。叶圣陶先生1914年在《如果我当教师》一文中就批评了这种观点。他说,我如果当教师,决不将我的行业叫做"教书",而是"帮助学生得到做人做事的经验"。我们认为,教育本质上是帮助学生学习的。教是为不需要教,教的目的是为了学,学生的学是教的基础,学习规律是教学的依据。在教学过程中,教不断向"不需要教"转化,教师指导下的学不断向独立自学转化,这就构成了教学过程中的师生关系的动态发展进程。正如陶行知所说:"教的法子根据学的法子,学的法子根据做的法子。"以学论教,把学生作为教育的主体,对学生进行学习指导,这是教育本质和主体教育思想的体现,也是发展智能的前提。

1-3-6 学习指导是教师观念转变的突破

学习指导体现了教学思想的转变。而现在的课堂教学中,我们常常发现,当强调教师为主导作用时,就会出现"满堂灌""填鸭式",学生被动接受学习的现象;当强调启发式,反对注入式教学时,就会出现教师的主导作用被削弱的现象。造成这些现象的原因,就是教与学没有找到一个结合点,使"教师为主导,学生为主体"的理论无法在教学实践中体现。而学习指导模式的建立,则要求教师首先必须研究学生的学习,并把教会学生学习作为突破口,使教师的主导作用与学生的主体作用有机地结合起来。在教学中开展学习指导,要求教师由无到有、由少到多逐步增强学习指导意识,师授作用逐步减弱。等到学生完全能够独立地学习了,从教到学的转化也就完成了。学习指导是实现从教到学转化的关键,它标志着教学思想由以往的单一传授知识向传授知识与传授学习方法二者结合上转变。

2 学习指导研修的问题

 ### 2-1 对学习指导认识不清

2-1-1 学科教学的总目标认识不清

随着新课程改革的进一步深入,教师的教育观念有了一定程度的转变,但与现代教育理念仍存在较大的差距。很多教师对课改的要求和理念不是很清楚,他们的视野通常比较狭隘,旧式的教学观念仍然盘踞心灵,阻碍了他们教学的改革步伐。比如,在探究性学习中,教师对探究性阅读不明就里,不知道为什么探究,不知道怎么探究,不知道探究的过程规律,不知道探究为何物,不知道探究的结局是什么……失去了方向的"探究",教师还会指导探究吗?失去了教师的指导,学生还会探究吗?

2-1-2 重教法预设,轻课堂生成

学习指导应当是教与学的统一,在设计教学方法时应该注意以教导学、以教促学、以学定教。但是,有些教师依然站在教师的角度更多地考虑教师怎样提问、怎样讲述、怎样演示,较少考虑学生怎样学习、怎样讨论、怎样质疑、怎样探究、怎样发现,致使对学生的学习指导仍停留在教师的理念层面,而未能转化为教师实实在在的教学行为与方法策略。不少教师还是以自我为中心,重视纸上谈教,强调闭门备课,漠视学情变化,罔顾学生需要,依然是课堂的主旋律。

众所周知,每个学生都是带着他的生活背景、领悟与心智能力、学科已有知识在具体的教学过程中以自己特有的方式对教学作出反应的,教师应当善于从学生的质疑问难和独特体验中发现学生在知识、情感和心理上不断生成的需要,及时对学生解读文本的有关信息进行加工和重组,以便对自己预设的教学作出富有创意的调整。如果教师固守自己预设的教案,那么课堂上学生生命的活力将得不到激发,学生学习的效率自然会大打折扣。

2-1-3 重学法灌输,轻品格培养

学习本身是一个不断发展、不断创新的动态系统,学生自我探索而获得的方法或者学生相互启发而获得的方法都是最有应用价值和个性特征的。因此,学习指导不是教师的专利,学习指导的过程尤其需要唤起学生的参与意识。教师没有必要"越俎代庖",把自己定位于各种学习方法的探索者、拥有者和传播者。从这个意义上说,教师的"学习指导"所要指导的不仅仅是学习方法,更重要的是,培养学生探索学习方法的品格。品格不是方法,但它是产生新方法的动力与源泉。在"学习指导"中,同样是"授人以鱼"不如"授人

以渔"。这里的"渔",即终身受用的学习的意志和品格。

2-2 学习指导能力欠缺

2-2-1 专业知识的水平有待提升

教师的专业知识主要体现在:所授学科知识、所授学科教育理论知识和所授学科教育实践知识三个方面。

(1) 所授学科的学科知识方面

所授学科知识是教师胜任教学工作必须有的学科方面的专业知识。实际教学中,教师的学科基础知识还算基本过关,但是对于所授学科课程方面的知识则较为欠缺。比如,有些教师缺乏对自己所任教具体学段的学科整体架构的理解,对所授学科课程计划、课程标准和课程资源的理解较为模糊,平时也没有进行认真细致的学习。但是,无论是学生的自主性学习、探究性学习,还是学生的研究性学习或者是其他什么类型的学习,都需要扎实的学科基础知识,否则一切类型的学习都是空谈。

(2) 所授学科的教育理论知识方面

教育理论知识主要包括教育心理学知识和学科的课程与教学论知识。虽然我们的教师绝大部分都毕业于师范院校,学过不少的教育理论知识,但是走上工作岗位后,大多较少温习这方面的理论知识,对当前国际国内较为前沿的理论也是知之甚少。在与教师的交流中,我们会发现,他们往往忽略了学生"学"的心理知识,对于学情分析的内容和新课程背景下怎样关注学情都缺乏了解。另外,在课程与教学论知识方面,许多教师混淆了"教学内容"与"教学目标"的区别,误把"教材内容"当作"教学内容",这些问题都没有引起教师们的足够重视。

(3) 所授学科的教育实践知识方面

学科教育实践知识是学科知识和学科教育理论知识的整合。这种实践性知识通过教师的教学经验、教学风格和教学智慧等形式表现出来。但许多教师的个人教学经验还不足,缺乏一定的教学智慧。主要表现在驾驭课堂和处理课堂突发事件上。事实上,学校为了提升教师的实践知识,也有关于教师间相互听课的指标,但不少教师的听课笔记都是一夜之间速成的,或者拿同学科某教师的笔记抄袭一番,或者到网上找若干课堂实录或者教学设计一抄了事,能在听课后讨论或者自我反思的教师少之又少。

2-2-2 课堂组织和应变能力不足

教师课堂组织和应变能力的不足主要有以下三个方面。

(1) 忽视学生学情的分析

教师通常只注重教材的分析,缺乏学生起点状态和学习需要的分析。因而,在课堂中,有些教师辛苦准备的问题,学生似乎已经都会了,都懂了,教师还要生拉硬扯地把学生拉回到自己的"预设"中来,让学生"懂装不懂"。翻开教师的教案,三维目标写得都很好,我们不禁有这样的疑惑,这些学生需要达到的目标,是教师"教"的需要还是学生"学"的需要?是教师想象出来的还是学生真正需要学习的?我们的学生并不是空着脑袋走进教室的,在日常生活中,在以往的学习中,他们已经积累了丰富的经验和知识,而且,有些问题即使他们还没有接触过,没有现成的经验,但当问题呈现在他们面前时,他们往往可以基于相关的经验和知识,形成对问题的解释。因而,教师在指导学生进行学习前,必须认真分析学生的学情,掌握"学"的基础,使教学具有针对性。

(2) 学习指导目标与内容的设定较为随意

合理的学习指导目标与内容的设定必须以学习需要分析、学习内容分析和学生特征分析为前提和基础。同时,设定的目标应当是具体的、清楚的,而不是抽象的、不着边际的。但是,一些教师在设定教学目标和教学内容时,存在盲目、随意的现象。有的教师在课前并没有仔细钻研教材、分析学生的学习需求,而是在走进课堂之后才来确定自己这堂课要讲的内容。比如,一位教师在上《再别康桥》时问学生,今天这堂课我们来探究什么呢?学生表示对徐志摩、林徽因和陆小曼之间的爱情故事比较感兴趣,就要求老师讲这个内容。而老师也没有认真考虑这节课到底应该达到怎样的教学目标,一味地顺从学生的意愿,花了整整一节课的时间来讲三人的爱情故事,将课文内容抛在了一边。教学目标与内容的混乱必然导致学生学习成效的低下。

我们的课堂学习目标固然要来源于学需,另一方面必须来源于文本,脱离文本的学习目标的设置,除了能够满足孩子的好奇心和趣味性之外,对学生并无太多裨益。就上例而言,可以将徐志摩爱情故事融于诗歌的赏析中,有一位教师这样巧妙设计课堂:首先,介绍徐志摩简历,交代这首诗的写作背景,感受对剑桥的不舍。其次,介绍徐志摩的爱情,结合相关诗句品读对剑桥也是对林徽因的留恋。再次,介绍徐志摩的信仰,表达他在狄更生帮助下在剑桥读书的情结,结合朗诵呈现情感。最后,介绍徐志摩的一生,应用胡适的悼词,突出徐志摩一生的主题:爱、自由和美,吟诵品味蕴含全诗中的这三个方面的情感。这样的设计既满足了学需,又提高了学效。

(3) 将"预设"与"生成"对立起来

一些教师将预设和生成对立起来,出现了预设僵化、随意生成的现象。有的教师认为课堂必须按照他原先的设想来进行,他必须这样教,学生也必须这样学;也有教师与此相反,认为课堂是学生的,应当将学习的主动权教给学生,教师无需为学生设定标准。显然,这两种学习指导的理念都是不正确的。教师在对学生进行学习指导的过程中,肯定会有一些内容是教师必须要教,学生必须掌握的内容,但这并不等同于教师必须在这堂课,用这种规定的方式来教。教师对学生的学习指导必须讲求实事求是,必须灵活、机动地运用教学策略,选择教学方法,调整教学步骤,充分考虑学生的实际接受情况,这样才能更好地促进教学目标的有效达成。同时,教师也不能过分迁就课堂中随机生成的一些因素。这些因素有时是教师对某一部分内容比较感兴趣,或是与作者有相似的经历,这时教师就会对这部分内容大加拓展和发挥;有时是学生对课文的理解出现角度的偏差、进行了肤浅的甚至是错误的解读,如果对这些现象不加以引导,那么整个课堂的走向将偏离正轨。

2-2-3 研究与创新能力较为薄弱

长期以来,我们的教师中有很大一部分只是在做教书匠,教学观摩的机会尚且没有很好地把握住,更别提对本学科的研究热点和成果的关注了,这使得教师们自身的研究能力、实践能力等方面都比较薄弱,致使学习指导的成效难以得到较大程度的提升。

笔者曾有幸参与了几次教学观摩。来听课的老师大概都是在繁重的工作中舟车劳顿、辛苦辗转过来听课的,坐下来以后大多先是满场找熟人,抓住这个机会叙叙旧。铃声响起,开始上课,教师们马上打开听课笔记,将教案择要摘抄到上面。听完后,开始评课,大多教师会针对课堂实际操作提出自己的看法,比如哪部分讨论还不够,哪部分过于拖沓,有没有在下课铃声响起时完成整堂课的教学。等到评课结束时,许多教师都好似有一种完成任务的解脱感。

可见,许多教师对于听课到底要听什么并不是非常明确,有的教师认为听课只有教学设计可听,现场听课也只是纯粹为了检验这种设计的实际操作效果如何而已。教师听课的角度比较狭窄,没有带着思考去观察,这样的听课活动对于教师自身教学能力的提升作用是十分有限的。

教师的知识面较为狭窄、课堂组织和应变能力不足以及研究创新能力薄弱是导致学习指导问题产生的重要原因。学习指导对教师自身的教学素质提出了更高层次的要求:教师所要做的不仅是让学生掌握教科书上的知识,而且还应善于为学生营造发现问题的良好氛围,引导学生专注于对知识的探求;善于激发学生的求知欲,使学生积极主动地探索未知,而不是被动接受现成的信息;善于依据学生的实际情况调整教学活动的进程,让学生在获取知识的同时获得包括情感、态度、意志等各方面的全面发展等等。显然,这些要求对教师自身的素质提出了很大的挑战,我们的教师还远远没有达标。

3　学习指导研修的指导

经过我国广大学习科学研究者和中小学教育及科研工作者的艰苦探索,学习指导研究工作取得了可喜成绩。但是,如果我们冷静地审视一下我国中小学学习指导现状,就会发现在一片繁荣景象的背后存在着某些亟待研究解决的问题。因此,如何正确地认识和实践我国中小学的学习指导,这是摆在我们面前的一个亟需解决的问题。

3-1 遵循学习指导的原则

学习指导的原则是学习指导规律的反映,是进行学习指导必须遵循的基本要求,贯穿于学习指导活动的全过程。它的制定必须遵循学生身心发展的基本规律、学习的基本规律以及教学的基本规律。

3-1-1 适应性原则

适应性原则要求教师的学习指导应以学生的发展水平为依据,与学生的发展相适应,遵循学生的学习规律。贯彻适应性原则应注意以下几点:

(1)认真调查

了解学生的发展状况,这是进行学习指导的前提;

(2)循序渐进

从简单的、基本的、具体而易于掌握的学习规律和方法入手,循序渐进,绝不搞"题海战术",一下子把许多学习规律和方法都硬塞给学生;

(3)积极适应

既不能落后于学生的发展,也不能消极等待学生的发展达到某种水平才开始指导,更不能操之过急,急于求成,揠苗助长。而应该做到既看到学生的发展水平状况,又考虑到学生的"最近发展区",在适应现有水平的基础上,适当提前。

(4)遵循规律

学习指导必须遵循学习规律,掌握分阶段、按层次的操作方法,围绕学生智力因素和非智力因素这两个方面,实现学习指导活动中的知、情、意、行和谐完美的统一,以取得学习指导的最佳效果。

(5)动态把握

辩证唯物主义认为,客观事物永远处于不断的运动和变化之中。这就要求我们把学习指导看作是一个变化发展的动态过程,用发展变化的眼光去观察、分析学生学习中存在的问题,在发展中进行学习指导。

3-1-2 系统性原则

系统性原则是指对学生学习的全过程和各方面进行指导,既要和家庭配合,又要求全体教师协调一致共同进行,以达到学习指导的目标。贯彻系统性原则应注意以下几点:

(1)全方位地进行学习指导

其一,学习过程的各个环节是相互制约的,每个环节都要加强指导。其二,学习活动涉及态度、基础、能力、身心因素、环境因素等方面,对这诸多方面也要同时指导。由于影响学习成效的因素是多元的、相关的,所以指导应渗透到各环节、各方面。

(2)多层次地进行学习指导

学生在学习表现上是多层次的,按学生的综合表现,把学生分为上升型、高水平稳定型、下降型、起伏型和低水平稳定型等五种类型;按学生的全面表现和成绩,把学生分为尖子生、上等生、中上生、中等生、中下生和差等生等六个层次。教师应在此基础上,提出有针对性的指导措施。

(3)多角度地进行学习指导

必须从不同角度出发,相互配合,以取得学习指导的整体效应。除在课堂教学主渠道进行学习指导外,还可以通过开设学习指导课、组织经验交流会、进行个别指导、教师以身示范和建立学习常规等渠道进行学习指导。

(4)多渠道地进行学习指导

这就是说,不但班主任要进行学习指导,各科教师也要进行学习指导;不但学校要进行学习指导,家庭、社会也要进行学习指导。

3-1-3 主动性原则

主动性原则是指在进行学习指导过程中,要充分调动学生的自觉性和积极性,发挥其学习的主体作用。"学"终究是学生自己学,教师的教、家长的督促以及其他学习条件的创造,都是外部因素。要指导学生学会学习,教师的责任就在于帮助学生变"要我学"为"我要学"。为此,教师在贯彻主动性原则时,应注意以下几点要求:

(1)增强学生学习的目的性

学习目的是学习活动所追求的结果、归宿,主要解决"为什么学"的问题。在学习中,学生必须有学习目标,不仅要有总的学习目标,而且还要有阶段性的具体目标。

(2)强化学生学习的兴趣度

学习兴趣的产生、发展与形成,一般要经历"有趣——乐趣——志趣"的过程。有趣即情境兴趣,它意味着学生对学习肯定性态度的出现,表现为"愿意学";乐趣即稳定兴趣,它意味着学生积极学习态度的初步形成,标志着学生的学习已基本建立在自觉能动性的基础上;志趣即志向兴趣,它意味着学生积极学习态度的最终形成,不仅直接影响学生的学习生活,而且会对学生的终身发展产生积极影响。

(3)培养学生学习的探究感

引导学生掌握自己的学习过程,引导学生搜智集见、总结归纳、相互交流,在经验总结的基础上,在学习实践的探索中自省自悟。

3-1-4 针对性原则

针对性原则是指学习指导要与学情研究相结合,要针对学生的实际进行对症下药式的指导。具体来说,应注意以下几点要求:

(1)针对学生的年龄特征

中小学生的思维能力还不能和成年人比较成熟的理性思维相比,学习指导应充分考虑到学生的这一年龄特征,多举些典型事例,侧重于具体技能的培养,养成学生良好的学习习惯。

(2)针对学生的类型差异

学生的学习类型大致有四种:一为全优型。"双基"扎实,学风踏实,学习有法,智力较高,成绩稳定在优秀水平。二为松散型。学习能力强,但不能主动发挥,学风不够踏实,"双基"不够扎实,学习成绩不稳定。三为认真型。学习刻苦认真,但方法较死,能力较差,基础不够扎实,成绩冲不上去。四为全劣型。学无兴趣,不下功夫,底子差,方法死,能力弱,学习成绩差,处于"学习脱轨"和"恶性循环状态"。对于不同类型的学生,学习指导的重点和方法应有所不同:对全优型学生,应侧重于帮助其进行总结并自觉运用学习方法;对松散型学生,应主要解决其学习态度问题;对认真型学生,应主要解决其学习方法问题;对全劣型学生,应主要解决其学习兴趣、自信心和具体方法等问题。

(3)针对学生的学习环境和条件

学习指导一方面要努力为学生创设良好的物质环境和条件,另一方面也不能过分强调物质条件的作用,而应从实践出发。对条件好的学生,要激励他们珍惜优越条件,充分利用条件,发挥出更大的主观能动性;对条件差的学生,要激励他们克服困难,在逆境中前进。

3-1-5 重"三性"原则

"三性"指的是科学性、教育性和艺术性。这一原则强调以科学性为基础,将教育性渗透其中,运用艺术性作手段,相辅相成,以达到学习指导的最佳效果。具体来说,应注意以下几点要求:

(1)提高科学性

不仅要保证学习指导内容的科学性,也要保证学习指导方法的科学性。

(2)渗透教育性

在进行学习指导时,应以某种思想、观点和道德情感去影响学生。

(3)讲究艺术性

在学习指导过程中,教师要以丰富而深刻的内容、和蔼可亲的态度、生动形象的语言、严密准确的论证和现代教学手段的运用等等方面所表现出来的艺术性,提高学生的学习兴趣,吸引学生的注意力和观察力,激发学生的想象力和思考力,从而既保证学习指导的科学性,又潜移默化地渗透思想性。

3-1-6 渗透性原则

渗透性原则强调以渗透为主要方式来实施学习指导。在贯彻这一原则时,要注意做到:

(1)渗透于学习环节之中

要将学习指导渗透于制订计划、课前预习、课堂学习、课后复习、独立作业、学习总结、课外学习等各个学习环节之中,渗透于每个环节的具体操作之中。

(2) 渗透于教学行为之中

要将学习指导渗透于每一个章节、每一堂课、每一个步骤的教学行为之中。

(3) 渗透于学科教学之中

把学习指导寓于学科教学之中是实施学习指导的主题,也只有切实把学习指导寓于其中的学科教学,才是符合教育规律和人的发展规律的学科教学,才是与培养目标和教学目的保持一致的学科教学。

(4) 渗透于课堂教学之中

课堂教学,既是知识传授的主要环节,也是学法指导的主要途径。实践证明,要真正实现学习指导的经常化、具体化、系统化,以期获得切实的效果,主要的途径就在于把学习指导有机地渗透于课堂教学的始终。

3-1-7 实践性原则

实践性原则指的是学习指导过程中,在进行理论指导的同时,还要通过指导学生进行学习实践,培养其学习能力,从而达到学以致用的目的。教师有目的、有计划地实施指导,把有关学习方面的知识蕴涵于各门学科的知识传授之中,这对学生学会学习来说还远远不够。每个学生在学习时都要经历大体相似的这个过程:引起动机——掌握知识——进行模仿——独立操作——熟练操作——扩展迁移,学习指导必须强调学生在学习实践的过程中学会学习。

(1) 引发动机

教师要善于引发学生的学习动机,使学生在强烈的内驱力下掌握必要的知识。

(2) 联系实际

教师要联系学生和生活的实际进行学习指导,使学生乐于接受、易于掌握。

(3) 学以致用

教师要有意识地指导学生通过自身实践,进行内化和创新,由"学会"走向"会学"。

(4) 总结提炼

教师要指导学生有意识地进行学习的反思和总结,通过扩展迁移,逐步形成整体学习能力,从而大大提高学习效率。

3-2 明确学习指导的内容

3-2-1 学习方法的指导

学习方法的指导是指教师通过一定的途径对学生进行学习方法的传授、诱导、诊治,使其掌握科学的学习方法,并灵活地运用于学习之中,逐步形成较强的自学能力,提高学习效率。这里的学习方法既有适用于各学科的普通学习方法,如温故知新、学用结合、循序渐进、手脑并用等,又有每门学科特有的分科学习方法,如语文学习方法、数学学习方法、历史学习方法等;还有单项知识的特殊学习方法,如读书方法、作文方法、实验方法等。

3-2-2 学习程序的指导

程序是事物发生发展变化的进程顺序,学习程序实际上就是学习方法的动态展开。以语文教学为例,学生学习一篇课文,实质上就是一次复杂的认识过程。不管课文内容如何不同,学生情况如何不同,但在学习上都有一个共同的程序去遵循。从认知阶段来说,要经过感知文字——理解内容——抽象涵义三个阶段。从认识过程来看,要经历由浅入深、由具体到抽象、由表象到本质的过程,这就是阅读文章所要遵循的一般程序。学习方法的动态展开始终遵循这种学习的程序,不能违反。

3-2-3 学习规律的指导

万事万物都有自己一定的规律,学习也是这样。知识之间都有一系列的规律联系,如果学生找到这些规律,采用正确的学习方法,即使知识再复杂,也能把它掌握住。例如,汉字中有"义音"规律,对于一些多音字如何掌握?如果我们采用"以义辨音"的方法去指导学生学习,学生掌握了相应的规律,就可以在学习过程中触类旁通,从而提高学习效率。

3-2-4 学习技能的指导

运用一定的知识经验顺利完成某种任务的方式叫技能,听、说、读、写、算等实际上就是基本技能。培养这些技能应该有一个由浅入深的过程,教师在进行指导时应抓住三个阶段:一是最初运用阶段,培养技能的正确性和准确性。二是熟练运用阶段,重点培养技能的速度与效率。三是创造性运用阶段,重点是指导学生综合运用知识技能和技巧,以解决实际问题。

3-2-5 学习策略的指导

学习策略的指导包括指导学生确立切合实际的学习目标,精心制订学习计划,合理安排学习时间,科学选择学习方法,构建良好学习氛围,及时了解学习成果等。学生对学习策略的掌握和运用受多种因素的影响,认识和研究这些影响因素,有利于教师在"教"和引导学生在"学"的活动中有意识地控制或排除这些因素的干扰。它对于加强学习策略训练的针对性,缩短学生的学习时间,提高学习效果有着异常重要的作用。

3-2-6 学习心理的指导

心理学家认为,学习是一种复杂的心智活动,不仅包括学生的一系列对知识的认识活动,也包括一系列的情感、意志的心理活动。指导学生进行学习,掌握学习方法不只是在知识的本身,还要千方百计优化学习心理,引导学生自觉调节自己的学习行为和学习方式,使其产生浓厚的学习兴趣,始终如一,持之以恒,自觉自愿地进行学习。凡学习优异的学生,一般来讲都具有较为良好的学习心理和良好的自我心态。学习指导的意义就在于要努力培养学生良好的学习心理,从而提高学习质量。

3-2-7 学习习惯的指导

学习习惯是在学习过程中经过反复练习形成,并发展成为个体的一种需要的自动化学习行为方式。由于学习习惯的自动化活动性质,有关行为的意识控制水平降到了最低限度,从而使得学习习惯与一般学习行为有着本质的区别。学习应着眼于培养良好的学习习惯,克服不良的学习习惯。因此,学习指导也要立足于学生学习习惯的培养。

3-3 把握学习指导的方式

3-3-1 讲授讲座式

讲授讲座式是通过学习指导课和讲座形式进行学习理论和方法的传授,使学生理解、掌握和运用。对于学习指导课,教师要像其他各科课程一样研究教材,进行备课,纳入教学计划,列入课程表。这种方式意在教给学生系统的学习知识,但要注意克服与实践脱节的弊病。讲座是根据学生学习的需要,采取专题形式定期或不定期地举办专题讲授,既可以班级为单位进行,也可一个年级或全校统一进行;可以是报告会形式,也可以利用校报、校刊、班级学习园地等形式进行。这种方式较有针对性,形式比较灵活,但仍要注意克服与实践脱节的不足。

3-3-2 渗透训练式

渗透训练式是在各科教学和各种学习活动中渗透学习规律和方法。这种方式是学习指导经常采用且效果较好的一种方式,它要求教师既要对所教学科的知识有扎实的基础,又要对学习指导知识熟练掌握。其优点是既能结合学生实际,又能结合学科特点;学生既可以学到学习某学科的具体方法,又能找到自己的不足,克服学习上的缺点,还能使学生逐步掌握学习各环节的技巧。但要注意克服系统性不强的不足,经常作回顾式的系统性归纳。

3-3-3 阅读自学式

阅读自学式是在教师的指导下,通过学生自己阅读学习指导的教材和书籍,探索学习的奥秘。这种方式需要教师向学生提供或指导学生搜集学习指导书籍或材料,有计划、分阶段地收集学生阅读自学的情况,然后通过各种交流形式让学生互学互补,以取得更佳的学习指导效果。

3-3-4 交流讨论式

交流讨论式是通过学生之间开展以学习为主要内容的灵活多样的活动，交流学习经验，讨论学习方法，达到互相帮助、共同提高的目的。这种方式，学生还可把自己对学习的实践和学习过程的反思总结出来，或把经验、疑点坦诚地交流出来，让别人学到经验或使自己的疑点得到解决，利人利己。交流讨论式有较强的实用性，可以随时进行，不受时空局限，比较符合学生实际，易于被学生接受。但由于学生的经历和经验、认识水平都有限，在交流中很难从科学的高度来总结，因此，教师要指导和帮助学生提炼总结。

3-3-5 诊断咨询式

诊断咨询式是针对不同学生的特点，进行学习状况、学习心理和学习"伤病"的诊断，从而开展有针对性的咨询和指导，这是一种个别指导的方式。教师要帮助学生具体分析影响自己学习效果的因素，找出主要问题，提出具体的解决办法。这种方式能及时有效地解决学习上的问题，但适用范围小，耗费人力较多。

3-3-6 教学规范式

教学规范式是把学习指导纳入教学全过程，逐步做到在教学工作和班主任工作中列入学习指导的目的、任务、内容、方法等要求，并在教学检查、评估竞赛、年终总结中正式列入学习指导项目，把学习指导变成整个学校日常教学工作的规范性行为，形成教师良好的学习指导习惯。

3-3-7 环境教育式

环境教育式是将学习指导融入校园环境中，通过校园环境的全面建设，营造良好的校风、学风，形成良好的学习氛围，以使学生得到愿学、好学、乐学、勤学、善学的陶冶、激励和启迪，收到潜移默化的影响效果。

 ## 3-4 了解学习指导的模式

所谓学习指导模式是指在学习指导实践中逐步形成的、以一定理论观点为基础的学习指导的结构模式及操作方式。作为沟通学习指导理论与实践的中介,学习指导模式深受学习指导理论工作者和实际工作者的关注。目前,学习指导模式的研究还存在一些问题,如模式多来自于实践经验的归纳概括,一般实践性较强,但理论研究深度不够;模式类型划分标准不统一,在逻辑上的推敲不够;对当前现状的描述较多,对未来发展趋势的揭示不够;等等。

根据学生学会学习的途径和教师学习指导的方式不同,可将学习指导模式分为四大类:一是规范式,即教师通过一定的学习策略规范,使学生学会学习的指导模式,如课程模式、专题模式、规程模式、诊疗模式等;二是示范式,即教师通过自身的示范,使学生学会学习的指导模式,如渗透模式、示范模式等;三是反思式,即教师通过引导学生反省自悟,使学生学会学习的指导模式,如省悟模式等;四是沟通式,即教师通过组织学生交流经验,使学生学会学习的指导模式,如交流模式等。上述这些模式,各有特点又相互补充。下面就上述八种学习指导模式分别加以论述。

3-4-1 课程模式

课程模式是指在学校向学生开设学习指导课,以大面积、大幅度地提高学生学习能力为目的的学习指导模式,又称为系统传授模式。这是目前国内外最为流行的一种学习指导模式,据不完全统计,近几年来我国已有近 500 所中小学开设了学习指导课。

学习指导课的课堂教学基本形式是:自学—点拨—归纳—实践。开设学习指导课要面向全体学生,注意个别辅导;要及时了解学生的反馈意见,不断探索和改进;教学时要注意结合学习正反两方面的例子讲清道理;要结合学科方法的特点和实际教学,增强教学的针对性。

课程模式最大的优点是时间、教材、教师得以保证,能引起学生的高度重视,并且能够使学生系统地掌握基本的学习理论和学习技能。但也有不足之处,比如容易和各科学习脱节,使学习指导成为空洞的教条,缺乏实用性;学习指导不够具体,训练落实有一定的难度。

3-4-2 专题模式

专题模式是教师根据学生的需要,采取专题形式定期或不定期地对学生进行学习指导的模式。这是在学习指导课开设有一定困难或条件还不成熟的情况下所采用的一种学习指导模式。其形式既可以是教师就某个学习方法问题对学生进行专题讲授,又可以邀请一些有经验的专家学者为学生举办学习讲座。

开设专题讲座具有较大的灵活性,并能及时根据学生学习的实际情况和需要进行调整。但从教师方面讲,它要求教师经常收集一些资料,经常关心和研究学习科学,熟练掌握学习方法知识;要分析学生的学习情况,注意精选学生中学习有法、有效的实例充实学习指导内容;要及时了解学生及家长对开设讲座的意见,以便探讨举办学习指导讲座的有关问题。

专题模式的优点是比较符合学生的实际,针对性较强,形式也灵活,可以使学生在某一方面较全面、较深入地掌握有关学习的知识和方法。其缺陷是缺乏系统性,并且容易被其他工作冲击。

3-4-3 规程模式

规程模式是教师将规定的学习程序、学习方法、学习要求的有关材料(通常称作"学习规程")印发给学生,要求学生在平时的学习过程中严格按照既定的学习规程进行实践和练习,进而形成良好的学习习惯,掌握科学的学习方法的一种学习指导模式。

学习规程不是各科教学大纲上所列要求的简单重复,也不是详细介绍各种学习方法的基本原理,而是用通俗易懂的语言和简练的词语来概括和规定学习过程必须遵循的程序和方法。例如,有的学校对学生的学习行为提出了"八先八后"的学习规程,即先预习后听课、先思考后发言、先议论后请教、先理解后记忆、先笔记后整理、先复习后作业、先基础后扩展、先规程后操作。

规程模式的优点有二:一是规程往往言简意赅,便于记忆和掌握;二是规程如同日常行为规范,和学生守则一样,具有一定的规定性、强制性。

3-4-4 诊疗模式

诊疗模式是指教师根据学生在学习过程中所暴露出来的问题,有针对性地进行诊断、辅导和矫治,从而使学生改进学法,逐步掌握科学的学习策略,提高学习效率的一种学习指导模式。

诊疗模式按其规模可分为集体诊疗和个别诊疗。集体诊疗是对班级中普遍存在的问题进行集体指导和矫治,个别诊疗是对个别学生所存在的特有问题做个别辅导,因而后者的灵活性更强、针对性更大,是因材施教的主要手段,特别适宜于暂时落后学生教育和英才教育。诊疗的方式有互诊疗式、他诊疗式和会诊疗式等。

实行诊疗模式的前提是必须对学生在学习中存在的问题有较清楚的认识,并发现问题的症结。因此,要求教师在日常教学中密切注意学情,加强调查研究与观察;建立学生个体学习指导档案或"病历卡",随时记载和查看"病因""病况""病变""处方"等;从实际出发,对学生学习上的心理障碍进行疏导,使之转向健康的轨道;在诊疗时还要注意恰当确定诊疗点,如分段诊疗点、复述诊疗点、作文诊疗点、答题诊疗点等。

3-4-5 渗透模式

渗透模式是指教师结合所教学科对学生学习过程进行指导的一种学习指导模式。这种模式要求任课教师对所教学科的知识有坚实的基础,对学习指导的原理和方法熟练掌握。

学习指导的渗透模式有二层含义:通常意义上是指学习环节渗透式,即把学习指导渗透到学生学习过程的诸环节中去。学生的学习过程可简单地分为三个层次十个环节。第一层次是感知和获得学科知识,由观察、听课、记录、提问、思考等五个环节组成;第二层次是掌握和巩固知识,包括复习、练习、识记三个环节;第三层次是知识的提高和创新,包括应用和创新二个环节。在这十个学习环节中,均包含着十分丰富的学习指导内容。另一层含义是指教学环节渗透式,是指在各科教学和课外活动中,教师在讲解知识技能的同时,也尽可能多地讲授学习这些知识技能的特定方法和习惯。这一模式已被广大教师广泛采用,是一种更具体的、更有效的学习指导模式。

渗透模式的优点是既能结合学生实际,又能结合学科特点,学生既可学到学习方法,又能掌握各学习环节的学习技巧,比较充分地体现了理论与实践相结合的原则。不足之处是,大量的有关学习规律的知识不可能完全在学科渗透中传授,而且表现为较为随机,不能使学生形成系统的学习技能。

3-4-6 示范模式

示范模式是指教师给学生做出科学学习的示范,从而使学生在其示范中学会正确的学习方式方法的模式。这里所说的示范,一是指在指导过程中教师通过具体、生动的实例显示具体方法;二是指教师在自己的教学活动中展示方法。实际上,教学本身就是一种示范和方法的指导。

教师的教学方法渗透着对学生学习方法的指导,这种影响体现了教师的主导作用。如果教师采用的是注入式、满堂灌、照本宣科的教法,那么就会使学生养成不动脑筋、死记硬背、生搬硬套的不良学习习惯;如果教师的教学能做到少而精,深入浅出,富有启发性,那么学生的学习也会变得活泼生动,爱动脑筋,有创造性。教师在必要时也可有意识地介绍自己的一些学习方法,以供学生学习和借鉴。久而久之,学生就会积累起多种具体的学习方法,从量变到质变,使其学习能力大大提高。特别是在对学生进行某项技能训练或在学习中遇到疑难,思路受阻时,教师更要做出示范,展示学法,供学生仿效。

3-4-7 省悟模式

省悟模式是指教师引导学生把自己的学习本身作为认识和思考的对象,有意识地注意自己的思维特点、思维方法和学习进程,通过内心的自我解剖,用"旁观者"的眼光审视自己,从而达到在学习实践中"悟"出学法,并创造新的学习方法的一种学习指导模式。

学生通过自己学习实践领悟的东西,往往印象深刻,即使在情境变换的条件下,也能实现迁移,运用自如。强调"悟出",可能要比直接听来费时一些,但这并不等于学生盲目摸索。领悟的过程有思维活动参加,可以进行调控,提高领悟的效率。这种学习指导模式有利于发展学生的元学习能力,既包括对个体自身学习的评价与监控,又包括对学习策略的制订与创设,还包括对学习心理的调整和优化。教师要引导学生在总结自己学习的经验教训中,甄别什么样的学习方法适合自己学习的特点。特别应该指出的是,要教育学生,在学习失败时不能只是懊丧或埋怨,要冷静思考,找出失败的原因,采取相应的对策。学生学会自我评价,并能根据学习成败的反馈信息来调整自己的学习行为,就是其开始学会学习的一个重要标志,也表明其主体地位自我意识的增强。引导学生认识自己的学习过程,可以调动学生学习的主动性和积极性,发展思维能力,巩固和加深对知识的理解,并有助于提供改进教法的反馈信息。

3-4-8 交流模式

交流模式是指教师组织指导学生在同学之间就学习经验、学习方法进行介绍、交流和讨论,从而学会学习的一种学习指导模式。其常用的形式有学法经验交流会、学法座谈讨论会、学法园地、学法主题班会、优秀学法专刊或专辑、学生学法宣讲小组等。通过这些形式,建立学生之间学习信息的联系渠道,引导学生总结自己的学习方法。

这种模式作为学习指导的一种辅助模式,比较符合学生实际,容易得到学生的认同并产生自豪感,有利于学生从同学的现身说法中获取符合自己实际的经验,促进自觉运用,产生竞争心理,因而具有鲜明的个性特征和亲切的可接受性。组织学生总结自己的学习经验,学习班上同学的成功经验,有利于互相交流、取长补短;组织学生定期总结和交流通过实践活动悟出的学法,可以使个别学生的学法变为全体学生的共同学法,也可以总结出具有个性特征的学法,使学习方法异彩纷呈且具有层次性。

学习经验的交流可以在教师的指导下进行,也可以由学生自己组织进行,不受时空限制。不足的是,由于学生认识水平的限制,有时很难站在科学的高度概括自己的经验。

除此之外,目前还有内化模式、迁移模式、点拨模式、反馈模式、训练模式、尝试模式、读书模式等。学法指导的不同模式各有其侧重点,各有其适用范围,在进行时其注意点也就各有差异。由于学习指导模式各有其最佳的适用范围,因此在具体指导时,我们必须进行有效选择和综合运用。

3-5 创设学习指导的条件

教学活动中,对学习指导的要求是非常广泛的。仅就学习指导的条件,可以从以下三个方面来考虑:

3-5-1 重视导学——"会学"的先导

行为是观念的体现。思想上予以重视了,教学实践中才会有相应的行为表现。这是给学生以学习指导,使学生达到"会学"的先导。教师要重视学习指导,可考虑以下三方面的内容:

①重视学生学习中自我调节的指导;

②重视学生学习中吸收信息的指导;

③重视学生学习中总结反馈的指导。

3-5-2 教师会教——"会学"的保证

现代教学观重视教师的主导作用,教为学服务,教学相长。因此,"教学生会学"的学习指导对教育提出了更高的要求,尤其要求教师精通教育原理,既要有精深的专业知识,又要有广博的教育心理学知识,要善于依据教学目标,结合教学内容,充分发挥学生的主体作用。具体来讲,现代教学观要求教师"会教",即要求教师做到:

①善于引导,即激发"情感场";

②善于指导,即指导学习;

③善于启发,即启发思路;

④善于疏导,即疏导难点。

3-5-3 学会思维——"会学"的主旋律

"真正的学校乃是一个积极思考的王国"。学生"会学"就是要落实在会思考、会思维上来,以发展学生多方面的能力。因此,学会思维,是学生"会学"的主旋律。如何使学生学会思维呢?我们认为,培养学生学会思维的起点是培养学生的质疑思维。现代学习特别强调问题在学习活动中的重要性。

一方面强调通过问题来进行学习,把问题看成是学习的动力;另一方面强调通过学习生成问题,把学习过程看成是发现、提出、分析、解决问题的过程,而培养学生学会思维的关键则是培养学生掌握正确科学的思维方法。

 ## 3-6 掌握学习指导的策略

3-6-1 开展学习诊断

"诊断"这个术语是从临床医学上移植而来的。临床医学的诊断是指根据对病人病情的了解和各种医学检测的结果进行综合分析,从而判断病人的病患或患病的原因、部位、性质和功能损害的步骤与方法。我们将临床医学的"诊断",引申到学生的学习过程中来,对学生的学习尤其是学业不佳学生的学习进行诊断,从而判断学生学习的现状、特征、性质及其原因。对学生的学习进行准确的诊断,要以一定的条件为基础:一是必要的背景材料。需要尽可能详细、全面地收集诊断对象的有关部门资料,以便更好地分析、综合问题。二是有效的检测工具。需要有较高信度与效度的检测工具,以便能准确地反映学生学习中的各种问题。三是合格的诊断主体。需要诊断者具有一定的分析鉴别与判断能力,以便能有效地诊断学生学习的现状、特征、性质和原因。

学习诊断作为一种动态活动过程,大体包括准备、实施和总结三个阶段。每一阶段由若干个步骤和程序组成,各个步骤和程序既相对独立,又互有联系,构成一定的结构顺序。

(1)学习诊断的准备

①确定诊断对象。诊断前准备工作的第一步是鉴别,这需要有一定的鉴别标准。根据研究,大致有三条鉴别标准:一是智力标准;二是学业标准;三是行为标准。在鉴别学生时,这三条标准要综合考虑。原则上,第一、第二条标准是鉴别的必要条件,第三条标准是重要的补充条件。

②收集诊断材料。在内容上,要详尽地了解诊断对象,需要三方面资料,即个人的历史资料、现状资料和背景资料。个人的历史资料包括学生出生

史、身体生长史、学习史等;现状资料包括学业状况、学习能力、学习动机、学习态度、社会技能以及兴趣特长等;背景资料包括家庭教育背景、学校教育背景以及社区环境。在方法上,可以用观察、谈话、自述、座谈、访问和心理测量等。此外,家访、座谈会也是常用的收集资料的方法。

(2)学习诊断的实施

学习诊断的实施阶段,是学习诊断的关键所在,它包括材料整理和分析判断两个环节。

①材料整理。材料整理主要是将材料归类。归类要注意三个要求:一是根据学习问题的性质、特征、程度和原因将学生的材料分别归类;二是去伪存真。注意材料的真实性(包括有关学生事件和行为、思想的真实性),事件要多方面核实以避免误传,对反映学生行为和思想的材料要尽量克服主观偏向,做到客观审视;三是去粗取精。精选最具价值的材料,使这些有用的材料一目了然。

②分析判断。分析判断是学习诊断的核心。分析判断要抓住三个重点:一是分析形成原因,要分析出最初的起因是什么,最重要的原因是什么;二是看清事情本质,要分析判断出学生学业不佳的实质问题,它需要研究者具有一定的洞察力;三是抓住主要矛盾。学业不佳学生身上的问题往往不是单一的,而是一种综合症状。每个学生的问题各有侧重,抓主要问题,就是要找到影响学生学习的主导因素。抓住了主要问题,就可以围绕它有针对性地制订教育干预方案。

要准确地进行诊断,研究者主观上要具备三个条件,即:思维加工能力、理论知识和经验背景。缺乏思维加工能力,就难以找到事物的因果联系;缺乏理论知识,就不能科学地归纳问题;缺乏经验就会影响对对象的洞察力。从客观上看,准确的诊断还需要借助于高质量的诊断量表。比较专门的诊断量表需要由专业工作者来施测,一般教师较难掌握使用。而教师能够使用的观察评定表又不够精细。另一个问题是目前国内针对学业不佳学生诊断的量表实在太少。如果使用国外的量表,由于被试对象的文化背景、教育背景不同,还需要根据国内被试情况修订。因此,学业不佳学生的诊断量表的制定是一项迫切需要研究的工作。

(3) 学习诊断的总结

学习诊断的总结阶段主要包括两大环节：一是做出诊断结论；二是提出干预方案。在此，主要对后一个环节进行探讨。

学习诊断的最后一步是针对具体对象的症结提出适切的干预方案。干预方案的拟订，包括目标和达到目标的措施两方面内容。目标要有适度性，不宜过高，过高达不到；也不宜过低，过低没有动力作用；要有针对性，要依据诊断意见而定；要有可操作性，不要过于原则或含糊不清。根据目标制定措施，措施要具体、可操作。

3-6-2 加强学法研究

学法是指在学习过程中学习者获得经验方法的总和，是学习者保证学习活动顺利进行的有关学习活动的经验系统。它既有外显的动作行为，又有内隐的心智活动；是外显的动作行为与内隐的心智活动的高度统一，且内隐的心智活动是其主体。学法的学习，实质上是学习者对一整套学习活动经验的掌握，其核心是对学生的心智活动的训练。学法不是各种学习方式或技能的简单相加，而是一个具有不同层次和水平的立体结构。在自觉的学习活动中，只有当学习者能够依据所面临的学习任务和对学习情境内外因素的分析，来计划学习过程，选择学习方法，自觉地评价、维持或调整学习活动的进行时，才表明他掌握了学法。

指导学生从拥有学法知识到运用学法知识于实际，形成独立的学习能力，这是一个长期的过程。使学生脱离教师或教学的外部监控，自觉地、自发地运用所学的学法知识对学习活动进行调节与控制，并使之自动化与习惯化，这是学法指导的目的所在。在学法指导的过程中，应注意处理好如下三方面问题：

(1) 注意学生的内化

注意学生的内化，就是要注意教学中由陈述性知识向程序性知识、条件性知识的转化。所谓陈述性知识是指个人具有有意识的提取线索，因而能直接陈述的知识。程序性知识是指个人没有有意识的提取线索，因而其存在只能借助某种作业形式间接推测的知识,即指用于某一具体情境的一套操作步骤。条件性知识则指明了关于某一操作程序的适用范围与适用条件。这三类知识依次解决了"是什么——怎样做——何时做、为什么这样做"的问题。

在学法指导中,第一步是让学生掌握学法中的有关概念和规则。通过教师的讲解,使学习者理解学法中的有关概念和规则,并能陈述其要点;第二步是通过综合练习,使陈述性知识转化为程序性知识。在这一转化过程中,教师要讲明有关动作的操作要点、完成标准及操作程序,帮助学生建立相关的对象经验,然后进行反复的练习;第三步是使程序性知识向条件性知识转化,让学生明了在一定的学习情境中选择某种操作方法的依据,认识到一套操作步骤的适用条件与范围。从具体情境的练习过程中,使学生形成源于具体情境,又高于具体情境的对学习活动的自觉调节与控制能力。在教与学的相互作用、相互促进过程中,随着学生对外在学法经验的不断内化,随着教师控制程度的逐渐降低,经过不断的练习,教师或教学的外部监控最终会内化为学生自动化的自我调节与控制。

(2)注意练习的有效

①练习的一致与变化。从拥有学法知识到能够运用它解决问题,实质上是学生学得的学法能否持续有效和迁移的问题。导致学法的持续有效和广泛迁移的条件之一,是有效的练习。因此,在学法指导中,要注意练习的一致与变化。练习的一致与变化是指指导者要精心设计相似情境和不同情境的练习。相似情境的练习,是为了巩固学生所学得的学法,在连续性的练习中,使认知图式得以形成。而不同情境的练习,是在学习情境的本质属性保持恒常的条件下,有意变换其中的非本质属性,是一种变式,这就需要学生概括出不同情境中的共同因素,识别其本质特征,使学法得到灵活运用。这样,学习者的认知图式才能深化。

②有一套外显的可操作技术。由于学法是一种内部规则系统,它既包含外显的动作行为,又有内隐的心智技能。因此,虽然学习者对学习活动的调节与控制是内在的,其内部的心智活动我们无法观察到,但是,这种内部的心智活动可以从他的行为表现中反映出来,我们便可通过其外显的动作行为进

行推断。相应地,在学法指导中,如果我们有一套具体可操作的技术来控制学习者的认知行为,那么,我们就有可能通过原型操作达到原型内化,使外化的实践模式内化为学生的心智模式,培养其自觉调节与控制学习活动的能力。

(3)注意方法的多样

①优化环节、形成习惯的常规性学习方法。这是就学生的学习准备、学习过程和学习习惯而言。主要包括:如何树立学习意识,制订学习计划(含合理安排学习内容与时间,遵循学习规律与原则,适应新的学习环境与条件等);如何预习、听课、做作业(含实验操作)、复习和应考;如何参加课外学习和社会实践活动;如何使用工具书、参考书和积累资料等。

②掌握知识、促进智能的基础性学习方法。这是就学生的学习基础、学习技能而言。主要包括:如何观察,如何模仿,如何比较,如何内化;如何思维,如何想象,如何记忆,如何理解;如何抽象概括,如何逻辑推理,如何总结提高,如何评价与运用等。

③提高效率、增强素质的通用性学习方法。这是就学生的学习思想和思维方法而言。主要包括:马克思主义哲学方法,现代系统科学"三论"方法和目前国内外盛行的最优化学习方法等。

④调节心理、注重多元的双智性学习方法。这是就学生的学习动力、学习品质而言,主要包括:非智力在学习中的发挥及其培养方法,促使学生增强对学习的进取心、成功感和责任感。

⑤针对问题、掌握技巧的特殊性学习方法。这是就学生的学科学习和学习中的个体、个案等特殊情况而言。主要包括学科上的语文学习法、数学学习法、英语学习法、物理学习法、政治学习法等;学段上的小学生学习法、初中生学习法、高中生学习法;性格上的内向型学习法、外向型学习法、复合型学习法;性别上的男生学习法、女生学习法;程度上的优生学习法、优科学习法、优项学习法等;技巧上的"反刍式"学习法、"三点式"学习法、"活动式"学习法等。

⑥强调创新、追求发展的创造性学习方法。这是就学生的学习发展与学

习创造而言。它的主要含义在于：一是直接说明这些方法本身是带有创造性的，是代表目前最先进、最科学、效率最高的现代化学习方法；二是指这些方法通过运用后会达到一种培养创造精神和创造技能的目的的方法。

3-6-3 激发学习动力

学习动力是指引起、推动和维持学习者进行学习活动的内在力量。它包括三种类型的动力，即目标动力、心理动力、生理动力。

①目标动力。目标动力即学习动机，是由学习需要引起的，为达到一定的目的，满足学习的需要。它包括三种需要：第一种是认知需要（认知内驱力），即获取知识的需要，它直接指向知识本身，以知识的获取为满足。第二种是自我提高的需要，或取得成就与地位的需要（自我提高的内驱力），这种需要指向外部的结果。第三种是获得赞许的需要，或称为人际交往的需要（附属内驱力），它是一个人为了获得长者（家长、老师等）的赞许与认可而努力做好工作的需要，每个人都有这种需要，但在儿童身上体现最突出。

②心理动力。心理动力是指由情绪、意志等非智力因素（除需要和兴趣外）推动学习的力量。它不是引起学习的原因，而是推动和维持学习的一种力量。

③生理动力。生理动力是由人的生理机能而产生的动力。学习是一种精神的活动，同时也是一种物质的活动。精神活动是大脑的功能，大脑本身是一种物质，大脑的运转还需要其他物质。这些物质的性能如何、供应是否充足，同样影响精神活动即学习的效率。生理影响心理，学习者生理的状态，常常通过心理表现出来。

上述三个方面，在实际的学习活动中，是综合地起作用的。这种综合的表现，我们称为学习的状态。

既然学习动力有三种力量来源。作为教师要想使学生有强大的学习动力，就要根据它们的来源采取措施。

(1) 满足学生的认识需要

①鼓励学生敢质疑问难。因为学生提出的问题往往是他们自己不明白，却又想解决的问题，而教师提出的问题不一定是学生真正不明白的问题。当

然,学生由于知识水平的限制,在提问上也有局限性,可能提不出深入的、新颖的问题。因此,教师应在学生提问的基础上,针对学生实际,设置问题情境,引发学生的认知论争,帮助他们深入思考。教师提问时应注意:问题要明确而具体;问题要新颖而有趣;问题要有适当的难度。

②提供新颖的学习材料。新颖的知识,会引起人的好奇心和兴趣。新颖的材料,通常具有遥远性,比如外国的、他乡的、古代的等。

③采用灵活的呈现方式。即通过新奇的、活动的、变化的方式呈现材料。这就要求教师在教学中根据内容变换教学模式和方法,充分使用各种现代教学手段,丰富学生的感性认识,加深学生的理性认识。同时给学生自主学习和自主活动的时间、机会,比如组织学生自己读书、表演、游戏、竞赛、讨论、制作网页等。

(2)满足学生的成就需要

①通过理想教育,使学生树立远大目标,认识到学习的意义。一是引导学生阅读人物传记,宣传英雄人物、优秀毕业生、学习尖子,促进学生形成远大理想;二是参观建设成就展览,开展人生问题讨论;三是帮助学生分析自己的优势劣势,设计自己的奋斗目标、长期规划和近期目标,制定具体的学习目标;四是对自觉性不够强的学生,要求他们每一节课、每一个单位时间,都确定具体的恰当的任务、目标,用目标指导和控制行为。

②通过到工作现场参观访问,使学生感受到自身素质与生活工作需要的差距,即环境的压力,认识到学习对工作与职业的意义。

③帮助学生建立成功的自信心,认识自己的潜能,建立正确的自我概念。一是给学生创造各种表现自己的机会,使之看到自己的力量、能力、长处;发现学生的闪光点,并给予肯定、鼓励,充分利用他们的成功体验;二是言语劝说,即运用脑科学的研究成果和事实、数据,说明人的潜力巨大的道理,以及人的能力是可以改变的道理;三是给他们提供一些与学生情况相似,但取得了成功的人的实例和榜样,使他们通过观察学习,获得替代经验。

④对成功给予奖励,对失败给予帮助。一是对学生学习结果给出明确的反馈,及时批改作业,指明正确或者错误;二是运用多种方式奖励、鼓励学生,

教师要以表扬为主;三是对学习失败的学生给予耐心细致的关心帮助,使他们获得成功;四是反馈不仅要注意到学习结果,更要注意学习的过程和方法、学习态度。

⑤通过学习的竞争,创造取得成就的机会。一是更多地组织小组间的竞赛,强调竞赛中的合作;二是竞赛注意适当的可比性,尽可能按能力或者项目分组;三是鼓励自己和自己竞赛,不断超越自己;四是运用竞赛的机制,提高学习的效率。

⑥揭示知识在生活实践中的价值和用途。教师在教学中,要尽可能结合实际,阐明知识的意义,如何运用。可布置一些实习性作业、实践性作业,激发学生在知识的运用中产生兴趣,同时加深理解。

⑦布置难度适当的学习任务,使学生获得成功。教师应根据学生的水平程度,分层次提出学习要求、设置学习目标、布置练习作业,使各个层次的学生都能够获得成功。

⑧教给学生学习成功的方法。对于那些尚无学习动机的学生来说,教学的最好方法应当是,不管他们当时的动机状态如何,都要集中注意于尽可能有效地去教他们。学生尝到了学习的甜头,就有可能产生要学习的动机。所以在某些情况下,提高学习动机的最适宜的方式,是把重点放在学习的认知方面,依靠富有成效的教育成绩来提高学生进一步学习的动机。

(3)满足学生的交往需要

①课堂上注意及时反馈。多给肯定、表扬,注意强化方法。

②建立良好的师生关系。发扬教学民主,充分调动学生的积极性,听取学生的意见和建议;公正对待所有学生,不存偏心;多接触和了解学生,参加他们的一些活动,与他们交流沟通,关心他们的生活和成长。

3-6-4 培养学习能力

能力是人们表现出来的解决问题可能性的个性心理特征,它是顺利完成某种活动的必要条件。它能直接影响活动的效率、是活动顺利完成的最重要因素。能力与活动有着紧密联系。一方面,人的能力在活动中形成和发展,并且在活动中表现出来;另一方面,从事某种活动又必须以一定的能力为前提。

学习能力就是怎样学习的能力,是在环境和教育的影响下形成的、概括化了的经验。学习能力是人的能力的一部分,也是非常重要的一部分。它直接决定了人在进行学习活动时的成效,决定了学习活动的成功几率。现代的资源管理理论认为,学习能力是21世纪人才的重要标志之一。而对儿童青少年而言,学习能力是与学校学习密切相关的一组能力。简单地说,学习能力就是听、说、读、写、算与交流、思考的能力。

那么,应该怎样进行学生学习能力的培养呢?

(1)善于了解——解决动机问题

心理学研究成果告诉我们,人的需求高低直接影响其行为效果,感兴趣的事、乐意做的事,其主观行为是主动的;虽然个体行为伊始具有被动性,但行为目标明确,个体经过努力可以达标,其行为可以表现为意志行为。因此,培育学生的学习能力首先从解决心理动机入手,让学生知道为什么学,达到什么目的,帮助学生树立远大理想,增强必胜信心。

(2)教导有方——解决方法问题

教学活动是师生共同进行的双边活动,教师的教重在导上,学生的学重在法上,教导有方,才能使学生的学更有效率,学生才能潜移默化地把科学思想内化为自己的学法,其学习能力才能得到提高。

(3)指导监督——培养学习习惯

学习是一个过程,学生在这个过程中有良好的学习习惯,无疑对学习的各种学习能力的培养和提高是大有益处的。学生正处于身心发展和习惯形成时期,教师要依据认知规律和身心发展水平,指导和监督学生形成良好的学习习惯,具体应该从以下几个方面入手,进行学习习惯的培养。

①养成制订计划的习惯。指导学生制定日学习计划、月学习计划、学期学习计划,让学生明确每天什么时间干什么,做到什么程度,心中有了数,其学习意识自然会增强。

②养成良好的听课习惯。教学是在课堂上进行的,学生的学习主体也是在课堂上进行的,因而,引导学生形成良好的学习习惯很重要,一般讲听、记、

思、解:会听课是指跟上教师脚步,听思路、难点重点的解决;记方法、知识点和特征题的解决,要有课堂笔记;积极思考课上问题,用什么知识解决,解决思路,换个途径能否解决,形成思维程序;善于动手解题,注重解题规范性。

③学会记忆,养成及时主动消化和收集的习惯。没有记忆就没有学习,没有主动消化和收集就没有巩固和提高。心理学研究表明,人的记忆有三个有效时间段,即每天早晨起来后一个小时、上午八点到十点、晚上入睡前一个小时,称为黄金记忆时间,善于归纳、经常回顾、手脑并用是很有效的记忆手段。学生通过做作业、做练习、提问讨论、实验操作、收集典型题和自己易犯错误题等途径,来内化和巩固知识,同时在此过程中也会温故知新,思维力得到提高,学习能力得到培养。

(4) 为人师表——激励培养

教师是和学生学习在一起的,学生身心发展特点告诉我们,易模仿、崇拜、心血来潮和意志脆弱等,这些都是学生的弱点,又是教师培养学生学习能力的很好的切入点。教师的举止言行和人格气质直接影响着学生,有道是有什么样的教师就有什么样的学生。因此,教师要严格要求自己,为人师表,起到示范和榜样作用。教师要善于运用管理职能,恰到好处地激励学生,增强学生的求知欲和战胜挫折的能力。这样做,无论对学生的心理还是行为,特别是对学习行为都是大有益处的,模仿与崇拜内化为自己学习的行为动力,激励与磨练使学习行为变成意志行为,学习能力将大大增强。学生的学习特点是千差万别的,在教学实践中,教师只要用心研究,认真培养,学生的学习能力就会得到提高,教师的劳动价值才能有效地得到体现。

3-6-5 学困生的关注

对学习困难学生的教育一直是一个重要的教育问题,也似乎是一个永恒的话题,因为在各个时期都会有这个问题。因此,针对这部分学生进行有效的指导,对于提高教育质量及这部分学生的终生发展,意义重大。

(1) 基于认知心理学的思考

从认知心理学的角度思考,具体干预措施有:弥补基础知识缺陷;明确记忆的目的和任务;理解所学的知识内容并概括成系统;加强注意力;加强逻辑思维训练;学习观察具有复杂关系的事物,培养提高对细节的观察能力,加强分辨细节与本质的能力;增强注意和短时记忆的能力。

(2)基于现代教学论的思考

从对现代教学论的角度思考,具体干预措施有:教给学生一定的学习方法;帮助学生找出出错的原因;合理安排复习并采取灵活多样的复习方法;加强师生情感交流;学业上给予个别辅导;注意及时发现学生的进步;组织一帮一互助组;保护学生的自尊心;给学生创造成功的机会;搭好知识的台阶;运用教学学习反思卡;运用教学分层测试卡;教学生如何听课;引导学生有意识地将所学的知识运用到平时的生活中;开阔知识面;当老师的小帮手;激发学生学习教学的积极性;运用现代化教学手段。

(3)基于学习障碍理论的思考

从学习障碍理论的角度思考,具体干预措施有:①改善家庭教育环境。包括:家长要提高自身的文化教养,注意自己的言行;家长要改进关心方式,从取得高分时给物质奖励、失败时打骂转变为经常进行说服教育;学生、教师与家长共同制定最近发展目标;家长要经常与教师保持联系。②调节学生的心理状态。包括:减轻考试焦虑;树立起"我能行"的信心;消除自卑心理;调整状态,从消极状态转变到积极状态。③矫正不良的学习态度。包括:培养与激励正确的学习动机;培养勤奋主动的学习态度。

3-6-6 提高指导能力

(1)转变观念

教师开展学习指导工作,要转变三个观念。

①由以教为重心,转到以学为重心,教学要充分体现学生的主体地位。以学生为主体,要求向学生提供更多的自由选择的机会,创设更多的自主学习的形式;要向学生提供足够表达自己的独特思想和感情的机会,培养社会实践能力;要向学生提供民主自治锻炼的机会,使学生的潜能得到充分发挥;要尽量淡化教师中心,缩短师生间的距离,形成无压抑感、无恐惧感和无厌恶感的教学心理环境,要让学生积极参加教学评价和自我学习评价;要向学生提供充分的思考问题的机会。

②从研究教师如何教,转移到学生如何学。要树立"以学为本""因学论教"的观念,要以引导学生"会学习"为教学的主要任务,"教"为"学"服务,注重对学习方式、方法和程序的指导和研究;学习主体是学生,教师的教围绕学生的学而活动。

③教师从传授知识为中心,转移到以打好基础、发展智力、培养能力为中心。教师要通过各种活动使学生的素质和个性优势得到较大的发展。相应地,学生也要实现三个转变:这就是从厌学到愿学,从苦学到乐学,从拙学到善学。当然,我们提出教师和学生实现这三个转变的主张,并不是要从当前的"重教轻学"转向"重学轻教";恰恰相反,我们主张以学习指导作为教与学的中介,以学习指导作为教与学的结合点,经过一定时间的努力后,就能逐步达到教学双边活动正常进行,最终达到教与学的和谐统一。

(2)更新角色

①由"权威"向"非权威"转变。允许教师在某些知识领域有不懂的问题而不是绝对的权威。教师可以向学生学习,可以向学生承认自己不懂的问题,可以请学生帮助老师解决教学中的疑难,让学生消除学习的"神秘感"。教师不应该以"知识的权威"自居,而应该与学生建立一种平等的师生关系,让学生感受到学习是一种平等的交流,是一种享受,是一种生命的呼唤。

②由"指导者"向"促进者"转变。教师要成为学生学习的促进者,而不仅仅是指导者,要变"牵着学生走"为"推着学生走",要变"给学生压力"为"给学生动力",用鞭策、激励、赏识等手段促进学生自主发展。

③由"导师"向"学友"转变。倡导专家型教师,但不提倡教师站在专家的高度去要求学生。教师要有甘当小学生的勇气,与学生共建课堂,与学生一起学习、一起快乐、一起分享、一起成长。教师不仅要成为学生的良师,更要成为学生的学友。

④由"灵魂工程师"向"精神教练"转变。长期以来,人们把教师比作"人类灵魂的工程师"。其实教师不应该作学生灵魂的设计者,而应该做学生灵魂的铸造者、净化者。教师要成为学生"心智的激励唤醒者"而不是"灵魂的预设者",要成为学生的"精神教练"。

⑤由"信息源"向"信息平台"转变。在传统的教学中,教师成为了学生取之不尽的"知识源泉"。缺乏师生互动,更缺乏生生互动。在新课程中,教师不仅要输出信息,而且要交换信息,更要接受学生输出的信息。教师要促成课堂中信息的双向或多向交流,因而教师要成为课堂中信息交换的平台。

⑥由"一桶水"向"自来水"转变。我们曾经认可教师要教给学生一碗水自己就必须要有一桶水的观点。然而随着时代的变化,知识经济时代已经到来,教师原来的一桶水可能已经过时,这就需要教师的知识随着时代的变化而不断更新,需要教师成为"自来水",需要教师引导学生去"挖泉",即挖掘探寻,以寻到知识的甘泉。

⑦由"挑战者"向"应战者"转变。新的课堂中不能仅仅是教师向学生提出一系列的问题,让学生解决问题。它要求教师引导学生自己去提出问题,因为提出问题比解决问题更重要。学生向教师提出问题,便是对教师的挑战。开放的课堂中教师随时可能接受学生的挑战,而成为应战者。

⑧由"统治者"向"平等中的首席"转变。教师不能把课堂视为自己的课堂,而应该把课堂还给学生。教师不能作课堂的统治者,因为统治者总免不了令人"惧怕"。教师应该从统治的"神坛"上走下来,与学生融为一体。在新课程中,教师不能再是居高临下的,而是与学生站在同一个平台上互动探究,在平等的交流中作"裁判",在激烈的争论中做"首席"。

⑨由"园丁"向"人生的引路人"转变。"园丁"是令人尊敬的。但"园丁"又是令人遗憾的,因为园丁把花木视作"另类生命"。园丁在给花木"浇水""施肥"的同时,还要给它们"修枝""造型",往往按照园丁自己的审美标准把花木塑造出来供人们欣赏。在园丁看来不合自己情趣的"歪枝""残枝"是可以"判死刑"的,他们可以随意"修剪",可以培育出以曲为美的"病梅"。然而教师与学生的生命同源。教师应该允许学生的缺点存在,应该允许奇才、偏才、怪才、狂才的发展。教师应该给学生的成长引路,给学生的人生导向,而不是限制学生的发展空间,更不能给不服自己管教的学生或有某种缺陷的学生"判死刑"。教师应该多一些爱心,多一些对"问题学生"的理解与关怀,将学生的缺点当作财富而施教。

(3)优化素质

①优化职业道德素质。学习指导对教师的职业道德素质提出了很多新的要求。教师必须根据新课程的理念、内容、目标、教学方式、评价等多方面的变化来重新审视和规划自己的职业道德素质发展。

一是重新理解"教师权威"。在新课程背景下,我们呼唤新的教师权威观——一种理性的权威。教师在行使职权时,以教学法和教学技能方面专家的身份教会学生学习,以博大的胸怀感染学生情操,学生为教师高尚的人格品质和责任心所折服。在整个教学过程中,教师不是靠强迫、压制学生来达到教育目的。

二是以专业化的情感关注学生。新课程为教师开辟了新的课堂专业生活,教师也将开始对学生实行新的关注。这体现在以下几个方面:关注学生的智力类型;关注学生的生活经验;关注学生的处境与感受。因此,教师必须关注学生的学习氛围、学习心境、各种需求以及学生的状态、反应,把学生从被动的学习中解放出来,让学生体验到学习生活的种种乐趣。教师的关注要处于一种积极而稳定的状态,就必须实现思想的升华。这种升华表现为将"关注"置于教育伦理的层面,形成以关注学生的发展为宗旨的教育伦理观。

②优化科学精神与人文素养水平。新的时代背景下,教师应该具有一定的科学精神与人文素养,具体表现为一个完善合理的素质结构,主要包括以下三个层面:高尚优良的人格,不断完善的知识结构,不断完善的能力结构。

一是高尚优良的人格。包括:教师对世界和人生所持有不同凡响的理想精神;良好的政治品质、社会公德和职业道德;丰厚的文化底蕴和具有时代感的思想观念;良好的家庭美德;良好的气质、性格和坚强的意志品质;端庄朴素的仪表风度。

二是不断完善的知识结构。新课程对教师知识结构的要求:广博的科学文化知识、系统的学科专业知识(本体性知识)、坚实的教育专业知识(条件性知识)、实践性知识、边缘学科知识和新学科知识、最新科学技术和社会科学信息、多元学科知识结构。

三是不断完善的能力结构。教师的能力,主要体现在教育教学工作上,在新课程背景下,教师应形成和不断完善终身学习能力、信息技术能力、研究学生能力、教学科研能力、调节自身能力和持续创新等各种能力。

③优化专业能力素质。一是强化教师的教育科研能力。新课程改革是一项复杂而细致的系统工程,它涉及教育观念、人才培养目标、思想品德教育、课程结构、课程内容、学科体系、课程评价、课程管理等多方面的变化。教师要指导学生进行探究学习,教师要因地制宜地开发校本课程,这就要求教师必须全面系统地掌握先进的教育理论知识,创造性地组织教育教学活动,使教育成为充满智慧的事业。使自己既是教育工作的实践者,又是教育理论的探索者。

二是立足于新型人际关系,发展教师的交往与合作能力。在新课程背景下,教师的人际关系发生了很大的变化。首先,新课程强调通过交往重建人道的、和谐的、民主的、平等的师生关系。新课程特别要求教师与学生的合作与沟通,从而共同构建、推进、生成课程。其次,新课程强调教师与教师之间的合作。在新课程实施中,合作学习的要求,强调学科课程相互整合,尤其是综合课程的出现,对教师之间的有机合作提出了新的要求。教师集体的协调一致,教师之间的团结协作、密切配合显得尤为重要。

三是课程资源开发能力的培养。课程资源的开发主要有五个基本途径:社会生活调查;日常生活行为;学生个体经验;自然环境和校外各种机构、生产和服务行业;网络信息资源。

四是课程整合能力的培养。所谓的整合,就是指通过一个系统内各要素的整体协调、互相渗透,使系统各要素发挥最大效益。课程整合是使分化了的教学系统中的各要素及其各成分形成有机联系并成为整体的过程。

④优化健康心理素质

一是提高成熟度。其一,具有忠诚人民教育事业、关爱民族下一代的历史责任感和"得天下英才而教之"的自豪感。其二,具有正确的道德信念、规范。应在正确道德信念指导下实施良好的行为规范,为人师表。特别在市场经济条件下,教师更应恪守自己的道德底线,不应随波逐流,做出违背师德的事情。其三,具有清晰的自我意识,即能客观、辩证地评价自己,从中体验进步、成功的愉悦情感,克服消极、自卑或自傲、自负等心理障碍,学会进行有效的自我调控。

二是培养内在需要。根据马斯洛的需要层次论(生理的需要→安全的需要→社交的需要→尊重的需要→自我实现的需要),当生活的低级需要得到满足之后,人们就会追求更高的自我实现的需要。作为教书育人者,教师一定要把学习当作自我需要,并在与学生共同发展的过程中感受到自我的进步,进而形成一个比较和谐的心理氛围。

三是强化个性品质。要创设良好的心理氛围,就必须强化对教师个性品质,尤其是自制力和人格力量的训练。有上进心的教师总是精心为自己设置一个个阶梯,让自己在进步中获取自信,又在自信中得到提高。当良好的个性品质成为一个教师思想发展的动力时,他的进步将是稳定的、明显的。

⑤优化自主发展素质。教师的自主发展有三条可行性的路径:

其一,反思——从自己的教学中学习。教师的反思性实践能促使教师经验量的增加,提高了教师经验的准备性。同时,反思是改善教师形象、提升教师地位和扩大专业自主权的有效手段,促进了教师教育中理论与实践的融合。

其二,合作——在与同事的对话中成长。

其三,共生——在与学生的互动过程中实现教学相长。学生的成长与发展可以为教师发展提供契机,可以成为教师发展的动力源之一,而教师发展的最终目的也是要促进学生的健康发展。教师应以服务于学生的自主学习为主旨,致力于培养学生的问题意识与批判思维能力;注重良好教学环境的营造和心理情感的培养,打破旧的教学模型,实现单向输导向多向交流的转变。

学习指导填补了教学论长期论教不论学的空白,是使学生由厌学、恶学变为乐学、善学的重要途径,是完成"两基"工作以后,"减负增效"和新世纪教育的需要。因此,我们要转变观念,树立"以人为本"的学生观、"以学为本"的学习观、"民主合作"的教学观、"优质高效"的效益观,深入学习和研究学生学习的规律、指导学生高效学习的规律,努力提高我们的学习指导水平,充分落实学生的主体地位,充分发挥学生的主观能动性,充分发掘学生的潜在能力,使我们的教育教学、教研教改、教学质量再上新台阶!

案例展示

《好孩子》学法指导设计

一、教材特点

《好孩子》是义务教育教材第二册第二组的首篇课文,与统编二册教材相比,有三个明显特点:

1.思想教育内容更适合低年级儿童心理。第二组四篇课文,开篇《好孩子》通过借伞的故事,具体说明什么是好孩子。第二、三两篇是童话,要让学生辨别什么是好孩子,什么不是好孩子。末篇以"阳阳"在家叠被子、洗碗、整理书包为例,告诉小朋友,好孩子要从小养成良好生活习惯。四篇课文简浅有趣,易于接受。

2.知识要求明确具体。全文注音,目的是发挥拼音作用;重点是理解运用词句。如:奶奶急忙拉开门。"急忙"是什么意思?课文还安排用"急忙""全"一类副词写法,训练学生用常用词、常用句式说话的习惯。

3.教学任务的完成建立在基本功和能力训练上。课堂教学要扣紧低年级的重点,多读少讲,以读巩固拼音;培养识字、写字能力;用多种形式加强说话训练,培养语感。

二、学法提示

(一)自读领悟法

1.初步整体阅读。巩固拼音,认识生字词,了解大意。

2.深入分析阅读。熟知课文,理解词句,运用词句。

3.回归整体阅读。通过故事结果让学生联系实际,明白什么是好孩子,身边还有哪些小朋友是好孩子。

(二)朗读讨论法

1.范读讨论:奶奶为啥急?

2.角色朗读讨论:奶奶夸谁是好孩子?

小宝上学注意天气带了伞,借给同学。

小玲上学不注意天气,没带伞。

小梅带伞送小玲回家。

3.引读讨论。平时生活中,有哪些行为是好孩子所做?小玲上学不带伞,好不好?要注意什么?

(三)部件识字法

1. 初读课文,找出字词。

2. 复读句子、理解字词,记牢字形。

3. 精读句子,运用字词。

三、教学过程设计

(一)导入新课

1. 联系实际,激发情绪。从表扬班上小朋友讲卫生,认真学习,对人有礼貌等引开去,让学生带着"谁是好孩子"的好奇心理,初读课文,巩固拼音,初知大意。

2. 教师范读,学生对照生字表划出生字、新词。

(二)讲读课文

1. 指名分段朗读,了解课文写了哪几个人,他们是什么关系。

奶奶——孙小宝 同学 路远的同学。

　　　　孙女 小玲 同学 小梅。

2. 深入分析阅读,学习字词句。

(1)读句子,出现字词,读准字音。

急忙 拉,衣服,没 全 直 给

(2)开动脑筋,记牢字形。

以部件识字为主,让学生巧记趣记字形。

如:"拉",奶奶"立"在门旁,用"扌""拉"门。

"直",真可爱的"真"没有两只脚。

"全","玉"米掉了一粒,上头站个"人"。

"衣",是象形字,难写,可绘个图。

"没""服""给",是合体字,要记结构。

(3)比较读句,理解词句,运用字词。

{ 奶奶拉开门。
{ 奶奶急忙拉开门。

{ 小宝衣服湿了。
{ 小宝衣服全湿了。

{ 水珠往下滴。
{ 水珠直往下滴。

"急忙",与"心"有关,"忙"有快走之意,通过比较读、动作演示,让学生体会"急忙"有又急又快的意思。

"全",指"全部",具体指衣服上所有的地方。可以比较"部分湿""全部湿"的不同。

"直",通过小实验,排笔蘸水,水珠直往下滴。让学生体会"直"有"不停地"的意思。

指导用词说话。注意创造用词说话的语言环境:上学路上,见老奶奶滑倒了,你怎么扶她?

(很快,用力、跑过去、急忙……)

还有什么样情况下,可用上"急忙"?

如:听到铃声,你还在打乒乓球。

上课时间到了,你还没捡好书包。

老师教了9个生字,你记住几个?(训练用"全"说话。)

3. 写字训练。

先看字的结构,说出特点,再动笔写。

"忙""服""没""拉""给",左右结构,左窄右宽;"急",上中下结构,心字底较大;"全",上下结构,人字盖满王;"衣",较难写,要示范板书。

再握笔对着生字表书空。

最后写在田字格子上,每字写二遍。

(三)总结课文

回归整体阅读:

1. 默读课文,想一想,谁上学注意天气?

小宝、小梅注意天气(带了伞)。

小玲、路远的同学不注意天气(没带伞)。

2. 带了伞的和没带伞的结果怎样?

小宝带了伞,衣服全淋湿了。

小玲没带伞,衣服没淋湿。

3. 为什么有这样奇怪的结果?奶奶表扬谁?为什么?

小宝帮助路远的同学(自己被雨淋湿了),是个好孩子。

小梅送小玲回家(小玲没淋湿),是个好孩子。

路远的同学上学不注意天气,不带伞,这样不好。

小玲上学不看天气,不带伞,这样不好。

4. 联系实际,说说:有什么人像小宝、小梅一样,值得表扬?有谁像小玲一样粗心要批评?

例:甲忘了带铅笔上学,做作业时乙借铅笔给他,乙是个好孩子。

5.用"急忙"和"全"先说话再写两个句子。

6.总结讲话。

①要关心帮助别人。

②上学要注意天气,要带齐学习用品。

第 5 部分

教学反思研修问题与指导

当前,新一轮的课程改革正在影响着我国。在这一过程中,转变教学方式显得尤为重要。教师需要对教学不断地反思,从中总结经验、吸取教训,不断更新教育观念、提高教学素质,进而使自身的专业能力不断提高,自身价值得到更好的体现。因此,教学反思应该引起学术界和一线教师的高度重视,它对改进传统教学有着积极的意义。

1 教学反思概述

 1-1 教学反思的内涵

1-1-1 教学反思的概念

学者申继亮在其所著的《教学反思与行动研究——教师发展之路》一书中阐述了他对教学反思的理解,他认为教学反思是教师为了实现有效教学,通过教师教学反思倾向的支持,对已经发生或正在发生的教学活动以及这些教学活动背后的理论、假设进行积极、持续、周密、深入、自我调节性的思考。同时在思考的过程中能够发现、清晰表征所遇到的教学问题,并积极寻找各种方法来解决问题的过程。李长吉、张雅君认为,教学反思是教师对自己教学生活的抽身反省与自我观察。教学反思一方面是对个别现象、事件、行为的加工整理,另一方面是对教师本人思想行为的观察分析,既涉及"它"的问题,又涉及"我"的问题。王映学、赵兴奎认为,教学反思是指教师在教学过程中通过教学监控、教学体验等方式,辩证地否定(即扬弃)主体的教学观念、教学经验、教学行为的一种积极的认知加工过程,其目的在于改善教师的教学。吴甸起认为教学反思是对知识内容、重点与本质的感悟理解;是对学生能力形成与发展的判断评价;是对问题提出与解决的思维过程;是对教学特点规律的寻觅发现。杨爱军在其论文中论述到,教学反思是指教师为提升教学实践活动的效率、效果和效益,对自身及其他教师的教育教学实践活动的过程、行为及引导、影响教育教学实践的理论、理念的再思考、评价与总结。

纵观以上学者对教学反思概念的论述不难发现,学者们从多角度、多层次对教学反思的本质与内涵进行了深入的思考与剖析。在此基础上,我们认为,教学反思是教师在教学过程中或活动结束后对自身教学实践进行的一种思考,通过思考发现教学中的不足,从而对教学活动进行相应的调整和改变,以使自身的教学能力得到提高、学生得到发展的持续的过程。这个概念可以从以下几个方面进行理解:首先,教学反思是对自身教学实践的思考。其次,通过教学反思认识到自身的不足,并针对不足之处对教学活动进行相应的调整和改变。再次,教学反思要以提高自身的教学能力、促进学生的发展为目的。最后,教学反思是一个持续的过程。

1-1-2 教学反思的特征

(1)自觉性

教学反思贵在自觉。教师应正确认识自己,要有虚心的态度,如果自认为了不起,自我感觉很好,就很容易满足现状。"教无止境",只有教师不满自己的教学现状,充分意识到自己教学经验的局限性,才会自觉地进行反思。如果你理想成为一名专家型教师,那么你会觉得不断地进行教学反思是个人的需要、学生的需要、社会的需要。

(2)超越性

教学反思是一种手段。存在问题就整改,发现问题则深思,找到经验就升华。可以说,教学反思的实质就在于教师敢于怀疑自己,敢于和善于突破自我、超越自我,不断地向高层次迈进。

(3)个性化

教学反思是教师自觉地把自己的教学实践作为认识对象进行反思,属于"自我反思""个人奋斗"。教学反思具有别人不可替代的个性化特征,有可能形成个性化的教学模式。

(4)合理性

华东师范大学熊川武教授认为:"教学反思过程就是教师借助行动研究,不断地探究与解决自身、教学目的以及教学工具等方面的问题,将'学会教学'和'学会学习'统一起来,努力增强教学实践的合理性,使自己成为学者型教师的过程。反思可以使教师从冲动的、例行的行为中解放出来,以审慎的、意志的方式行动;可以使教师从教学主体、目的和工具等方面,从教学前、中、后等环节获得体验,变得更加成熟。"由此可见,教学中教师之所以要反思,主要是为了改进教学,提升教学实践的合理性。

 1-2 教学反思的内容

教学反思,"思"什么?"思"之要有物。这里的"物",特指教学实践的过程。教师经历教学实践后,总会产生一些难忘的感知,或多或少,或"得"或"失"。这就需要我们通过"自问"来梳理。

1-2-1 教学特色之处

教学的特色是指教学过程中表现出的独特风格。它蕴含于教学评价诸多要素之中:在教学理念上,看主体地位的突出,主导作用的发挥;在教材处理上,看教材特点的把握,知识联系的沟通;在教学方法上,看教学层次的呈现,实践活动的安排;在学习方式上,看学生参与的程度,知识获取的过程;在教学效果上,看教学目标的落实,创新意识的培养。

1-2-2 教学精彩之处

在教学过程中总会出现一些精彩的教学片断。精彩的教学片断,给人的感受是深刻的,给人的启迪是深远的。它依附于教学过程的方方面面:如引人入胜的新课导入,别有风味的氛围营造,得心应手的教具运用,新颖别致的难点突破,别具一格的智能开发,出神入化的学法指导,画龙点睛的诱导评价,留有悬念的课尾总结,等等。

1-2-3 教学偶得之处

课堂教学中,随着教学内容的展开,师生的思维发展及情感交流的融洽,往往会因为一些偶发事件而产生瞬间灵感,这些"智慧的火花"常常是不由自主、突然而至,若不及时利用课后反思去捕捉,便会因时过境迁而烟消云散,令人遗憾不已。

偶得是指教学过程中得到的意外收获。意外的收获,往往源自对课堂意外事件的处理:面对学生突如其来的"顶牛",教师如何处理;面对学生异想天开的"发问",教师如何应对;面对学生阴错阳差的"歪答",教师如何引导;面对学生没精打采而"走神",教师如何处理;面对学生无所用心的"沉默",教师如何对待,等等。意外的收获,往往源自对学生思维火花的捕捉:学生发现问题的独特渠道;提出问题的独特途径;分析问题的独特思路;解决问题的独特见解,等等。

1-2-4 教学缺失之处

再完善的教学预案也难免有疏漏之处。教师上完一节课之后,总会或多或少地感慨有这样或那样的缺失。这就需要教师从教学的全过程中去耐心查找:哪一内容处理不恰当;哪一环节安排不合理;哪一活动组织不得力;哪一实验演示不清晰;哪一重点突出不明显;哪一问题设计不科学;哪一合作落实不到位;哪一交流时间不充分;哪一语言评价不得体,等等。对它们进行系统的回顾、梳理,并对其作深刻的反思、探究和剖析,今后再教学时吸取教训,更上一层楼。

1-2-5 学生创新之处

在课堂教学过程中,教师应当充分肯定学生在课堂上提出的一些独特的见解,这样不仅使学生的好方法、好思路得以推广,而且对学生也是一种赞赏和激励。同时,这些难能可贵的见解也是对课堂教学的补充与完善,可以拓宽教师的教学思路,提高教学水平。因此,将其记录下来,可以补充今后教学的丰富材料养分。

1-2-6 "教学再设计"

一节课下来,静心沉思,摸索出了哪些教学规律;教法上有哪些创新;知识点上有什么发现;组织教学方面有何新招;解题的诸多误区有无突破;启迪是否得当;训练是否到位等。及时记下这些得失,并进行必要的归类与取舍,考虑一下再教这部分内容时应该如何做,写出"教学再设计"或"再教设计",这样可以做到扬长避短、精益求精,把自己的教学水平提高到一个新的境界和高度。

1-3 教学反思的类型

教学反思按教学进程可分为:教学之前进行的、教学过程中进行的以及教学之后进行的反思。人们广泛地认为事情只有发生了,甚至是发生了而且结果不尽如人意才需要反思。可事实上,教学前的反思、教学过程中的反思以及教学后的反思可以构成一个完整而且连贯的反思周期,教学前的反思具有前瞻性,教学过程中的反思具有监控性,而教学后的反思更具有批判性。教师只有综合三种反思的优点,使其连贯于整个的教学过程,才能准确把握教学,总结出适合自己的教学理论。

1-3-1 教学前反思

在以往的教学经验中,教师大多关注教学后的反思,忽视或不做教学前的反思。其实教师在教学前对自己的教学设计和教案进行反思,是教师对自己教学设计的"再次查漏补缺、吸收和内化的过程"。教学前反思具有前瞻性,能使教学成为一种自觉的实践,并有效地提高教师的教学预测和分析能力。

教学前反思的内容包含反思确定内容、阶段及具体实施方法对学生的需要和满足这些需要的具体目标,以及达到这些目标所需要的动机、教学模式和教学策略。还要对本学科、本册教材、本单元、本课时进行教学计划时列出关键项目进行反思。如:需要教给学生哪些关键概念、结论和事实;教学重点难点的确定是否准确;教学内容的深度和范围对学生是否适度;所设计的活动哪些有助于达到教学目标;教学内容的呈现方式是否符合学生的年龄和心理特征;哪些学生需要特别关注;哪些条件会影响课的效果……

1-3-2 教学中反思

教学中反思是教师在教学过程中,对不可预料情况发生进行的反思以及教师在和学生互动作用中,根据学生的学习效果反馈,对教学计划进行的调整。课堂教学实践中,教师要时刻关注学生的学习过程,关注所使用的教学方法、教学手段和教学效果,捕捉教学灵感,及时调整教学设计思路和教学方法,努力使课堂教学效果最优化。不可预料情况发生时,教师要善于抓住有利于教学计划实施的因素,因势利导,不可让学生牵着鼻子走。根据学生反馈对教学计划的修改和调整要适当,不可大修大改。教学中反思具有监控性,不但能使教学过程高质高效地进行,更有助于提高教师的教学调控和应变能力。教学中反思教师可运用录音和录像技术,与观察手段一起为以后的教学后反思提供信息。

1-3-3 教学后反思

教学后反思是指"回头思考"或"课后备课"。教师上完课后对整个教学过程及时反思并作出理性分析,根据教学反馈进一步修改和完善教案,明确课堂教学改进的方向和措施;在每节课、每一章节教学结束后,教师对教师教和学生学两方面存在的问题进行反思,找出解决办法,有针对性地改革教法,指导学法。通过教学后反思,教师不仅能直观、具体地总结教学中的长处,发现问题、研究问题、解决问题,再次研究教材和学生,优化教学方法和手段,不断丰富自己的教学经验,提高教学水平;而且能将教学经验系统化、理论化,使教师认识能上升到一个新的理论高度。教学后反思具有批判性,有助于提高教师的教学总结能力和评价能力。

具体围绕教学内容、教学过程、教学策略进行。包括:

(1)教学内容方面

①确定教学目标的适用性;②对实现目标所采取的教学策略做出判断。

(2)教学过程方面

①回忆教学是怎样进行的;②对教学目标的反思:是否达到预期的教学效果;③对教学理论的反思:是否符合教与学的基本规律;④对学生的评价与反思:各类学生是否达到了预定目标;⑤对执行教学计划情况的反思:改变计划的原因和方法是否有效,采用别的活动和方法是否更有效;⑥对改进措施的反思:教学计划怎样修改会更有效。

(3)教学策略方面

①感知环节:教师要意识到教学中存在问题与自己密切相关;②理解环节:教师要对自己的教学活动与倡导的理论、行为结果与期望进行比较,明确问题根源;③重组环节:教师要重审教学思想,寻求新策略;④验证环节:检验新思想、新策略、新方案是否更有效,形成新感知,发现新问题,开始新循环。

教师教学反思的过程,是教师借助行动研究,不断探讨与解决教学目的、教学工具和自身方面的问题,不断提升教学实践的合理性,不断提高教学效益和教科研能力,促进教师专业化的过程。也是教师直接探究和解决教学中的实际问题,不断追求教学实践合理性,全面发展的过程。

 ## 1-4 教学反思的意义

1-4-1 教学反思能促进教师的专业发展

(1)有助于促进教师主动探究教学问题

教学反思可以进一步地激发教师终身学习的自觉冲动,不断地反思会不断地发现困惑,"教然后知困",不断发现一个个陌生的我,这样他就能主动地将与行为有关的因素纳入教学过程中来,重新审视自己教学中所依据的思想,并积极寻找新思想与新策略来解决所面临的教学问题,从而促使自己拜师求教,书海寻宝。教学反思可以激活教师的教学智慧,探索教材内容的崭新表达方式,构建师生互动机制及学生学习新方式。

(2)有助于促进教师成长为研究型教师

教师不仅要成为教学的主体,而且要成为教学研究的主体,把自己作为研究对象,研究自己的教学观念和实践,反思自己的教学实践,反思自己的教学观念、教学行为及教学效果。研究自己的教育实践以及对自己在教学实践中做出的教学行为及由此产生的结果通过反思、研究,不断探究和解决教学问题,教师不断更新教学观念,改善教学行为,提升教学水平。同时形成自己对教学现象、教学问题的独立思考和创造性见解,使自己真正成为教学和教学研究的主人,提高教学工作的自主性和目的性,克服被动性、盲目性,使教学与研究相结合,教学与反思相结合,成为真正的研究者。

(3)有助于改造和提升教师的教学经验

我们从教师成长的规律中可以看到,教师的实践经历不会自动生成科学经验,从而促进专业化发展。对教师来说,只有"经验+反思"才会有效地促进自我更新取向的专业化发展。没有经过反思的经验是狭隘的经验,意识性不够,系统性不强,理解不深透,它只能形成肤浅的认识,并容易导致教师产生封闭的心态,从而不仅无助于而且可能阻碍教师的专业成长。只有经过反思,使原始的经验不断地处于被审视、被修正、被强化、被否定等思维加工中,去粗取精,去伪存真,这样经验才会得到提炼、得到升华,从而成为一种开放性的系统和理性的力量,惟其如此,经验才能成为促进教师专业成长的有力杠杆。

1-4-2 教学反思能促进学生的健康发展

学生的健康发展很大程度上取决于教师教育教学的水平和教师的整体素质,取决于教师的日常教育教学是否有效。我们知道,教师的日常教学实践活动是一种情境性的机智活动。教育教学情景纷繁复杂,千变万化,当一个情况发生时,通常没有时间让教师停下来仔细思考、加以分析,就要教师采取行动。教育的情景要求教师不断地行动,以下意识的方式主动地立刻参与,通常的经验是在我们真正知道了我们做了什么之前我们就已经行动了。这就要求教师能"读懂"教学情景,作出恰当的分析,采取最佳的行动。教学反思正是要求教师在建立正确的教学理念下，迅速全面地对日常教学行为进行思考和分析，积累教学经验，提高教学水平，以不断培养教师的教育教学机智能力。同时，教师通过教学反思，能发现教学中的问题，及时采取更为合理和有效的教学决策来调整已有的教学。教师越是善于反思自身的教学，他的教学就会越有效果，就能更好地促进学生的发展。

1-4-3 教学反思能促进学校的有序发展

(1)师资队伍建设是学校发展的关键

没有一支高素质的教师队伍，学校的教育教学工作怎么能得到顺利的开展，而学校又怎么会有进步？要提高教师队伍的质量，促使他们的教育教学业务水平不断地得到提高，培养教师们的教学反思能力至关重要。只有不断地促使教师们对他们自身的教学情况进行反思和分析，突破狭隘的教学经验的束缚，才能帮助他们踏上专业化成长之路，而学校也才能得以前进。

(2)学校向来将教学质量看做是生命

要保证教学质量，提高教师的教学水平是关键。而认真开展有效的校本教研正是全面提高教师教学水平的主要方式。校本教研就是要寻找学校教学中存在的某个突出的问题作为研究的对象，以本校教师为研究的主体力量，通过学习、讨论、实践、反思等一系列的方法得出研究的成果，并将其运用于学校的实际，以提高学校的教学质量。说到突出问题，基于对教学中问题思考的教学反思就成为了校本教研最普遍和最基本的表现形式，是开展校本教研的主要途径，是校本教研赖以进行的平台。通过校本教研，教师们能共同分析和解决教育教学工作中遇到的问题，不断提高教学水平，促进学校的发展。

2 教学反思研修的问题

 2-1 反思能力存在不足

教师教学反思的能力决定着教师教学反思的效果，它贯穿教师教学反思

的整个过程,具有重要地位。教师教学反思能力的不足具体表现在:

2-1-1　反思内容:深广度待加强

教师更多的是关注对教学方法和教学效果的反思,而忽略了对教学内容以及突发事件的反思。多数教师的反思都停留在表面、不够深入,不能深度挖掘问题产生的根本原因,从而导致类似问题的重复出现。他们仍停留在针对一个问题只思考这一问题的层面,而缺乏一定的拓展与概括。教师的教学反思应该是一个循环上升的过程。一个问题出现了、思考过、解决了,下次遇到的时候应是一个高效的解决过程。但是多数教师并没有做到这一点。所以,教师进行教学反思是必要的,增强教学反思内容的深度和广度更是不容忽视的。

2-1-2　反思方法:比较保守

学校对教师规定了一定的教学反思任务,让教师以写教学后记或反思日志的方式将反思结果呈现给学校领导。教师缺乏运用灵活的教学反思的方法,发现问题和解决问题的方式比较单一,其原因一方面来源于学校的一些硬性规定对教师的束缚,另一方面来源于教师比较保守的性格和思维的局限性。在解决问题的策略上过于保守,缺乏大胆尝试,从而导致教学反思的能力低下。

2-1-3　反思目标:有一定盲目性

教师的教学反思是一个系统、规范的过程,需要一定的理论指导。但是由于部分教师理论素养不高、对教学反思的有关知识了解不全面,从而导致教学反思的内容片面、目标偏离。笔者在调查中了解到,教师多局限于对自己的"教"(包括教的内容,教的过程、教的效果等)的反思,而忽略了对学生的学的反思。教师应把促进学生的发展当成教师进行教学反思的主要目标,偏离了这一目标,就会使得教师的教学反思过于盲目和随意,反思的效果也就不明显了。

2-2 反思缺乏互动交流

教师的教学反思多是在班级或者家里独自完成的,他们将自己隔离在自己的世界里,与外界没有交流和互动。这一问题的产生可能受如下几方面的影响:

2-2-1 学校缄默文化的影响

缄默文化是指教师的教学在很多情形下,只是一种孤立的行为,教师一人备课,一人上课,一人批改作业。教师的教学反思多是自己独立完成的,在孤立的环境中工作着,处于一种隔离状态。他们多是在教室或家中完成的教学反思,与他人没有一定的沟通和交流。这样日复一日,使教师习惯了独处、保持着缄默,形成一种不愿与大家沟通交流的状态。

2-2-2 学校反思氛围的缺失

有关学者认为,如果一位具有反思意识的教师长期处在一个没有反思氛围的环境中,他的这种反思习惯就很难维持下去。教师的教学反思需要一定的氛围的支持。在民主、轻松的氛围中,教师才能畅所欲言。在调查中笔者了解到,多数学校并没有为教师营造一种轻松的、民主的反思氛围,教师自然也很难加入到反思的队伍中来。

学校不能经常开展以教学反思为主题的交流会,而且教师与同事或学校领导间对于教学反思这一问题的交流比较少。有些教师苦于学校的教学任务重,没有时间进行教学反思;有些教师由于反思氛围不强,而导致自身不能积极地进行教学反思;有些教师因为可查阅的相关资料比较匮乏,从而不能很好地掌握教学反思方面的知识;有些教师是因为学校对教师的评价体系不合理,而影响到教师教学反思的积极性;有些教师认为学校缺乏积极的措施鼓励教师进行教学反思。

2-3 反思缺乏主动

大多数教师虽然对教学反思的概念有着较合理的认识，也认为教学反思很重要，可以促进学生的发展。但是有些教师的教学反思只是为了完成学校的任务。在对教师的教学笔记、反思日志等材料进行分析时，我们可以发现，教师的反思有形无神，多是一些口号、理论化的东西，没有实际意义，甚至出现互相抄袭的现象。教师写这些也都是为了应付上级的检查，完成一定的任务。从这些我们可以看出，教学反思并没有引起教师的足够重视，更有甚者，有的教师十分抗拒教学反思，持一种抵触态度，更不必提主动地进行教学反思了。可见，教师的教学反思在总体上还是缺乏一定的主动性的。

2-3-1 认识存在偏差

一些教师有一种错误的认识，认为教学反思是对自身教学能力的否定，他们觉得向同事和领导坦白自己的教学问题是件很尴尬的事情。他们认为如果向别人诉说自己的教学问题，就是自己否定自己，承认自己教学能力的不足，这会让同事瞧不起自己。因此，不愿向同事或领导坦白自己的教学困惑。教学反思本来是对自身教学的一个重新审视的过程，对于不足之处及时添补，这是一个查缺补漏、不断学习的过程，教师却把教学反思当成是否定自己的过程。

2-3-2 反思动力不足

一方面从教师自身来讲，教师没有从根本上认识到教学反思对于其专业成长所具有的巨大作用，从而导致自身不是发自内心的，不是以主人翁的身份去进行教学反思。另一方面是从学校因素来讲，学校的反思理念对教师的教学反思行为有一定的影响。学校反思理念的缺失，在某种程度上会使教师的教学反思行为处在一种不良状态上。有的学校根本不注重教师的教学反思，学校领导也没有反思的观念，自然会对教师产生消极影响。

多数学校没有建立教学反思的联动机制和长效机制。学校施行对没有进行教学反思或者教学反思效果不理想的教师进行惩罚的制度,如扣除奖金或者取消评优资格。这样的制度在一定程度上对教师的教学反思并没有起到积极的作用,而是恰如其反,使得教师压力增大,身心疲惫。此外,学校对教师的不合理的评价也会影响教师的教学反思效果。

2-4　反思缺乏系统认识

通过对部分教师反思日志的研究发现,他们的教学反思大多是对某一教学事件只言片语的描述,内容较随意、凌乱,对后续教学也缺少一定的指导性。这个问题可能是由于教师教学反思的时间不及时,频率相对较低造成的。学校分配给教师的任务过多,使教师不能及时地进行教学反思,多数学校虽然对教师规定了一定的反思任务,但是并没有给教师进行教学反思提供一定的方便。通过与几位教师的交谈,笔者了解到,部分教师(特别是班主任)不仅要承担规定的教学任务,还要做一定的学术研究(例如发表论文等),有的还要配合其他人员开展班级以及学校活动。学校过多的事务性工作使教师没有充足的时间和精力进行教学反思。

另外,虽然我们总在提倡转变传统的应试教育,但是从目前的状况看,学生的成绩对于教师还是很重要的。教师忙于抓学生的学业成绩,也就无暇顾及教学反思了。教学过程中,教师无时无刻不在面临着各种教学问题,这就需要教师及时地、仔细地对问题进行一定的思考,使问题得到高效地解决。

2-5　反思存在群体差异

个别教师群体教学反思意识相对不强,一些新手教师和教龄很高的教师,他们的反思意识较处在职业中期的教师相对较低。在翻阅这些教师的反思日志时会看到这样的现象:日志篇幅较短、内容较空洞、缺乏实际意义。教师的教学反思本应是一个寻找自己上课优缺点的过程。对于优点积极发扬,对于不足之处则应寻找解决办法,力争在以后的教学中加以改进。那些空洞的口号只是为了应付差事,对于教学的提高毫无价值。而对于处在职业中期的教师,他们的反思意识相对较强,反思日志写得更具体,并具有一定的针对性和实效性,对于以后的教学有很强的指导意义。

究其原因:新手教师刚刚走上教学工作岗位处于适应阶段,他们比较注重自己在学生、同事以及学校领导心目中的地位。他们会把大部分时间用于处理人际关系或者管理学生上,从而缺少对教学的研究,更没有意识到教学反思对教学的重要作用。对于部分教龄较高的教师,他们的职业倦怠相对较严重,对工作表现为消极、冷漠、成就感降低。

3 教学反思研修的指导

 ### 3-1 宏观:学校教学反思环境的建构

反思的本质在于质疑现存秩序的合理性,甚至引发主体和环境的冲突。因此,教师进行教学反思需要创设和谐民主的校园氛围,构建有利于教师反思的民主型学校文化。同时,教师反思必须给予制度上的保障,对教师提出反思要求。

3-1-1 创设民主管理环境

民主平等的上下级关系,民主平等的教师群体关系,民主平等的师生关系是顺利实现教师之间信息沟通、观点融合的基本条件。因此,民主性是进行教学反思的基本条件之一。

教师群体中的交往是教师之间最重要的交往,教师群体之间如果实现民主、平等、更自由的交往,则相应会在群体中创设平等、友爱、尊重、和谐的人际关系,个体都互相把对方作为自己事业的合作者和促进者,为他人进行反思形成有利的支持性环境。在这样的教师群体中,教师个体成员将拥有强烈归属感、高度自尊、容纳自我、情绪稳定,从而为群体反思的发生奠定坚实基础。

建设民主的师生关系亦非常重要。民主的师生关系是指师生双方均以主体人格的身份彼此敞开内心世界,进行平等的对话、交流和沟通。教师把学生看成朋友,不但交流学问,还交流人生体会,这种交流是全方位的。在这种平等的交流中,服从的是真理,而不是教师的权威。唯其如此,才有可能实现从学生角度进行教学反思的可能。首先,教师要做到真心爱学生,爱心是师者之灵魂;其次,教师要尊重学生的人格。教师面对的是的个体,他们都是独一无二的,我们应树立正确的学生观,尊重每一个学生的人格;第三,实现角色转变,善于倾听学生的心音。当今的学生拥有更多新的信息。教师要勇于面对学生,真诚地与学生交往,将其视为进行教学反思的一面镜子。

3-1-2 建设学习型的学校

学习型学校是学习型组织的、自我超越的、持续发展的学校,讲求自我与群体的反思是学习型学校的显著特色之一。学习型学校的教职员工不仅善于不断学习、持续创新,而且拥有共同愿景,强调团队协作。学习型学校的教职员工追求五项修炼,即:自我超越、改善心智模式(反思)、建立共同愿景、团队学习、系统思考。创建学习型学校可以从以下几个角度进行:

(1)确立学校共同愿景

愿景必须清晰明确、切合学校工作实际,而且具有前瞻性,体现组织的长远目标。

(2)重建学校的组织结构

学校要削减不需要的部门或者合并功能类似的部门;减少学校决策层与操作层之间的间隔层次;增加横向联系与沟通;尽最大可能地将决策权向组织结构的下层转移,让基层单位或成员拥有充分的自主权和决策权,从而形成扁平化的以"基层为主"的学校组织结构。

(3)塑造学校的反思学习文化

学习文化的塑造是推动学习型学校建设的重要策略,同时,教师个体的不断学习是进行自我反思的良好途径。营造学习型的学习文化首先要更新学习观念,推崇共同学习的信念,引导学校成员共同学习;其次,要支持并鼓励不断学习和创新,提倡学校成员开发学习潜能,在工作中学习、探索、交流和实验;再次,要为建立各种学习团队创造条件,创建理解和信任的共同氛围,建立良好的沟通环境和人际关系,为知识和思想的自由流通、共享、使用和创造提供保障。

(4)建立以反思为基础的组织学习系统

反思学习系统的组成要素包括反思的内容、方法和机制。学校组织学习中教师的反思就是对自己的教育思想、教育观念和行为用批判和审视的眼光去看待,并作出理性的判断和选择,对反思后新产生的观点、看法、评价又用于改进自己的教育教学活动。组织教师进行行动学习,行动学习包括问题挑战、观察反思、转换定式(以全新的视角关注、接受、理解事务、形成全新的、更具效能的思路与对策)、调整规划、行动体验几个环节。

3-1-3 关注教师团队建设

团队是一些才能互补、密切合作并为负有共同责任的目标而奉献的人员的集合。教师团队是学校生存和发展的根本。所谓教师团队是指由三名或三名以上的教师组成的一个共同体,该共同体合理利用每一个成员的知识和技能协同工作,解决问题,达到共同的目标。在团队内部进行讨论,对于有关的课堂实践问题相互合作、质疑与促进,并分享合作的乐趣,在讨论中,每个成员都要谈自己在这一阶段的研究情况。教师团队以专业讨论、课程开发、同行观察、同行指导、行动研究为其行为特征。因而,只有在团队中凭借团队的机制才能实现信息共享,彼此沟通,进而凭借团队的力量使教学反思在更广阔的领域和更深的层次进行。进行教师团队建设应从以下几方面进行:

(1)明确团队目标和团队使命

团队成员要明确任务和目标,并且通过合适的方式,传递到团队的每一个成员,甚至是团队以外,以此作为激励团队奋发图强的精神支柱。

(2)确定团队成员和动作规则

团队成员的特点要符合团队目标和任务性质,就是要把合适的人放在合适的团队里。确定团队动作规则,就是要明确团队成员的内部分工,定义团队中每一成员的职责,建立有效的绩效评估机制。

(3)确立团队内部信息沟通的方式

团队内部分工不同,成员之间需要相互协作,因此建立一个明确的、合理的沟通方法,从而形成人与人之间的良好关系,是确保团队效率的前提。

3-1-4 建立教学反思机制

建立学校教学反思制度是有效促进教师教学反思的手段,多数教师认为将撰写教学反思作为考核教师的一项指标较为合适。因此建立学校教学反思制度,进行规范管理就尤其必要。

(1)合理安排教师工作任务,贯彻民主管理原则

首先,学校一方面要给教师安排合理的任务,使教师在轻松的状态下进行反思,而不再把教学反思当成一种负担。美国学者戴安·霍吉斯在其著作中曾对学校领导者给出这样的建议:让教师在新学年开始时给自己写一封信,信中写下自己在新的学年在某些方面(如关于课程、课堂管理、家长沟通等方面)的目标,再让他们为处理好同事关系和相互支持制定一个目标。然后把这些目标放在一个信封里,正面写上该教师的名字,把信封封好并保存起来。值得注意的是,写这些目标的人也是唯一读此信的人。在第二学期开始的时候,保管信的人把这些信发给教师,让他们回顾并反思自己目标的完成情况,然后重新封好信封,并由校长保管好。到学年末的时候,再把这些装有各自目标的信封发给相应的教师,让他们回顾和反省自己目标的完成情况,并为下个学年制定目标。另一方面,学校的管理要坚持民主性原则,倾听教师的声音,并增强管理工作的透明度。学校的日常管理制度的制定,应该征求教师的意见。管理制度只有在教师认可并接受的条件下,才可以发挥它的作用。有的学校给每位教师发放一个日记本,要求教师每天写一篇反思日志。多数教师表示不愿接受这样的管理制度,这也就造成了教师对教学反思的消极对待。学校领导可以依照实际情况,将学校的管理目标与教师的意愿加以融合,以促使集体目标的实现。此外,要创新学校管理制度,让教师参与学校的管理,这样就容易使教师树立主人翁意识,参与学校的建设,并将提高教学质量作为己任,积极地投身到教学工作之中,从而增强教学反思的主动性。

(2)建立科学、有效的激励制度

激励有物质的也有精神的,但其作用是一致的。激励的主要作用有:激励可以凝聚人心；激励可以引导规范人的行为；激励可以调动人的积极性和创造性；激励可以充分激发个人潜能；激励可以提高管理效率；激励有利于组织目标的实现；激励可以推动事业发展、社会进步。因此，学校可以建立一套关于教学反思的有效程序和长效联动机制。学校可以依据实际情况制定合理的奖惩激励机制，并坚持奖励为主，惩罚为辅的原则以及精神奖励和物质奖励相结合的原则，从而对教师的教学反思起到一定的助推作用。

(3)构建科学、合理的评价体系

对教师进行科学的、客观的评价是调动教师积极性的有效杠杆，有助于激发教师对教学工作的热情，使其更有活力地投身到教育教学工作之中。学校对教师的评价不应仅限于管理层依据学生的成绩对教师进行的评价，应施行学生评价、同事评价、自我评价、领导评价以及家长评价相结合的方式，使教师得到较全面的评价。另外，学校对教师的评价一直使用同一个指标，忽略了学科间的差异。应该根据不同的教师、不同的学科、不同的阶段采用不同的标准。学校还应实施发展性评价，用发展的眼光看待教师的专业成长。教师只有得到公平的评价才会思考自己与其他教师的差距，进而反思自己在教学上的不足。

3-1-5 重视发挥专家引领作用

"专家引领"通常指具有教育研究专长的人员通过他们的先进理念、思想方法和先进经验引导和带动一线教育工作者开展教育实践探索、促进教师专业发展的活动形态。专家在教师进行反思的过程中可以对教师进行集中指导，帮助教师扩展反思的内容，提高反思的深度；可以和教师一起发现教学中的问题，让教师主动去思考这些问题产生的原因，并寻找相应的改进措施。教育专家可以利用多种方式引领教师提高他们的教学反思能力：

(1)进行教学反思理论培训，加强教师的反思理论知识

理论知识的丰富能帮助他们总结和提升教学经验，使之发展成为有个性的专家型教师。

(2)开展教学反思对话与交流，帮助他们学会反思

通过了解他们的教学随笔，与他们进行平等对话，提出能够帮助他们从不同的角度进行思考的问题,不断追问教学事件背后的原因,使他们的教学反思更深入。

(3)鼓励和引导教师产生教学反思倾向和表现教学反思行为的意愿

通过给予教师积极的评价,搭建教师进行教学反思交流的平台,提供教师通过教学反思展现教育教学成果的机会,引导教师将教学反思走向深入,实现教师自我自觉反思和专业发展。

3-1-6 推进教师行动研究

行动研究既是思想也是方法。行动研究的主体是教育教学实践者,即教师和管理人员。在行动中研究就是在行动中反思,行动的实践与反思的知识建构辩证互动,达到"行""知"的统一与融合。行动研究的对象是研究者自身的实践活动,其研究的目的是为了解决教师在具体的教育教学情境中面对的实际教育教学问题,进而改进实践,促进学生和教师的发展。行动研究的过程是一个反思性的循环过程。同样面对一个教学问题,行动研究会更注意问题的解决过程以及问题解决过程中的观察与反思。因此,如果说纸笔式反思形式在于培养教师的反思习惯与问题意识,则行动研究能够有效推进教学反思的深化与问题的解决。为推进行动研究的进行,学校应从以下几方面进行:

(1)给予教师研究资源

中小学教师最好能与大学和研究机构建立某种联系,由这些研究机构或大学的研究者协助教师找到他们所需要的某种理论,帮助教师表述和形成自己的研究问题,拟定研究计划。

(2)给予教师充足的时间

学校管理者要重视教师参与科研对教师专业成长的重要作用,鼓励和支持教师参与科研,并尽最大的努力给教师提供充足的时间。

(3)要营造宽松、平等的研究氛围

目前,尽管大部分学校提倡"科研兴校",鼓励教师进行教科研,然而很多教师都是在独自摸索,教师之间缺乏交流与沟通,鲜有合作。学校管理者应创造机会让教师能够进行平等交流与合作,允许不同的教学观点和教学方式存在。教师只有在这种开放的环境氛围中,才能和他人讨论、合作,通过行动研究来解决这些问题,改善自己的教育教学。

 ## 3-2 微观:教师个体反思策略的构建

3-2-1 增强教学反思主动性

(1)转变教育理念

苏霍姆林斯基说过:"如果想让教师的劳动能给教师带来乐趣,使天天上课不至于变成一种单调乏味的义务,那就应当引导每一位教师走上从事研究的这条幸福的道路上来。"教育科研不仅能够摆脱传统经验型教师对于教学经验的依赖,而且能够激发教师教学兴趣,提升教师创造力,促进教师反思。教师只有紧紧依托教育科研,加强教育理论的创新与实践的探索,才能适应时代发展的需要,逐渐成长为反思研究型的教师。重视教育科研,不仅有助于提高教育工作者对教育教学规律的认识,提高运用新的教育理论指导自己教育实践的质量和水平,而且有助于教育工作者把已有的经验理论化、系统化、操作化,促进教学的规范化和科学化,提升自己对教学实践的理性认识。因此,重视教育科研,走教、研相结合的道路是教师能够进行教学反思的基本前提之一。

(2)正确认识反思

部分教师认为教学反思是对自身教学能力的否定,因此不愿向同事或领导坦白自己的教学困惑。其实,教学反思一部分是对自身教学问题的重新审视,另一部分也是发现自身教学过程中闪光点的有效途径。教师在进行教学反思时,将肯定与批判相结合,取其精华、去其糟粕,才能使教学反思达到良好的效果,进而激发教师更加积极主动地进行教学反思。

教师的教学水平受教师教学反思能力的制约。教学反思能力强的教师,他们的教学水平一般比较高。教学反思能力对于教师的教学具有重大意义,教师要深刻认识到这一点。科学、有效的教学反思不但可以提高教师自身的教学质量,还对学生的发展起到一定的促进作用。教师应转变教育教学理念、更新教学方式,深入挖掘教学反思的巨大潜能,以此来促进教学质量的提升和学生综合素质的提高。

(3) 增强问题意识

教师要具有一双发现问题的眼睛,善于发现教学中的问题。问题意识可以激发教师的好奇心和探索精神,而好奇心又可以推动问题意识。学者申继亮曾指出,求知的欲望、对现状的不满意、对事物的关注、面临的挑战等,可以推动人们不断探索。因此,教学中存在各种各样问题,有的是外显的,有的是内隐的,这就需要教师具有敏锐的洞察力和观察力及时发现问题,形成对问题解决的挑战意识,进而增强教学反思的意识。

3-2-2 优化教学反思的基础

(1) 提升自身的理论素养

教师教学反思水平的提高,不仅依赖于长期以来积累的经验,还要具备一定的理论基础。教师常常在教学中感到迷茫和困惑,这都是由于教师对教学理论理解得不深入所造成的。只有将教学中遇到的困难上升到理论层面进行深入剖析,才能发现问题的本质,教师解决问题的能力才能得到提升。教师要通过不断的理论学习来提升自己的能力。教师可以通过对理论知识的学习,掌握本体性知识和条件性知识,再对二者进行有机整合,可促进实践性知识的形成。教师要坚持对教育教学的理论学习,适应时代的要求,更新教育观念。首先,教师可以通过阅读与教育教学工作有关的书籍、刊物的形式,学习相关理论。这种方式简单易行,可贯穿于教师理论学习的始终。值得注意的是,教师不应仅限于阅读教育学方面的资料,阅读面应放宽,哲学、心理学、社会学等方面的知识对于教学的顺利开展和教学质量的提高具有重大作用。其次,教师在学习现成理论的同时,还要构建个人的教育理论。将自己在教学过程中积累的经验加以总结概括,形成一个完整体系,以备日后之用。教师还可以将个人的教育理论与他人总结的理论进行互换学习,以丰富完善自己的理论体系。最后,教师要有意识的培养自己的研究能力。积极参加学校的校本开发、教研活动,在研究中拓展思维、丰富理论、提高能力。总之,只有具备深厚的理论素养,教师的教学反思才能更加深入,从而促进教师教学反思水平的提高。

(2) 积累丰富的教学经验

依据舍恩"行动中的反思"理论,实践工作者已建构出整个资料库,囊括了各种实例、形象、理解和行动。实践者的这个"锦囊库"涵盖了他过去所有的经验,而这些经验有助于他的理解和行动。舍恩同时指出,行动中反思的思维方式为:"相似地看着"和"相似地解决着"。行动中反思者的资料库的广度和多样性对于其进行教学反思具有关键作用。因此,教师必须积累丰富的教学经验,丰富自身的"锦囊库",以便顺利进行行动中的反思。

① 运用师徒制。师徒结队利于教学经验传播,利于初任教师丰富教学经验,利于行动中的反思。初任教师要虚心向老教师学习,不断摸索、磨炼和提升自己的教育教学经验,充实资料库的内容,为日后处理新情境产生新想法奠定基础。

② 分析他人典型案例。通过对优秀教师典型案例的分析,我们可以获得鲜活的教育教学思想与方法的范例。如果教师能把自己的同类经验与优秀教师的经验分析比较起来,便会获得反思的成功,丰富自身经验。

③ 观察他人和自己。教师可以通过对其他同事的课堂、教案进行观察,与自己的工作进行比较,从而发现问题,获得经验,促进反思。另外,教师可以通过借助一定的设备,如录音、录像等,对于自身的教学活动进行观察,真实地记录下自己的教学活动。然后,进行深入剖析获取教学经验。

3-2-3 掌握教学反思的技能

(1) 反思方法多样

教学反思是在一定教学理论指导下开展的一种教学研究和实践活动,教学反思离不开反思理论的指导。因此,开展教学反思也对教师的教育理论素养提出了很高的要求。教师应牢固树立并践行终身教育和终身学习的理念,采取自学、脱产培训、进修、科研、教学实践等多种学习形式,广泛培育自己的学习动力、学习毅力和学习能力。还可以经常自觉地学习教育教学基本理论和阅读中外教育家名著来提高自身理论层次、素养和水平。从调查统计的结果来看,中小学教师对教学反思已有初步认识,但对于反思方法并不熟练,这已成为制约当前教师教学反思有效进行的一个重要因素。针对这一问题,我们应该加强教师反思知识、反思方法的学习,丰富自身的反思理论知识,从而为自己科学、有效地开展教学反思奠定理论和思想方法上的准备和基础。常用的反思方法主要有:

①教学后记。教学后记具有恰当性、灵活性的特点。看似点点滴滴、零零碎碎,但源于教学实践,出自深刻的思考,是教师自己的真切感受,弥足珍贵。不仅可以丰富教学经验,完善自我,关键在于为下一步开展教学深层研究提供了原始资料。为发现问题,做出假设,生成变量奠定坚实基础,也为开展教学行动研究做好铺垫。教学后记可以从以下几个角度着手进行:①写下这节课最成功、自己最得意之处,既享受成功的喜悦,又总结了宝贵的经验;②写下这节课的失误点,进行再教设计,为开展行动研究奠定基础;③写下新奇的想法、闪现的灵感。多问几个为什么,这种想法有心理学、课程论依据吗?会比原有想法更能激发课堂活力吗?如何落实这些创造性教学灵感?④写下学生学习中的疑难点,思考如何激疑、点拨,优化课堂教学,提高效率;⑤写下教学感悟,即有关教学的新思想、新观点、新见解,为探讨教育教学思想积累素材。这常常成为教育教学研究的发端。

②教学随笔。《辞海》对随笔是这样定义的:"随笔:散文的一种。随手写来,不拘一格。中国宋代以后,杂记见闻,也用此名。优秀的随笔以借事抒情、夹叙夹议、语言洗练、意味隽永为其特色。"可见,随笔的精髓在于"随"字,可以借助随笔随时记录自己的所思与所感,没有格式的限制。对于教学随笔,我们应强调其具体、真实、有感而发,把此时此地自己的感想写清楚。一有感触立即动笔,不拘形式。教学随笔积累起来的思维、情感的火花会成为其他类型反思或行动研究的原始材料。这种教学反思形式以其时间的随机性,内容的广泛性以及形式的多样性而受到广大教师的欢迎。但在推广这种教学反思形式时应与相应的反思制度相配合,实行制度引领,以免流于形式,浅表化。

③反思日记。教学后记要求短小精悍,反思日记要求详细具体,侧重于

记载课堂以外的一些教育教学经验、学法指导以及公开课、观摩课、教学研讨活动后的认识、收获、体会感悟等。必要时要对事情发生的过程、背景进行详细的描述,为深入研究或进行专题研究积累原始材料。教学后记一般来讲每天都要写,而反思日记要求每周能写1~2篇,但一定要有感而发,忌无病呻吟。

(2)反思形式灵活

教学反思,怎样写?写无定式。这里的"式",特指撰写的方式。教师可以"八仙过海,各显神通"。但教师呈现在教案中的教学反思,惯用的形式一般有四种:旁注、点批、总评、串析。

①旁注。旁注就是在教案旁边的空白处写反思。旁注的重点是教学的"细节":将在教学过程中,某一个问题的提出、某一个知识点的展开、某一处操作的安排、某一道练习的设计等所引发的点滴感受,及时用简要的语言真实地记下来。坚持旁注,有利于教学感悟的积累。

②点批。点批就是在教案环节的中间处写反思。点批的重点是教学的"片断":对教学过程中出现的一些令人难忘的东西,或典型的经验,或深刻的教训,或得意的做法,或失落的感悟,进行深层次的剖析。坚持点批,有利于教学水平的提升。

③总评。总评就是在课时设计的结尾处写反思。总评的重点是教学的"整体":通过对教学过程的回顾,反思教学目标的达成度,教学预案的可行性,教学过程的合理化……从多个角度去透视教学实践。坚持总评,有利于教学风格的形成。

④串析。串析就是在章节设计的结束处写反思。串析的重点是"归纳":对一个阶段积累的教学反思进行系统的归类、比较、分析,从多个特殊的现象中梳理出共同的本质。坚持"串析",有利于教学经验的提炼。

(3)反思过程清晰

教师反思的过程经历"具体经验—观察分析—抽象的重新概括—积极的验证"四个过程。

①教学反思具体经验阶段。该阶段的任务是使教师意识到问题的存在,

并明确问题情境。

②教学反思观察与分析阶段。该阶段教师将广泛收集并分析有关的经验,特别是关于自己活动的信息,以批判的眼光反观自身,包括自己的思想、行为,也包括自己的信念、价值观、态度和情感。在获得一定的信息之后,教师要对它们进行分析,看驱动自己的教学活动的各种思想观念到底是什么,它与自己所倡导的理论是否一致,自己的行为与预期结果是否一致等,从而明确问题的根源所在。经过分析,教师会对问题情境形成更为明确的认识。

③教学反思重新概括阶段。此阶段教师将在观察分析的基础上,反思旧思想,并积极寻找新思想与新策略来解决所面临的问题。

④教学反思积极的验证阶段。这时要检验上阶段所形成的概括的行动和假设。在检验的过程中,教师会遇到新的具体经验,从而又进入教学反思的第一阶段,开始新的循环。

在以上四个环节中,反思最集中地体现在观察和分析阶段,但它只有和其他环节结合起来才会更好地发挥作用。在实际的反思活动中,以上四个环节往往前后交错,界限不甚分明。

(4)反思策略有效

①对教材质疑。因为求稳,有时教学须"照葫芦画瓢":铺垫是教材的"复习题",新授是教材的"原例题",反馈是教材的"做一做",巩固是教材的"练习题"……这在事理上无可非议,可教学下来总感觉心里不是滋味。这是为什么?我们不妨对教材进行质疑:复习的知识是否有利于新知的展开?例题的内容是否贴近学生的生活实际?巩固练习是否具有反馈的功能?课后的习题是否灵活有趣?如果"没有",就应跳出教材用教材:将学生生活中最熟悉、最感兴趣的内容融入例题与习题之中,体现教学的生活化,增强数学的趣味性,展现教学的价值观。

②与学生换位。因为"责任",有时教学须费"九牛二虎"之力:该讲的讲了,该问的问了,该做的做了,该练的练了。这在常规上无可挑剔,可教学下来总感觉效果不很明显。这是为什么?我们不妨与学生换换位:如果我是学生会怎样?如果学生是这样,我该怎么样?是不是不该讲的也讲了,不该

问的也问了,不该做的也做了,不该练的也练了?如果"是",就当站在学生的角度去审视:教学的目标、教学的起点、教学的过程,怎么才能符合学生的年龄特征,符合学生的思维特点,符合学生的认知水平,符合学生的心理需求?

③和他人比较。因为课改,有时教学须"赶鸭子上架":直观、谈话、操作、演示、验证、归纳等多种手段并用。这在程序上无可厚非,可教学下来总感觉没有起色。这是为什么?我们不妨和他人相比较:在学校里听一听同行的课,在刊物上看一看他人的设计,在录像中观一观名家的课例。然后反思他人的教学好在哪里?自己的教学弱在何处?在比较中鉴别,在鉴别中改进,在改进中提高。

④请名师指点。因为创新,有时教学须"初生牛犊不畏虎":创设贴近生活的实例,营造平等交流的氛围,安排充足时间的实践,组织双向互动的合作……这在闯劲上无可指责,可教学下来总感觉特色不够鲜明。这是为什么?我们不妨邀同行听一听自己的教学,评一评得失,在"听"与"评"中为自己"把脉";请名师改一改自己的典型教案,作一作公开课例,在"改"与"作"中为自己"会诊",进而促使自己由"当事者迷"向着"当事者清"的目标迈进。

(5)反思途径恰当

教师的教学反思应该是多角度、多维度的。

①撰写教学日志,从教育经历中反思。教学日志是教师把教学过程中的一些感触、思考或困惑记录下来,并在此基础上对其进行分析,以理清思路、提高认识、改进教学的一种手段和方法。

每一位教师的成长经历都蕴含着他的体验、经验,反映出他所处的环境和所过的生活。然而,仅仅拥有经历并不意味着已经对它进行了反思,只有对它们进行理解、分析和批判,才能促进教师的发展和进步。因此,在撰写教学日志时,不仅要从教材内容、课堂结构、教学方法、学法指导、师生互动、多媒体使用、问题设置、作业设计等方面挖掘亮点,同时也要寻找不足,要对教学活动的得与失有所思有所悟。

要写好教学日志,首先要明确日志应记录哪些内容,所记内容不是预先设想出来的,而是经过教学实践后回顾、反思、总结出来的。其次,在写作形式上,没有固定的格式和要求,教师可按自己喜欢的方式予以记录,自由展示自己的撰写风格和特色。事实上,写日志的过程也是教师对教学进行反思的过程,是教师在用自己的理性思考评判自己的教育教学行为,力图解决教育过程中的种种问题的过程,是教师步入反思境界的有效途径。

②寻求同伴对话,在对话讨论中反思。教师对以往教育经历的反思与"个人理解"毕竟有一定的局限,如果有同事参与相互讨论、共同分析,提供"不同意见""多种声音",这样可以促使教师借助集体的智慧,不断矫正个人理解的偏颇,才能在观察、认识自己的教学实践时更客观,批判性反思才更有效。

瑞吉欧教育体系创始人马拉古奇认为,教师必须放弃孤立、沉默的工作模式,提倡合作性团队学习。瑞吉欧的老师们每周平均有6小时用于教师间的交流、讨论,协商解决教学中出现的问题,观察学生的兴趣表现,观看个人文档记录(自传),争论各种教育问题,共同致力于专业发展。如果教师生活在一种合作的文化氛围中,开放性的对话和讨论会促使每位教师的思想得到升华、教学行为得以改善,促使教师更有效地进行思考,促使教师把实践经验上升到理论水平。在对话讨论中,教师必须坦诚地说出自己在教学中存在的问题,只有这样才能在共同探讨、相互对话中寻求解决的方法,最后形成的解决问题的策略才能为所有参与者共享。研究发现,专家型教师总是习惯于以开放的姿态迎接新事物,善于借鉴他人成功的教学经验并灵活地运用到自己的教学实践中,以达到改进自己教学行为的目的。因此,同事们可以作为一面批判的镜子,反射出我们行动的影像……当我们聆听他们讲述相同的经历时,就可以检查、重构和扩展我们自己的实践理论。

③阅读理论文献,在理论解读中反思。教师的工作虽然需要经验的积累,但更需要理论的指导。因为系统的理论分析可以帮助教师审视那些教师教学中的直觉判断和缄默知识,帮助教师认识和理解自己的行为和思想,而且还可以为他们的实践提供多种可能,增强他们清晰地陈述自己行为的理论基础。理论知识不是教学活动本身,但它却对教学活动具有指导的作用。教师在实践中往往发现不了自己教学中存在的问题,或者对教学中出现的问题

表现出困惑的状态。通过对理论的学习和思考有助于教师真正理解教学的意义,启迪自己的思想,增强自己的理性智慧,改进教学实践。因此,为更好地进行教学反思,教师必须借助于理论分析。当前,教师特别要学习好新一轮基础教育课程改革方面的教育理论,学习教师专业化及促进教师专业发展方面的理论,如教育部师范教育司组织编写的《教师专业化的理论与实践》、叶澜主编的《教师角色与教师发展新探》、朱慕菊主编的《走进新课程:与课程实施者对话》、袁振国的《教育新理念》、傅道春主编的《教师的成长与发展》。这些书不仅可以帮助教师改进自己的教学实践,更好地理解自己的教学行为,而且还为教师提供看待事物的多维视角。

④征求学生意见,从学生反馈中反思。《礼记·学记》记载:"虽有嘉肴,弗食,不知其旨也。虽有至道,弗学,不知其善也。是故学然后知不足,教然后知困。知不足,然后能自反也,知困,然后能自强也。故曰教学相长也。"这是关于教学相长思想最早的比较完整的表述。如今,教学是双主体的活动已得到普遍的认同。双主体是同一个过程的两个方面,通过同一个教学过程,不但使学生得到进步,而且使得教师也得到提高。的确,教学是由师生双方组成的双边共同活动,师生之间借助于反馈互通实现一种独特的交流,从而使师生双方获益。正如布鲁克菲尔德所说,了解学生对教学的体验是一个教师做好工作所需要的基本的、首要的知识,没有这些知识,所有的教育技能都将失去意义。这是因为学生对教学有着自己独到的见解,他们从自己的实际需要、兴趣、爱好出发,对教学方法、教学内容、教学进程、课程安排及课堂组织形式等进行评价,使教师不仅能够清楚地认识到自己教学上的闪光点与不足,而且能够更深入地了解学生的真实感受和需要。从学生的角度反思自己的教学行为及其结果是教师有效教学的重要保证。

以上所探讨的几种反思途径并非是完全独立的,它们实际上是相互联系的。在实际教学过程中教师可以根据自己的需要使用其中的一种或将几种途径综合起来使用,也可以自己创造出新的反思途径。

(6)反思要求明确

①要以具体的教学活动为基础。教学反思不是抽象的思辨活动,离不

开具体的对象,这个对象必须有时间、有地点、有人物、有事件,是在真实情境中发生的"原生态"的教学事实,是由特定时空中,教师、学生、教学内容等各种因素构成的教学场景和教学细节。这些场景和细节可以是教师自己的,也可以是他人的;可以直接来自于实际的课堂观察或课堂经历,也可以是通过录像、录音等手段所保存下来的教学记录,或以文字形式记录下来的教学实录。但不管是哪种方式,都应能具体生动地再现当时的教学情境。

②要选好反思的切入点。教学活动是一种由多个要素在特定条件下整合而成的连续性活动,具有时间性和整体性。面对这样一个复杂整体,作为一种理性思维的反思,要洞察其全部,只能选取合适的"切入点"。选取"切入点"的过程,是对教学事实进行再认识的过程,也是反思主题的提炼过程。在这个过程中,我们可以找到反思的着力点,顺利打开思路,从具体的视角审视课堂教学中的深层问题。

③要依托一定的教学理论。教学反思需要理论的参与。通过理论的参与,可以使教学反思冲破原有的"认识框架",超越简单的"是"与"非"、"好"与"不好"的纯粹经验性的判断和理解,从而探讨出隐藏在教师教学行为背后的教学理念、教学智慧等,有效地对实践进行恰如其分的批判和评价,乃至进一步提炼出属于自己的"扎根"理论。

④要进行必要的分析阐释。教学反思中的理论不同于一般理论文章中对理论的阐述,它是在吃透理论基础上的理论运用,有时候表现出来的虽然只是"片言只语",但它决不是反思的"点缀"或"标签",它必须与教学活动的分析阐释结合在一起,揭示出教学活动中隐含的教育理论和实践智慧,总结其中的经验和教训,发挥理论在教学反思中的真正价值。

⑤要开展对话交流活动。教学反思是对教学活动的一种主观化思考。不同教师由于专业兴趣和视野的限制,反思时很可能出现"视域"的分歧,不同教师有不同的"关注点",立论的依据不同,认识的深浅不同,对同一教学现象有时会发出多种声音。正是这些不同的声音,为我们从不同侧面进入教学、认识教学活动提供了多维的视角。因此,教学反思不能"执一己之端",还需要开展对话交流活动,让不同的教师参与反思,通过不同的声音,唤起

对教学活动不同层次、不同视角的思考,在不同见解的碰撞争鸣中,对教学活动进行"考问",从而切近教学的真实,促进参与者不断调整自己的认识,既不简单认同,又不固执己见,你来我往,如琢如磨,推动反思的深入。

案例展示

《日月潭》教学反思

《日月潭》是人教版第四册第三单元的第一篇课文,是一篇文质兼美的写景类文章,作者以清晨和中午两个特写镜头展示了日月潭的秀丽风光,表达了作者对宝岛台湾和祖国大好河山的热爱之情。文章结构清晰,景美情浓,如诗如画的自然景观使人有身临其境之感。

为了让学生感受日月潭的秀丽风光,体会作者对宝岛台湾和祖国大好河山的热爱之情,在第二课时预设了以下三个目标:

1. 通过正确、流利、有感情地朗读课文第三、四自然段,感受日月潭的秀丽风光。

2. 激发学生热爱祖国宝岛台湾、热爱祖国大好山河、盼望祖国统一的情感。

3. 背诵自己喜欢的部分,指导学生积累好词佳句。

根据教学目标,我设计了激情板画台湾版图——读文感知日月潭的位置、来历——感知中通过"比聪明"的游戏练习(根据课文内容填空和引用课文中的相关词语,练习用不同的方式介绍日月潭名称的来历)——抓重点词练读第三、四自然段,感悟积累日月潭的秀丽风光——拓展延伸,激发学生热爱宝岛台湾并期盼其早日回归之情。

上课之前,我就设想到学生感悟日月潭秀丽风光是一个重点,也是难点,要进一步激发热爱宝岛和期盼其早日回归之情更是难。虽然课文中有一幅插图,但由于插图既表现不出早晨的美景,也看不出是中午太阳高照的明丽风光,更不是下蒙蒙细雨时的朦胧仙境,其实,我也找到了这一课的相关图片,但由于想到要让课堂回归常态,因此也就打消了用课件的念头,于是就想到用联系生活实际的方式感知日月潭的秀丽风光。

静心思考,本堂课自己也有一点感悟反思:

一、心中装着目标,为达到目标时刻提醒自己每个环节该采取何种措施

如为了让学生知道台湾是我国不可分割的部分,我通过课前鼓励学

生在中国地图上寻找台湾在公鸡版图上的位置,课堂上在黑板上画台湾的版图及日月潭在台湾版图上的位置,潜移默化地让学生知道"日月潭在台湾,台湾属于我们中国",在学生感悟日月潭的秀丽风光后就能激起其热爱宝岛台湾及期盼台湾早日回归之情。

二、让学生在"勾画、理解、背诵"中积累语言

由于这是一篇写景的课文,而且文章的文字又写得很美,是锻炼学生语感,帮助学生积累语言材料的好文章。所以我抓住课文中的优美语句,让学生自由读、抽读、男女生赛读第三、四自然段,读出感受,读中勾画重点词,勾画并背诵自己喜欢的美景,最后背诵积累。在帮助学生理解词义时,采用文本联系生活场景的方法理解"隐隐约约""蒙蒙细雨""朦胧"等词。

三、感知语言,培养语感有所体现,但细节处关注预设不够

著名语言学家吕叔湘先生说过:"语文教学的首要任务就是培养学生各方面的语感能力。"《小学语文教学大纲》中也指出:"要让学生充分地读,在读中整体感知,在读中有所感悟,在读中培养语感。"可见,没有"读"这个基础,培养学生的语感能力就会成为无源之水、无本之木。因此。"读——品——诵——用"是培养学生语感的一条重要途径。这节课上,当抽学生读第一自然段让其他学生说说这一段告诉了我们什么时,我用低段学生喜欢的选用红花中的词语概括介绍,还在学生读后感悟日月潭名字的来历时让学生在"比聪明"的游戏中练习用把字句、被字句及调换词序的方式练习说话。在读悟第三、四自然段感悟美景中勾画圈点好词佳句。虽然如此,但细节处关注不够,如在让学生用"光华岛、两半、北边、日潭、南边、月潭、来历"这些词语连起来说一句话时,此题的要求有点含混,致使学生将这一练习想成了连词成句,让学生觉得此题难度过大,所以此时我一再引导学生用把字句、被字句、调换词序叙述日月潭的来历耗时过多,训练欠火候,致使有的学生表述不是很清楚。又如在课堂上虽有积累词句的指导,但没能让学生在课堂上及时摘抄。在学生感悟日月潭美景说体会时面不大,课堂上激励机智不够。

参考文献

[1] 塔格特,威尔逊. 提高教师反思力50策略[M]. 赵丽,译. 北京:中国轻工业出版社,2008.

[2] 陈琦,刘儒德. 当代教育心理学[M]. 北京:北京师范大学出版社,2007.

[3] 涂艳国. 教育评价[M]. 北京:高等教育出版社,2007.

[4] 格雷德勒. 学习与教学:从理论到实践[M]. 张奇,译. 北京:中国轻工业出版社,2007.

[5] 坎波伊. 课堂问题分析与解决:成为反思型教师[M]. 赵清梅,译. 北京:中国轻工业出版社,2007.

[6] 迪克. 系统化教学设计[M]. 庞维国,译. 上海:华东师范大学出版社,2007.

[7] 加涅. 教学设计原理[M]. 王小明,译. 上海:华东师范大学出版社,2007.

[8] 大卫·特里普. 教学中的关键事件[M]. 邓妍妍,郑汉文,译. 石家庄:河北人民出版社,2007.

[9] 余文森,洪明. 校本研究九大要点[M]. 福州:福建教育出版社,2007.

[10] 余文森,连榕. 教师专业发展[M]. 福州:福建教育出版社,2007.

[11] 费斯勒,克里斯坦森. 教师职业生涯周期:教师专业发展指导[M].

董丽敏,高耀明,译.北京:中国轻工业出版社,2005.

[12] 帕森斯,布朗.反思型教师与行动研究[M].郑丹丹,译.北京:中国轻工业出版社,2005.

[13] 徐学福,艾兴,周先进.反思教学[M].成都:四川教育出版社,2006.

[14] 布卢姆.教育评价[M].邱渊,译.上海:华东师范大学出版社,1987.

[15] 吕洪波.教师反思的方法[M].北京:教育科学出版社,2006.

[16] 饶从满,杨秀玉,邓涛等.教师专业发展[M].长春:东北师范大学出版社,2005.

[17] 迪克,凯里.教学系统化设计(第五版)[M].汪琼,译.北京:高等教育出版社,2004.

[18] 刘良华.校本教学研究[M].成都:四川教育出版社,2003.

[19] 高文.教学模式论[M].上海:上海教育出版社,2002.

[20] 盛群力,诸献华.现代教学设计应用模式[M].杭州:浙江教育出版社,2002.

[21] 何克抗,郑永柏,谢幼如.教学系统设计[M].北京:北京师范大学出版社,2002.

[22] 倪梁康.自识与反思[M].北京:商务印书馆,2002.

[23] 刘志军.课堂评价论[M].桂林:广西师范大学出版社,2002.

[24] 周卫勇.走向发展性课程评价——谈新课程的评价改革.北京:北京大学出版社.2002.

[25] 莫雷.教育心理学[M].广州:广东高等教育出版社,2002.

[26] 彭兰.网络传播概论[M].北京:中国人民大学出版社,2001.

[27] 石中英.知识转型与教育改革[M].北京:教育科学出版社,2001.

[28] 李龙.教学过程设计[M].呼和浩特:内蒙古人民出版社,2000.

[29] 皮连生.教学设计心理学的理论与技术[M].北京:高等教育出版社,2000.

[30] 熊川武.反思性教学[M].上海:华东师范大学出版,1999.

[31] 施良方,崔允漷.教学理论:课堂教学的原理、策略与研究[M].上

海:华东师范大学出版社,1999.

[32] 盛群力,李志强.现代教学设计[M].杭州:浙江教育出版社,1998.

[33] 约翰·杜威.我们怎样思维:经验与教育[M].姜文阁,译.北京:人民教育出版社,1991.

[34] 中华人民共和国国家教育委员会电化教育司.教学媒体与教学设计[M].北京:高等教育出版社,1990.

[35] 张祖忻.教学设计的原理与方法[M].上海:上海外语教育出版社,1990.

[36] 比格.写给教师的学习心理学[M].徐蕴,译.北京:中国轻工业出版社,2005.

[37] 姚霞.我国中小学校长培训模式探究[D].上海:华东师范大学,2003.

[38] 蔡亚萍.基于真实情境问题解决的教学设计[J].电化教育研究,2011(6).

[39] 张尖.解决问题的策略(转化)教学设计[J].小学教学研究,2011(20).

[40] 卢真金.反思性教学研究述评——从内容分析法的角度[J].浙江教育学院学报,2007(5).

[41] 李小芳,刘志强.教师教学监控能力研究述评[J].成都大学学报(教育科学版),2007(10).

[42] 康丽颖,刘秀江,李莉.反思与中小学教师专业成长[J].课程·教材·教法,2007(2).

[43] 赵明仁.从教学反思的水平看教师专业发展—基于新课程实施中四位教师的个案研究[J].课程·教材·教法,2007(2).

[44] 过伟瑜.理解专业教学力量的精神觉醒[J].教师教育研究,2007(7).

[45] 孟春国,刘学惠.反思的力量——三位农村英语教师的成长故事[J].全球教育展望,2007(7).

[46] 金学成.反思是教师专业发展的有效途径？[J].上海教育研究,2007(4).

[47] 李长吉,张雅君.教师的教学反思[J].课程·教材·教法,2006(2).

[48] 宋明钧.反思:教师专业发展的应有之举[J].课程.教材.教法,2006(7).

[49] 胡一宁.培养反思型教师是教师教育的重要任务[J].课程·教材·教法,2006(6).

[50] 刘庆昌.反思性教学的两个问题链[J].课程·教材·教法,2006(8).

[51] 张爱红.关于反思型教师的几点思考[J].课程·教材·教法,2006(9).

[52] 梁燕玲.教育反思:一种促进教师成长的科研范式[J].中国教育学刊,2006(8).

[53] 王兴举."教师成为研究者"析[J].中国教育学刊,2006(10).

[54] 王春光,张贵新.反思价值取向与反思型教师的培养[J].比较教育研究,2006(5).

[55] 吴全华.教师反思时认知冲突的生成途径[J].教师教育研究,2006(7).

[56] 申继亮,张彩云.教师反思性对话的实践模式[J].教师教育研究,2006(7).

[57] 于海波,马云鹏.论教学反思的内涵、向度和策略[J].教育研究与实验,2006(6).

[58] 张乐.教学反思是教师专业成长的助推器[J].教育探索,2006(5).

[59] 梁建生.在教学反思中学会教学[J].新课程教学案例,2006(2).

[60] 李琼,倪玉菁.西方不同路向的教师知识研究述评[J].比较教育研究,2006(5).

[61] 柳夕浪."研究"对于中小学教师意味着什么[J].教育研究,2005(1).

[62] 操太圣,卢乃桂.论教师专业性的提升[J].高等教育研究,2005(1).

[63] 朱德全. 知识经验获取的心理机制与反思型教学[J]. 高等教育研究, 2005(5).

[64] 揭水平. 论反思型教研活动的模式[J]. 中国教育学刊, 2005(5).

[65] 管宏斌. "教后记": 走向教学反思的起点[J]. 中国教育学刊, 2005(3).

[66] 熊川武. 简论反思性教学的基本特征[J]. 素质教育大参考, 2005(7).

[67] 于淑云. 论现代教师的反思能力与教师专业发展的内在关联性[J]. 教育理论与实践, 2005(4).

[68] 吴卫东. 反思教学疾病: 教师专业发展的一种有效途径[J]. 全球教育展望, 2005(5).

[69] 朱光明. 范梅南现象学教育学思想探析[J]. 比较教育研究, 2005(4).

[70] 王建军. 教师反思与专业发展[J]. 中小学管理, 2005(4).

[71] 吕达, 刘捷. 超越经验: 在自我反思中实现专业发展[J]. 教育学报, 2005(4).

[72] 张成恩. 教师专业发展中的自我反思实践[J]. 教育探索, 2005(9).

[73] 夏登高. "反思"断想[J]. 人民教育, 2005(21).

[74] 管锡基. 关于反思之反思[J]. 人民教育, 2005(Z1).

[75] 申继亮, 刘加霞. 论教师的教学反思[J]. 华东师范大学学报(教育科学版), 2004(3).

[76] 申继亮. 心理学视野中的教师专业化发展[J]. 北京师范大学学报(社会科学版), 2004(1).

[77] 吴刚平. 促进教师专业发展的对话途径[J]. 教育评论, 2004(1).

[78] 洪明. 反思实践取向的教学理念——舍恩教学思想探析[J]. 外国教育研究, 2003(8).

[79] 刘岸英. 反思型教师与教师专业发展——对反思发展教师专业功能的思考[J]. 教育科学, 2003(8).

[80] 马颖,刘电芝."反思性教学"研究述评[J].乐山师范学院学报,2003(10).

[81] 刘加霞,申继亮.国外教学反思内涵研究述评[J].比较教育研究,2003(10).

[82] 熊川武.论反思性教学[J].教学研究,2002(7).

[83] 熊川武.说反思性教学的理念与实践[J].上海教育科研,2002(6).

[84] 张立昌.试论教师的反思及其策略[J].教育研究,2001(12).

[85] 吴卫东,骆伯巍.教师的反思能力结构及其培养研究[J].教育评论,2001(1).

[86] 卢真金.反思性实践是教师专业发展的重要举措[J].比较教育研究,2001(5).

[87] 甘正东.反思性教学:外语教师自身发展的有效途径[J].外语界,2000(4).

[88] 朱巧英.反思性教学的认识和应用[J].公安教育,2000(12).

[89] 辛涛.教师反思研究述评[J].清华大学教育研究,1998(3).

[90] 申继亮,辛涛.论教师教学监控能力提高的方法和途径[J].北京师范大学学报(社会科学版),1998(1).

[91] 申继亮,辛涛.论教师教学的监控能力[J].北京师范大学学报(社会科学版),1995(1).

[92] 董奇,周勇.论学生学习的自我监控[J].北京师范大学学报(社会科学版),1994(1).